rororo sport
Herausgegeben von Bernd Gottwald

Der Sport ist heute fester Bestandteil unserer Freizeitgesellschaft. Als Medienereignis zieht er Millionen Menschen in seinen Bann, als Wettkampfsport fasziniert er den engagierten Aktiven, als Gesundheits- und Fitness-Sport sorgt er für individuellen Ausgleich und Wohlbefinden, als Freizeitsport fördert er Geselligkeit und Kommunikation.

Die *rororo-Sportbücher* beschäftigen sich mit Themen aus allen Sportbereichen. Sie stellen Sportarten vor, geben praktische Tips zu Material und Auswirkung, bieten Anleitungen zum Lernen und Lehren, zeigen fertige Trainingsprogramme und laden ein zur Beschäftigung mit sportwissenschaftlichen Disziplinen.

JOHN SYER / CHRISTOPHER CONNOLLY

PSYCHOTRAINING FÜR SPORTLER

Aus dem Englischen von
Roswitha Enright

Rowohlt

Deutsche Erstausgabe

Veröffentlicht im Rowohlt Taschenbuch Verlag GmbH,
Reinbek bei Hamburg, August 1987
Die Originalausgabe erschien 1984 unter dem Titel
«Sporting Body – Sporting Mind. An athlete's guide to mental training»
bei Cambridge University Press
Copyright © 1984 by Cambridge University Press
Layout Angelika Weinert
Umschlaggestaltung Jürgen Kaffer / Peter Wippermann
(Foto: Allsport Roger Gould)
Fotos: Sportpressefoto Bongarts
Satz Times (Linotron 202)
Gesamtherstellung Clausen & Bosse, Leck
Printed in Germany
1480-ISBN 3 499 18614 4

Inhalt

8 Mannschaftsgeist

9 Wettkampf und Motivation

10 Einführungskurs in das Psychotraining Ein 12-Wochen-Programm

11 Psychotraining-Checkliste

Vorwort

Sam Adams,
Cheftrainer für Leichtathletik
an der Universität von Kalifornien
in Santa Barbara

Beim Sport befassen wir uns heute in erster Linie damit, wie man seine Technik verbessern kann. Wir trainieren eifrig, um unsere Fähigkeiten zu steigern und unsere Muskelkraft zu vergrößern. Wir bemühen uns um körperliche Ausdauer, arbeiten an einer besseren Koordination von Nerven und Muskeln und wissen, welche physikalischen Gesetze bei bestimmten Bewegungen eine Rolle spielen. Wir befassen uns mit der Strategie beim Mannschaftssport, verwenden Computer, um gewisse Tendenzen beim Spiel herauszufinden und sehen uns Abläufe in Zeitlupe an, um Bewegungen genau zu studieren.

Das Verständnis für die Psychologie des Sports aber ist möglicherweise ausschlaggebend dafür, ob man an einem Sport nur teilnimmt oder sich als Wettkämpfer versteht. Auf dem Gebiet der Sportpsychologie finden Entwicklungen statt, mit denen sich jeder Sportler ernsthaft beschäftigen muß. Dieses Buch von John Syer und Christopher Connolly ist ein ausgezeichnetes Hilfsmittel für den Sportler, der Probleme lösen, Schwierigkeiten vermeiden und sich begriffliches Lernen erleichtern möchte. Es ist ein Buch, das auch jeder Trainer gründlich lesen sollte.

Das Wichtigste ist, daß es keine platten Verallgemeinerungen aufzeichnet, sondern dem Sportler echte Hilfen an die Hand gibt, mit denen er arbeiten kann. Es hat großen praktischen Wert für denjenigen, der für sportliche Wettkämpfe in jeder Beziehung gut vorbereitet sein möchte.

Steve Perryman,
britischer Fußballer des Jahres 1982

Bevor ich John und Chris kennenlernte, hatte ich noch nie von psychischem Training gehört. Mir wurde allmählich klar, daß sie mit denselben Methoden arbeiteten, die ich schon instinktiv anwendete, die ich aber erst in meiner Karriere als Fußballspieler allmählich entwickelt hatte. Für mich ist es zum Beispiel wichtig, daß ich gut vorbereitet bin, auch wenn ich unter Druck stehe. Ich habe gesehen, wie John und Chris Spielern beigebracht haben, das in kurzer Zeit zu erreichen.

Ich glaube, dieses Buch wird nicht nur Sportler interessieren, sondern auch Trainer und Betreuer, besonders die Abschnitte über «Aufwärmen» und «Mannschaftsgeist». Bevor John und Chris mit uns arbeiteten, verbrachten meine Mannschaft und ich viel Zeit miteinander ohne echte Kommunikation. Das änderte sich, als John und Chris mit uns arbeiteten, und ich stellte fest, daß ich durch sie ein viel besserer Mannschaftskapitän geworden war. Ich habe durch sie heute eine bessere Vorstellung davon, wie ein Spieler denkt. Ob wir wollen oder nicht, Gedanken und Gefühle beeinflussen unsere Leistung, obgleich man gewöhnlich nur selten Zeit findet, darüber zu sprechen. Dieses Buch zeigt, wie man sie kontrollieren und zum eigenen Vorteil nutzen kann.

Die Fragen, die man mir am häufigsten stellt, sind: «Warum spielt ihr oft so schlecht gegen schwache Mannschaften, aber so gut gegen starke?»; «Warum spielen wir besonders schlecht, wenn wir gerade ein Tor geschossen haben?»; «Warum fangen wir erst an, uns wirklich einzusetzen, wenn die anderen uns ein Tor voraus sind?» Jeder, der sich mit solchen Fragen beschäftigt hat, wird in diesem Buch interessante Antworten finden.

Meine Mannschaft ist häufig als Sieger aus Wettkämpfen hervorgegangen. Es hat mir besonders viel bedeutet, daß unser Management mit weiser Voraussicht auf psychischem Training bestand, denn es zeigte mir, daß wir trotz unserer Erfolge noch besser werden konnten. John und Chris wurden Teil unserer Mannschaft, sie waren überall dabei, auch im Umkleideraum kurz vor einem Spiel. Sie gaben jedem einzelnen Selbstbewußtsein und der Mannschaft Vertrauen in ihre Leistungsfähigkeit. Deshalb kann ich ihr Buch nur jedem Sportler empfehlen, der seine Leistung verbessern möchte.

Einführung

Im März 1979 eröffneten wir eine Beratungsstelle in London, die wir «The Sporting Bodymind» nannten. Wir wollten Sportler und ihre Trainer dazu anregen, den Einfluß von Gedanken und Gefühlen auf die sportliche Leistung zu untersuchen. Wir sind selbst Sportler, haben Erfahrungen im Wettkampf und als Trainer und haben uns außerdem mit Psychosynthese, Gestalt-Therapie, der Feldenkrais-Methode und Gruppendynamik beschäftigt. Diese Erfahrungen bildeten die Grundlage für ein Programm von praktischen Übungen, das als Wochenendkurs angeboten wird. Nach kurzer Zeit arbeiteten wir mit Sportlern der verschiedensten Sportarten zusammen, und im Oktober 1980 begannen wir eine drei Jahre während Zusammenarbeit mit dem Tottenham Hotspur Football Club. Dieses Buch beschreibt unsere Vorstellungen und Methoden und bringt Beispiele aus unserer eigenen Erfahrung.

Dieses Buch ist für Sportler gedacht, ist aber indirekt (und im Kapitel über Mannschaftsgeist auch direkt) für Trainer geeignet. Man kann die meisten Übungen allein lernen und durchführen, aber besser ist es, sie mit einem Trainer (oder Partner) zusammen zu machen; manchmal ist das sogar notwendig. Einige Übungen sollten am besten unter der Aufsicht eines Sportpsychologen absolviert werden, aber in den meisten Fällen ist ein solcher Fachmann nicht nötig.

Generell aber ist ein Sportpsychologe immer eine wertvolle Ergänzung eines Trainerstabes, solange er damit einverstanden ist, die Erfahrungen des Sportlers zu reflektieren und ihm dabei, wenn nötig, hilfreich zur Seite zu stehen. Unsere eigene Ausrichtung basiert fest auf humanistischer statt klinischer Psychologie, und wir sind in erster Linie daran interessiert, zu informieren und über die Zusammenhänge von Geist und Körper aufzuklären. Wir wollen weder psychische Krankheiten heilen noch Forschung betreiben. *Wir bieten ein psychologisches Trainingsprogramm an, das das*

Körpertraining ergänzen, verbessern und vielleicht sogar rationeller gestalten kann.
Dazu gehört natürlich, daß wir Hilfen geben, um negative Verhaltensmuster erkennen zu können (die den Sportler am vollen Ausschöpfen seines Potentials hindern) und mit den Problemen fertig zu werden, mit denen die meisten Sportler zu kämpfen haben – nervösen Stress, Konzentrationsverlust, Unfähigkeit, sich zu entspannen oder unter Druck die erwarteten Leistungen zu bringen. Nachdem der Leser/der Sportler erkannt hat, wie man Probleme identifizieren und bewältigen kann, kann er sich an Methoden halten, die, wenn regelmäßig angewandt, seine sportliche Leistung verbessern werden.
Der Begriff «Bodymind» soll betonen, daß Körper, Geist und Emotionen als Einheit wirksam werden, auch wenn man aus praktischen Erwägungen diese Begriffe separat verwendet. Daraus folgt, daß das Denken Einfluß auf Fühlen und Bewegung hat, daß das Fühlen Einfluß auf Gedanken und Bewegung hat und daß man mit der Bewegung seines Körpers wiederum das Denken und Fühlen beeinflußt.
Wir schlagen vor, daß der Leser das Buch wie ein praktisches Handbuch benutzt. Jedes Kapitel bringt einen anderen Aspekt des psychischen Trainings und untermauert Ideen, Fakten und Theorie mit einem Übungsprogramm. Es liegt dann an jedem selbst, diese Übungen auch durchzuführen, wobei man mit den Übungen beginnen sollte, die einen besonders ansprechen oder für die individuelle Situation besonders geeignet scheinen.
Durch die beiden letzten Kapitel kann man das Buch auch methodisch nutzen. Dort ist ein 12-Wochen-Grundkurs beschrieben, und eine Checkliste faßt Probleme und Methoden zusammen: Bestimmte Probleme mit dem mentalen Aspekt von Leistung lassen sich meistens in der Checkliste finden, so daß man nachschlagen kann, wie man mit dem Problem umgehen sollte.
Trotz der vielen Beispiele, die wir während unserer Arbeit mit Sportlern und Mannschaften gesammelt haben, ist dieses Buch doch für den Sport-Interessenten im allgemeinen geschrieben worden. Aus diesem Grund versuchen wir neutrale Begriffe zu verwenden, so daß das Buch jeden «Sportler im weitesten Sinne» anspricht. Um die Dinge zu vereinfachen, sprechen wir von «ihm», dem Sportler, obgleich das Buch natürlich für Sportler beiderlei Geschlechts gedacht ist.
Eines unserer Axiome ist: *«Wenn du weißt, was du tust, kannst du tun, was du willst.»* Eine Reihe unserer Techniken sollen dem Sportler dabei helfen zu erkennen, was er tut und wie Denken und Gefühl die Leistung beeinflussen. Wenn man diese Zusammenhänge erst einmal durchschaut hat, kann man alte Gewohnheiten abstellen und neue, produktivere einführen. Auf diese Weise kommt man seinem Ziel näher, das eigene Potential auszuschöpfen.

Jeder Sportler hat ein großes Potential, wahrscheinlich ein größeres, als er sich selbst vorzustellen traut. Die Fähigkeit, dieses Potential zu verwirklichen und Entsprechendes zu leisten ist das Zeichen eines wahren Könners. Ein breiteres Verständnis der eigenen Person, ein größeres Selbstwertgefühl und eine uneingeschränkte Leistung gehen Hand in Hand. Wir glauben, daß eine solche Einstellung zur sportlichen Leistung schließlich auch auf andere Bereiche des Lebens Einfluß nimmt.

Wenn Sie sich mit uns in Verbindung setzen möchten, können Sie uns unter folgenden Adressen erreichen:

The Sporting Bodymind
18 Kemplay Rd
London
NW3 1SY
U.K.
Tel. 01 435 8145

The Sporting Bodymind
P.O. Box 224
Birmingham
Michigan 48012
USA

1 Aufwärmen und sich einstellen

Die meisten Sportler wissen, daß man sich vor der sportlichen Leistung aufwärmen muß. Selbst der Freizeitsportler wird ein paar Schritte auf der Stelle laufen und ein paar Kniebeugen machen, bevor er mit dem Sport beginnt. Er weiß, zumindest theoretisch, daß das Dehnen und Warmmachen seiner Muskeln vor der sportlichen Aktivität ihn für Verletzungen weniger anfällig macht.

Aufwärmen ist allerdings nicht nur ein körperlicher Prozeß. Wenn man etwas körperlich leisten will, muß man auch gedanklich und gefühlsmäßig darauf vorbereitet sein. Man kann zwar mit seinen Vorbereitungen ein paar Tage vor dem sportlichen Ereignis beginnen, was aber sollte man tun, wenn man am Austragungsort selbst angekommen ist? Wie kann man am besten störende, äußerliche Faktoren ausschalten und sich auf die konzentrieren, die für die Leistung wichtig sind? Im folgenden Kapitel finden Sie einige Vorschläge dazu.

Sich einstellen

Sich einstellen ist hier im Sinne von sich bewußt werden oder Konzentration der Aufmerksamkeit gemeint. Durch die normale körperliche Bewegung beim Aufwärmen stellt man sich auf seinen Körper ein: Man konzentriert sich darauf, in welcher Verfassung er sich befindet und wie man diese am ehesten verbessern kann – so wie ein guter Autofahrer vor einer langen

Fahrt den Motor seines Wagens gründlich überprüfen wird. Wenn man sich regelmäßig und sorgfältig auf den Körper einstellt, stellt man fest, daß dessen Bedürfnisse nicht jeden Tag dieselben sind. Die notwendigen körperlichen Vorbereitungen auf eine sportliche Aktivität sind auch bei jedem Sportler verschieden. Ein Mannschaftssportler wird also wahrscheinlich rechtzeitig vor den gemeinsamen Aufwärmübungen der Mannschaft erscheinen, damit er seine individuellen Übungen noch vorher machen kann. Wenn man zu spät auf dem Sportplatz erscheint und sofort mit dem Training oder dem Spiel beginnen muß, dann ist nicht nur eine Verletzung wahrscheinlicher, sondern man hat größere Schwierigkeiten, sich auf die Aufgabe zu konzentrieren. Aufwärmen ist nämlich nicht nur ein körperlicher Prozeß. Ganz instinktiv verwendet man die Zeit des Aufwärmens auch dazu, sich auf die nichtkörperlichen Aspekte des Selbst und auf die Umgebung einzustellen.

Das *mentale* Äquivalent des körperlichen Aufwärmens ist das Konzentrieren auf die Aufgabe, die vor einem liegt. Das *emotionale* Äquivalent ist die gefühlsmäßige Vorbereitung, um sich in die richtige Stimmung zu bringen. In beiden Fällen ist es wichtig, daß man sich erst darüber klarwird, welche der eigenen Gedanken und Gefühle in der Situation angebracht sind, um dann die ausschalten zu können, die nur ablenken. Ablenkungen, die man nicht als solche erkennt und deshalb nicht vermeiden kann, werden für eine unterdurchschnittliche Leistung mitverantwortlich sein, unabhängig davon, wie gut vorbereitet der Körper war.

Wie man sich auf die Aufgabe einstellt

Es gibt sechs Faktoren, die die Leistung beeinflussen. Um sicher zu sein, daß man sich mental und gefühlsmäßig ausreichend auf den Wettkampf, das Training oder ein Mannschaftstreffen vorbereitet hat, sollte man jeden dieser Faktoren einzeln berücksichtigen:

(1) Ort des Wettkampfs oder Trainings,
(2) Körper, Gedanken und Gefühle,
(3) Menschen um einen herum,
(4) die eigene Gruppe oder Mannschaft,
(5) die eigenen Zielvorstellungen,
(6) die sportliche Aktivität selbst oder die Methoden,
     durch die man die gesteckten Ziele erreichen will.

Sich auf den Ort einstellen

Der Ort, an dem ein Wettkampf stattfindet, kann ablenken, neutral auf einen wirken oder einen anspornen. Wenn der Sportler den Ort kennt, sein Gegenspieler aber nicht, ist er im Vorteil. Wenn man ein Heimspiel vor begeisterten Zuschauern hat, dann spornt einen das an. Zum Beispiel ist es in den Fußball-Europacupwettbewerben sogar so, daß bei Tor- und Punktgleichstand auswärts erzielte Tore doppelt zählen.

Im allgemeinen gewöhnt man sich allmählich an die Besonderheiten eines bestimmten Austragungsortes, aber es gibt Möglichkeiten, diesen Prozeß zu beschleunigen. Viele Sportler und Trainer machen sich mit möglichen ablenkenden Faktoren eines neuen Platzes vorher vertraut. Eine bekannte Tennisspielerin meinte: «Wenn ich am Nachmittag zu spielen hatte, ging ich vormittags schon einmal auf den Platz, um ein Gefühl dafür zu bekommen und mir vorzustellen, wie ich am Nachmittag dort spielen würde.» Ein europäischer Golfspieler sprach von Schwierigkeiten auf amerikanischen Plätzen: «Man muß sich auf jedem Platz zu Hause fühlen.»

Was man unter örtlichen Bedingungen versteht, hängt von der Sportart ab. Für Wettkämpfe, die in einer Halle stattfinden, sind Bodenbeschaffenheit, Beleuchtung, Größe und Höhe der Halle, Temperatur und Luftströmungen wichtig. Bei Wettkämpfen draußen wird das Wetter eine große Rolle spielen, ebenso wie Bodenbeschaffenheit und die unmittelbare Umgebung. Auch andere Faktoren, die nicht direkt mit dem Wettkampf selbst zu tun haben, können die Konzentration beeinträchtigen und müssen berücksichtigt werden; man kann zum Beispiel von Zuschauern beeinflußt werden oder von einer nicht näher zu definierenden «Atmosphäre», die an jedem Ort anders ist.

Wenn einen die Zuschauer stören oder die falschen Urteile des Schiedsrichters aufregen, kann der Trainer zum Beispiel solche Situationen bereits beim Training *simulieren*. Man kann eine richtige Einstellung und angemessene Reaktionen unter der richtigen Anleitung ebenso lernen wie körperliche Fähigkeiten. Die ablenkenden Faktoren sollten aus zwei Gründen vorher simuliert werden: einmal, weil man sich über seine eigenen Reaktionen darauf klar wird und zweitens, weil man so üben kann, diese Faktoren zu ignorieren.

Es gab einmal eine Zeit, da waren die sowjetischen Mannschaften im Westen so unbeliebt, daß ihre Trainer die Sportler an die feindselige Atmosphäre des Austragungsortes gewöhnten, indem sie ihnen zu Hause bei den Übungsspielen ein Tonband mit dem höhnischen Gejohle der Zuschauer vorspielten. Ex-Fußball-Bundestrainer Jupp Derwall veranstaltete mit seiner Mannschaft einen Tag vor einem Spiel gegen England ein Übungsspiel auf dem Wembley-Platz und konfrontierte sie dabei über die Lautsprecher mit einer Aufnahme des gefürchteten «Wembley-roar».

Aufgabe	Lösung	
	Sich auf den Ort einstellen	Den Ort zum eigenen Vorteil nutzen
Äußere Ablenkung ● In der Halle: Falsche Beleuchtung, Bodenbeschaffenheit, Aufteilung, Höhe der Halle, Luftströmungen, Temperatur usw. ● Auf dem Platz: Schlechtes Wetter, Bodenbeschaffenheit, nähere Umgebung usw.	Früh ankommen, günstige Faktoren herausfinden. Die ablenkenden Faktoren in einem größeren Zusammenhang sehen und so entschärfen	Eine Position wählen, die für einen günstig ist. Besonders beim Mannschaftssport gilt, daß manche Spieler besonders gut unter Bedingungen spielen, die für andere ausgesprochen ungünstig sind.
Psychologische Ablenkung Feindselige Zuschauer, inkompetente Funktionäre	Ablenkende Faktoren beim Training simulieren	Die Herausforderung als Mannschaft annehmen und dadurch den Mannschaftsgeist positiv beeinflussen. Eine positive Reaktion finden und üben

Sich auf eine fremde Umgebung einstellen

Eine schottische Volleyball-Mannschaft hatte einen Spieler, der häufig den Schiedsrichter beschimpfte und damit seine Mannschaft daran hinderte, sich zu konzentrieren. Bei Übungsspielen wurde dieser Spieler nun mit Absicht vom Schiedsrichter ungerecht beurteilt, damit er lernen konnte, seine Emotionen in Schach zu halten. Destruktive Emotionen zu beherrschen erfordert ebenso viel Übung und Bemühen wie das Entwickeln von körperlichen Fähigkeiten.

Wenn man sich auf den Spielort eingestellt hat, sich mit ihm ‹befreunden› konnte, kann man das manchmal zu seinem Vorteil nutzen. Die gegnerische Mannschaft, die damit rechnen mag, daß nur sie die Eigenheiten ihres Platzes einzuschätzen weiß, kann so manche unangenehme Überraschung erleben.

Sich auf Körper, Gedanken und Gefühle einstellen

Gedanken und Gefühle ändern sich wahrscheinlich stärker und plötzlicher als körperliche Empfindungen. Eine nicht bestandene Prüfung, ein Streit mit einem guten Freund oder ein kompliziertes Problem, das bald gelöst werden muß, können dafür verantwortlich sein, daß man weniger Energie und Aufmerksamkeit als sonst auf die sportliche Aufgabe, die vor einem steht, verwendet. Ein Hobby-Golfer macht sich an seinem Arbeitsplatz um sein Putten Gedanken, und wenn er dann auf dem Golfplatz ist, geht ihm seine Arbeit nicht aus dem Sinn. Häufig ist es so, daß man zwar körperlich anwesend, mit Gedanken oder Gefühlen aber noch abwesend ist. Leider ist einem nicht immer bewußt, daß man mit Gedanken und Gefühlen nicht ganz bei der Sache ist. Man muß sich also jedesmal selbst prüfen, muß sich selbst genug Zeit geben, damit unterschwellig vorhandene Ablenkungen an die Oberfläche des Bewußtseins dringen können. Man sollte sich dazu hinsetzen, tief ausatmen und sich bewußt machen, wo man sich körperlich befindet. Dann sollte man die Augen schließen und in sich hineinsehen, sich der Gedanken und Gefühle *bewußt werden,* die damit zu tun haben, was vor oder nach dem Spiel passiert ist bzw. passieren wird.

Dieser Augenblick des *körperlichen Innehaltens* läßt einen Gedanken und Gefühle, die unterbewußt ablenken, bewußt wahrnehmen und häufig unterdrücken.

Wenn der Trainer sich nicht der Wichtigkeit einer solchen Einstellungsphase bewußt ist, wird es besonders für den Mannschaftssportler schwierig sein, ruhige Momente für sich zu finden, da er sich von dem Augenblick an, wenn er mit der Mannschaft am Platz angekommen ist, unter dem Druck steht, sich mit seinen Mitspielern zu beschäftigen. Manchmal kann er nur einem anderen schnell erzählen, wie er sich fühlt und was ihm besonders auf der Seele liegt. Schon durch dieses Aussprechen hat er seine persönlichen ‹Sorgen› aber identifizieren können und kann sie somit leichter zur Seite schieben.

Dieser Prozeß kann noch durch eine andere Übung unterstützt werden. Dabei verspricht der eine Teil des Selbst, das am Training, dem Wettkampf oder dem bevorstehenden Spiel teilnehmen möchte, dem anderen Teil des Selbst, das Bedürfnisse hat, die außerhalb des Sports liegen, daß man sich später mit diesen Bedürfnissen beschäftigen wird, sobald Zeit dafür ist.

Anfangs ist es am besten, wenn der Trainer oder ein Mitspieler diese Übung leitet:

 o Man sitzt ruhig, schließt die Augen, atmet tief ein und setzt sich bequem im Stuhl zurecht, während man langsam ausatmet.

○ Jetzt stellt man sich vor, daß man an einem Schreibtisch vor einem Fenster sitzt. Man sieht aus dem Fenster, wird sich bewußt, was sich draußen bewegt, wie das Wetter ist. Dann schaut man vor sich auf den Schreibtisch und sieht ein leeres Blatt Papier und einen Stift. Jetzt nimmt man den Stift in die Hand und schreibt alles auf, was einen bewegt, einem Sorgen macht; alles, was man als Ablenkung von der bevorstehenden Aufgabe bezeichnen würde. Während man schreibt, wird man sich der Form der eigenen Schrift bewußt, des Geräusches, das der Stift auf dem Papier macht, des Gewichts, mit dem man sich auf den Arm lehnt. Man kann die ablenkenden Faktoren oder das Gefühl, nicht bei der Sache zu sein, auch bildlich darstellen. Danach legt man den Stift aus der Hand, faltet das Papier und dreht sich um. Hinter einem steht eine Schachtel («Problembox»), entweder auf einem Regal oder auf dem Fußboden. Man sollte diese Box genau vor sich sehen, sich klarwerden, welche Farbe sie hat, oder ob sie im Licht oder im Schatten steht. Man öffnet den Deckel, legt das gefaltete Papier in die Schachtel, schließt den Deckel, dreht sich wieder um zum Schreibtisch, setzt sich wieder bequem in den Stuhl und schaut wieder aus dem Fenster.

○ Jetzt kann man die Augen öffnen und sich auf die bevorstehende Aufgabe konzentrieren. Wichtig ist jedoch, daß man sich nach dem Spiel Zeit nimmt und die Übung in Teilen wiederholt. Wieder schließt man die Augen, sitzt an dem imginären Schreibtisch, dreht sich um, öffnet die Problembox, holt das Papier heraus, faltet es auseinander und beschäftigt sich mit dem, was man aufgeschrieben oder gezeichnet hat. Manchmal wird es einem jetzt unwichtig erscheinen, und das ist gut so. Wenn aber diese Übung weiterhin die erhofften Resultate bringen soll, und mit der Zeit kann sie immer wirkungsvoller werden, dann ist es äußerst wichtig, daß der Teil des Selbst, den man auf später vertröstet hat, auch darauf vertrauen kann, daß man sich ihm später widmen wird.

Sich auf Menschen und Ausrüstung einstellen

Die eigene Leistung hängt auch von dem Verhältnis ab, was man zu dem Gegner und zu der eigenen Mannschaft hat. (Reaktionen auf Gegner werden später [s. S. 141 ff] noch einmal behandelt.) Bei der mentalen Vorbereitung sollte man sich auf die Leute der eigenen Seite einstellen – seien es Mitglieder der eigenen Basketball-Mannschaft, der Leichtathletik-Trainer oder der eigene Caddie –, nachdem man sich selbst psychisch auf das Spiel eingestellt hat. Man kann das erreichen, indem man mit dem anderen spricht und gemeinsam etwas aktiv tut – und zwar vor dem Wettkampf. Das hat meist zur Folge, daß man sich dann dieser Menschen beim Spiel besonders bewußt wird. Dabei kommt es weniger darauf an, ob man sich über das bevorstehende Spiel selbst, bestimmte Ziele und Taktiken unterhält oder über Dinge, die mit dem Spiel absolut nichts zu tun haben.

Was zählt, ist, *daß* man mit dem anderen Verbindung aufnimmt, daß man eventuelle Meinungsverschiedenheiten für die Dauer des Spiels zur Seite schiebt und statt dessen die Stärken des anderen hervorhebt. Vor einem wichtigen Kampf sollte man jegliche Kritik an den Mitspielern unterdrücken und damit bis zum nächsten Treffen warten.

Der Trainer einer Mannschaft sollte besonders den Sportlern, die neu sind, die länger nicht mitgemacht haben oder die aus irgendeinem Grund aufgeregt sind, die Möglichkeit geben, sich auszusprechen, bevor er mit dem Training beginnt. Bei manchen Mannschaftssportarten ist nicht nur die Diskussion, das gegenseitige Loben und Ermutigen wichtig, sondern außerdem das Einspielen zu zweit; auf diese Weise kommt die individuelle Aufwärmperiode der eigentlichen Wettkampfsituation einen Schritt näher. Alle Spieler sind gezwungen, sich gut auf einen anderen einzustellen. Es ist häufig wichtig, daß der Trainer bei der Einteilung der Paare darauf achtet, welche persönlichen Verbindungen in der Mannschaft für das Zusammenspiel besonders wichtig sind. In der DDR zum Beispiel arbeiten langjährige Mitglieder einer Volleyball-Mannschaft gründlich mit den Neuen und bauen sie auch psychisch auf.

Jetzt ist bei der psychischen Vorbereitung der Zeitpunkt gekommen, an dem man sich auf sein *Sportgerät* einstellen sollte oder, als Reiter, auf sein Pferd. Das gleiche tiefe Gefühl, das daraus spricht, wenn ein Segler plötzlich aus tiefstem Herzen sagt, «ich liebe es, in meinem Boot zu sitzen», nachdem er sich die ganze Woche mit der Verbesserung des Ruders beschäftigt hatte, muß sich in dem Verhältnis eines Reiters zu seinem Pferd ausdrücken. Beide – Mensch und Pferd oder Boot – sind also in einem wichtigen Sinn Mitglieder eines Teams. Vor dem Wettkampf machten sich beide Sportler die positiven Gefühle bewußt, die sie für ihren «Partner», das Boot oder das Pferd, hatten.

Sich auf die Mannschaft einstellen

Als Mitglied einer Mannschaft sollte man sich als nächstes auf den Mannschaftsgeist und die Bedürfnisse der Gruppe einstellen. Nur das Team, dessen Mitglieder sich gut aufeinander eingestellt haben, kann die Stärken der einzelnen richtig nutzen.

Aber nicht nur Mannschaftssportler müssen sich auf den Mannschaftsgeist einstellen. Auch der Golfspieler und sein Caddie sind eine Einheit und müssen sich das Gefühl ihrer Einheit bewußt machen. Auch Einzelsportler fühlen sich häufig als Teil einer sie unterstützenden Gruppe, etwa Freunde, Helfer und Familie, und gewinnen daraus Kraft. Der Zehnkämpfer Daley Thompson, ein ausgesprochener Individualist, hat nichtsdestotrotz davon gesprochen, welchen Antrieb er durch sein «Team» von Helfern, Freunden und Familie bekommt: Schwimmer und Reiter, die als Einzelsportler am Wettkampf teilnehmen und bewertet werden, fühlen sich der Mannschaft dann besonders verbunden, wenn auch die Bezirks- oder Nationalmannschaft, zu der sie gehören, am Ende gut bewertet wird.

In Kapitel 8 machen wir Vorschläge, wie man Mannschaftsgeist hervorrufen und verstärken kann. An dieses Gefühl der Zusammengehörigkeit zu erinnern gehört zur letzten Phase der Aufwärmperiode. Manchmal benutzt die Mannschaft dafür eine bestimmte rituelle Bewegung, einen Schlachtruf, oder der Trainer spornt noch einmal alle durch eine kurze Rede vor dem Spiel an. Auf alle Fälle soll sich die Mannschaft dadurch in ihrer Gemeinschaft stark und sicher fühlen.

Mitzuerleben, wie sich vor einem Spiel die Atmosphäre im Umkleideraum der Tottenham-Spieler langsam aufheizt, ist sehr aufregend. Anfangs hat

Bernhard Langer und Caddie Peter Coleman – Teamwork

Hockeyspieler beim «Einschwören»

Ray Clemence alle zehn Minuten nach der Uhr gefragt (nicht nur, um es selbst zu wissen, sondern auch, um die anderen auf die Zeit aufmerksam zu machen), die Spieler haben sich paarweise leise vorbereitet. Dann wird es lauter, man flachst und ruft sich etwas zu; schließlich übertönt Peter Shreeves, der Trainer, den allgemeinen Lärm: «Noch sechs Minuten!», und in der sich steigernden Erregung kann man sogar den jüngsten Ersatzspieler hören: «Nun mal los, Jungs!» Das Ritual geht weiter; alle Spieler laufen um den Tisch in der Mitte des Raumes, klopfen jedem einzelnen ihrer Kameraden auf die Schulter und wünschen ihm Glück: «Alles Gute, Chris!», «Alles Gute, Glenn!», «Alles Gute, Graham!» Schließlich stehen sie in einer dichtgedrängten Reihe hinter Steve Perryman, ihrem Mannschaftskapitän; der dreht sich noch einmal mit einem «Auf geht's, Jungs!» um und öffnet dann die Tür.

Sich auf das Ziel einstellen

Durch den Mannschaftsgeist wird Energie und Aufmerksamkeit von der eigenen Person auf das gemeinsame Ziel gelenkt. Dieses Ziel sollte realistisch und für alle Spieler identisch sein und eine echte Herausforderung darstellen. Zu Anfang der Saison hat die Mannschaft ihre Ziele festgelegt,

hat sich seitdem regelmäßig mit ihren Zielvorstellungen auseinanderge-
setzt und sie auch möglicherweise veränderten Umständen angepaßt.

Der einzelne, ob er allein an einem Wettkampf teilnimmt oder als Mitglied
einer Mannschaft, sollte sich zu Beginn der Woche sein persönliches Ziel
setzen, einen Schritt auf dem Weg zur Vervollkommnung der eigenen Leistung. Für den Mannschaftsspieler werden diese persönlichen Ziele eng mit
dem Mannschaftsziel verbunden sein. Kurz vor dem eigentlichen Spiel/
Wettkampf sollte dieses Ziel noch einmal deutlich ausgesprochen werden,
entweder durch den Trainer einer Mannschaft in seiner letzten «Aufpepp»-
Rede oder durch den Einzelsportler selbst in einem kurzen Gespräch mit
einem Sportkameraden oder Freund. Dafür sind nicht viele Worte nötig;
das Ziel steht lange fest und wird nur noch einmal in einer Art «Kampfruf»
beschwörend verbal deutlich gemacht.

Sich auf die Tätigkeit einstellen

Nachdem man sich noch einmal deutlich das Ziel vor Augen geführt hat,
sollte man kurz wiederholen, wie man dieses Ziel erreichen will, wie man
zum Beispiel trainieren wird, welche Strategien man bei dem Wettkampf
selbst anwenden wird.

Kurz vor dem Wettkampf sollte der Trainer noch einmal an das taktische
Vorgehen erinnern, zu dem man sich entschlossen hatte; man kann es sich
auch selbst noch einmal ins Gedächtnis rufen. Man sollte sich jetzt darauf
konzentrieren, auf welchem Weg man sein Ziel erreichen will und weniger
auf das Ziel selbst; so kann der Sportler seine ganze Energie darauf richten,
wie er eine bestimmte Aktivität ausführt, von der er weiß, daß er sie gut
leisten kann.

Das Vorbereiten ist ein individueller Prozeß und der einzelne muß deshalb
ausprobieren, welche Methode für ihn die besten Ergebnisse bringt. Normalerweise wird er sich zum Beispiel besonders auf die Faktoren konzentrieren, die seine Leistung beeinträchtigen könnten. Behinderungen wie
ein defektes Sportgerät oder eine zu starke körperliche Anspannung wird
er relativ leicht aus dem Weg räumen können. Andere Faktoren, wie Wetter oder bestimmte Gegner, kann man nicht ändern und kann nur an der
eigenen Reaktion auf diese Behinderungen arbeiten.

Es gibt auch Faktoren, die die Leistung positiv beeinflussen. Auch diese
wird der Sportler entdecken, wenn er sich erst auf seine Umgebung konzentriert, dann seine Aufmerksamkeit nach innen lenkt, sich auf den eigenen
Körper, seine Gedanken und Gefühle einstellt und sich dann wieder nach
außen orientiert, sich auf die eigene Mannschaft, auf Ziele und Taktiken
konzentriert. Erst dann wird er das Gefühl haben, wirklich für die eigene
Leistung vorbereitet zu sein.

Stadium/Aspekt	Zweck der Übung	Übung
1 Ort	a) Gewöhnen an ablenkende Faktoren von außen b) Äußerliche Ablenkungen zum eigenen Vorteil verwenden	Ablenkende Faktoren in das Trainingsprogramm einbauen Früh ankommen Störfaktoren mit Kameraden besprechen
2 Körper, Gedanken, Gefühle	a) Körperliche Schwächen vermindern; Verletzungen vermeiden, sich körperlich aufwärmen b) Auseinandersetzen mit ablenkenden Gedanken und Gefühlen	Massage Individuelle Stretchübungen; Bewegungsfolgen üben Individuelles «Aufpeppen» oder Entspannungsübungen «Problembox»
3 Partner Kameraden, Ausrüstung, Geräte	a) Meinungsverschiedenheiten vertagen b) Konzentrieren auf die Stärke und Zuversicht, die einem der Partner gibt	Erfahrene und weniger erfahrene Sportler zusammenarbeiten lassen Miteinander sprechen Zu zweit üben Die Ausrüstung prüfen
4 Mannschaft	a) Konzentrieren auf den Mannschaftsgeist, ihn positiv beeinflussen durch Ausdruck von Stärke, Energie und Intuition	In kleinen Gruppen diskutieren und trainieren «Aufpepp»-Spruch für die ganze Mannschaft
5 Ziel	a) Den geweckten Mannschaftgeist und die Begeisterung auf das gemeinsame Ziel lenken	Zielsetzung bei früheren Besprechungen, worauf dann der «Aufpepp»-Spruch Bezug nimmt
6 Aktivität	a) Sich noch einmal darüber klarwerden, wie man das Ziel erreichen will b) Den Druck, gewinnen zu müssen, vermindern und sich statt dessen darauf konzentrieren, die Leistung zu verbessern	Sich über Taktiken bei früheren Besprechungen einig werden Kurz an diese Taktiken erinnern Die spätere Analyse des Spiels eventuell schriftlich vorbereiten

2 Körperbewußtsein

Was hat ein Kapitel über den Körper in einem Buch über Psychotraining zu suchen?

Wir wollen uns in diesem Buch weniger mit körperlichem Training als mit dem Verhältnis von Körper und Kopf beschäftigen. In diesem speziellen Sinn aber ist das Körperbewußtsein wichtig, weil es den ersten Schritt darstellt auf dem Weg zur Entspannung, zur Visualisierung und dem Verändern wenig effektiver Bewegungsmuster.

Letzten Endes bestimmt das Verhältnis von Körper zu Kopf, in welchem Umfang man sein Leistungspotential als Sportler ausschöpfen kann, und es kommt darauf an, ob man dieses Verhältnis kultiviert oder vernachlässigt, ob es kooperativ und harmonisch ist oder nicht.

Im folgenden Kapitel beschäftigen wir uns mit diesem Verhältnis und schlagen Übungen vor, die dem Leser dabei helfen sollen, ein angemessenes Körperbewußtsein zu entwickeln.

Kommunikation

Sportler, die die fein abgestimmte Ausgewogenheit eines gesunden Körper-Kopf-Verhältnisses ignorieren, machen es sich selbst besonders schwer. Nur zu häufig wird ein Aspekt übertrieben und ein anderer vernachlässigt. Die Aussage: «Am besten ignoriere ich meine Gedanken vollkommen; mein Kopf macht mir immer nur Schwierigkeiten» hört man beinahe genauso häufig wie das Gegenteil: «Wenn ich es mir mit dem Kopf wirklich fest vornehme, macht mein Körper, was ich will. Man muß nur wollen und den Schmerz ausschalten.» In Wirklichkeit funktioniert weder das eine noch das andere. Wenn man versucht, Gedanken und Gefühle auszuschalten, machen sie sich doch auf unvorhergesehene Weise bemerkbar und beeinflussen die Leistung. Auf der anderen Seite kann die Einstellung, daß man nur zu wollen braucht, ernste Folgen haben, zum Beispiel körperliche Verletzungen, intensive psychische Stress-Symptome oder das Entwickeln einer unausgewogenen Persönlichkeit, die in der Welt außerhalb des Sports nicht zurechtkommt.

Die richtige Einstellung liegt irgendwo zwischen beiden Extremen. In diesem Buch kam es uns vor allen Dingen darauf an, eine Art Sprache zu entwickeln, durch die Körper und Psyche miteinander besser kommunizieren können. In einer Reihe von Kapiteln machen wir genaue Vorschläge, wie man die Psyche dazu benutzen kann, Körper und Gefühle zu beeinflussen und zu dirigieren. Es ist allerdings genauso wichtig, daß wir uns daran gewöhnen, auf die Bedürfnisse unseres Körpers zu achten. Eine gute Kommunikation ist ein gegenseitiger Prozeß: Wenn man eine gute Kommunikation mit seinem Körper haben möchte, muß man verstehen, was einem der Körper mitteilt. Es genügt nicht, den Körper immer mit denselben Befehlen anzustacheln «Beweg dich!», «schneller!» oder zu beschimpfen: «Achtung! Was ist denn mit dir los? Sei doch vorsichtig!» Um seinen Körper zu verstehen, muß man erst wissen, wie er funktioniert und wie er sich mitteilt.

Die Ausbildung des Körpers

Wenn die Botschaften des Körpers wahrgenommen und richtig interpretiert werden, kann man darangehen, den Körper auszubilden. Dieser Prozeß besteht aus vier wichtigen Schritten: *Lernen, Training, Bewahren* des Erreichten und *Verändern* wenig effektiver Verhaltensmuster.

Lernen

Von Geburt an lernen wir ständig, unsere körperliche Leistung zu verbessern. Ein neugeborenes Kalb kann schon ein paar Stunden nach seiner Geburt stehen, das menschliche Baby braucht neun bis zwölf Monate, bis es stehen und laufen kann; ein Kind muß erst ein paar Jahre lang üben, bis es einen Ball mit einer gewissen Genauigkeit werfen oder kicken kann. Alles ist erlernt, wie wir sitzen, laufen, sprechen, unsere Zähne putzen oder unsere Schuhe zubinden. Jegliche Aktivität können wir erst mit Ausdauer und Zielstrebigkeit durchführen, indem wir lernen, wie wir unseren Körper und unsere Umgebung manipulieren. Beim sportlichen Training konzentriert man sich darauf, wie man eine bestimmte Fähigkeit erlernt und sie stetig und beständig beibehält. Mentales Training hat damit zu tun, daß man *lernt zu lernen.* Je leichter, schneller und effizienter wir lernen können, desto leichter, effizienter und besser werden wir unseren Sport ausüben können.

Da viele unserer Verhaltensweisen erlernt und nicht über Instinkt und Gene programmiert sind, haben wir eine bemerkenswerte Fähigkeit, alte Aktivitäten auf eine neue Art und Weise auszuführen und neue zu erlernen, die man bisher für unmöglich gehalten hatte, ja, die man sich nicht einmal vorstellen konnte. Mit Ausnahme von Laufen, Springen und vielleicht Klettern basieren alle Sportarten auf Fähigkeiten des Körpers, die man nicht unbedingt voraussetzen kann, die sicher nicht genetisch angelegt sind. Viele der heutigen Sportarten haben sich langsam über Jahrhunderte entwickelt. Bogenschießen und Speerwerfen sind Tausende von Jahren alt, Golf hat man schon seit Hunderten von Jahren gespielt; Surfen und Drachenfliegen dagegen sind ganz junge Sportarten. Die körperlichen Fähigkeiten, die man für bestimmte Sportarten braucht, entstehen aus dem Einfallsreichtum unseres Gehirns und der Formbarkeit unseres Nervensystems. Ein klassisches Beispiel dafür ist der «Fosbury-Flop», den der Hochspringer Dick Fosbury erfunden hat. Er fand damit eine vollkommen neue Lösung für eine alte Aufgabe.

Der große Nachteil unserer unbegrenzten Lernfähigkeit liegt darin, daß wir auch lernen können, etwas auf eine falsche Art und Weise zu tun. Jeder Trainer, der mit einer Gruppe junger Leute arbeiten soll, die bisher schlecht trainiert wurden, kann davon ein Lied singen. Ein wichtiger Schritt auf dem Weg zur körperlichen Leistung ist die Fähigkeit, schlechte Angewohnheiten als solche zu erkennen, um sie dann ausschalten zu können.

Erst dann kann man mit den richtigen Methoden beginnen, die einem helfen, das gesetzte Ziel zu erreichen. Wir lernen, indem wir uns gute Angewohnheiten an- und schlechte abgewöhnen, eine Hauptaufgabe bei jedem sportlichen Training.

Training

Körperliches Training hat zwei Hauptziele. Auf der einen Seite trainiert man, um die Leistungsfähigkeit des Körpers zu steigern. Widerstandstraining erhöht Stärke und Tonus von Muskeln und Organen. (Spezielle Übungen stärken vermehrt die Muskeln, auf die es bei einer bestimmten Sportart besonders ankommt.) Ausdauertraining kräftigt Herz und Kreislauf.

Zum Training gehört auch eine ausgewogene Ernährung und das Erhalten des richtigen Verhältnisses von Fett zu Muskel im Körpergewebe.

Auf der anderen Seite will man durch das Training bestimmte technische Fähigkeiten verbessern, sei es die Rückhand beim Tennis, das Dribbeln beim Basketball, die richtige Koordination von Auge und Hand beim Schießen, die richtige Körperhaltung beim Bogenschießen usw. Wenn man diese Fähigkeiten übt, trainiert man mehr als seine Muskeln. Die dauernde Wiederholung einer körperlichen Bewegung sendet ständig dieselben Signale über die Nerven zum Gehirn und macht es so damit vertraut. Wiederholung also trainiert das *Nervensystem,* einschließlich *Gehirn.*

Ein einerseits unglaublich kompliziertes, auf der anderen Seite aber wiederum ganz einfaches Verhältnis besteht zwischen dem Körper und seinem Nervensystem. Eine Bewegung des Körpers sendet jede Sekunde Tausende von Signalen zum Gehirn, das sie sammelt, organisiert und zu einer Information verarbeitet. Das Gehirn trifft dann Entscheidungen, manche bewußt und manche unbewußt, und sendet Signale durch das Nervensystem zurück, die einfache, präzise Anleitungen für jede Muskelfaser, jede Drüse und jedes Organ enthalten können. Es ist, als ob beide Komponenten eines Dialogs gleichzeitig stattfinden, dauernd wird über das Nervensystem Information gegeben und empfangen.

Beim Training lernt man, die Informationen so weiterzugeben, daß das Nervensystem und der Körper etwas damit anfangen können. Der menschliche Körper hat mit seiner Fähigkeit zu lernen in mehreren Millionen Jahren seiner Entwicklung die beste Organisation jeder kleinsten Bewegung herausgefunden. Man versuche sich nur vorzustellen, wie es wäre, wenn man bewußt die einzelnen Muskelgruppen koordinieren müßte, um einen Slalomkurs auf Ski zu bewältigen oder eine Flanke beim Geräteturnen auszuführen. Das überläßt man am besten seinem Körper.

Bewahren und Verändern

Wenn man seine sportliche Leistung verbessern möchte, muß man sich erst seine Techniken daraufhin ansehen, welche man beibehalten und welche man verändern möchte. Eine bewußte Kontrolle des Prozesses von Bewahren und Verändern läßt sich allerdings leichter fordern als realisieren.

Der Mensch ist wirklich ein Gewohnheitstier. Wenn wir etwas lernen wollen, stellen sich uns dauernd festgefahrene Gewohnheiten und Gedankengänge in den Weg. Beim Training müssen wir versuchen, die Gewohnheiten beizubehalten, die sich als gut herausgestellt haben und diejenigen zu verändern, die uns an einer besseren Leistung hindern. Wenn ich einen Golfschlag gut beherrsche, möchte ich daran ganz sicher nichts verändern. Ich möchte ihn beibehalten. Also übe ich diese Bewegung zwar regelmäßig,

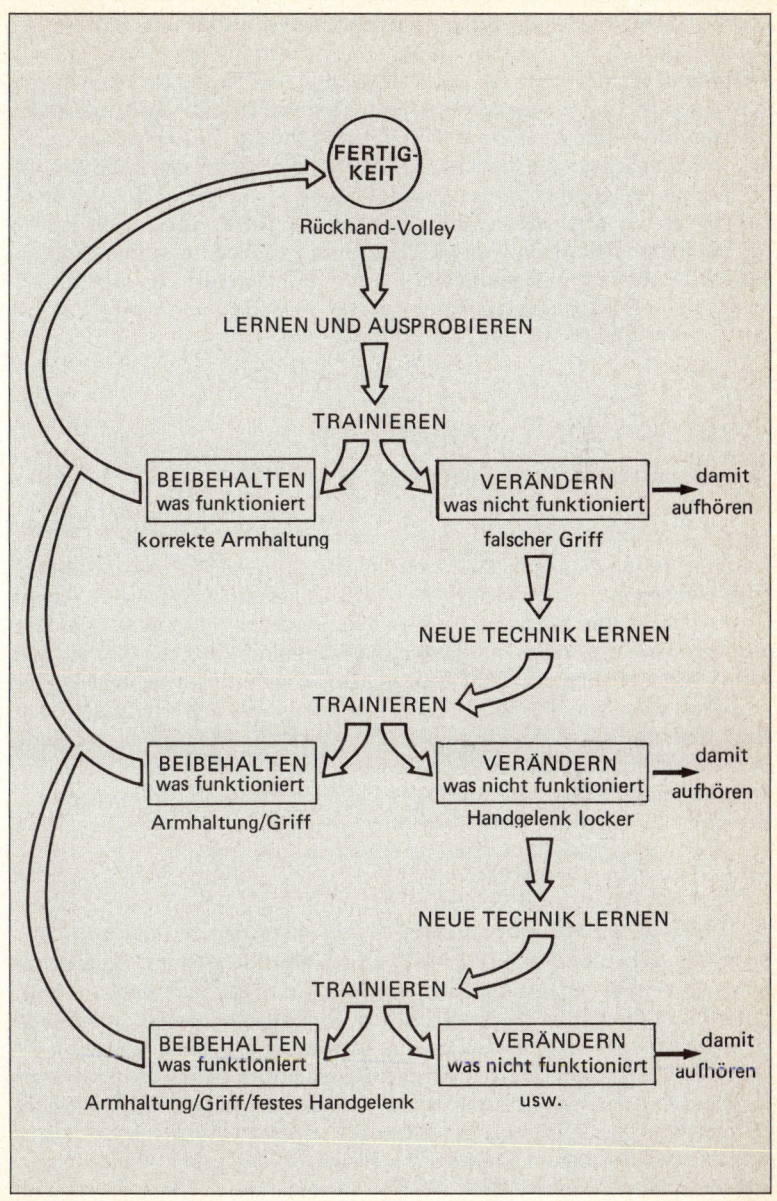

Prozeß des Erlernens einer bestimmten Fertigkeit im Squash

aber versuche, nicht zuviel und nicht zuwenig Aufmerksamkeit darauf zu verwenden.

Wenn aber mein Putten sehr zu wünschen übrigläßt, dann verwende ich darauf so viel Energie und Aufmerksamkeit, wie ich zur Verfügung habe. Ich ändere, probiere, stelle dies und jenes um, bis ich schließlich einen neuen Schlag, eine neue Bewegung gefunden habe, die für mich die richtige ist. Allmählich geht mir diese neue Bewegung so in Fleisch und Blut über, daß ich sie nur wie meinen Golfschlag hin und wieder üben muß, um sie beizubehalten. Dieses dauernde Hin und Her zwischen Bewahren und Verändern macht den fundamentalen Prozeß des Trainings aus und gilt für jegliche Fähigkeit und Technik.

Übungen zur Verbesserung des Körperbewußtseins

Durch folgende Übungen soll zweierlei erreicht werden. Einmal soll man sich bewußter werden, was man tut, wenn man seinen Sport ausübt, um so besser entscheiden zu können, was man beibehalten und was man ändern möchte. Zweitens soll man dadurch das Verhältnis zwischen Körper und Psyche besser kennenlernen, indem man gewohnte Bewegungen oder Empfindungen in einem neuen Zusammenhang sieht und empfindet. Man kann ein besseres Körperbewußtsein entwickeln, wenn man gewohnte Dinge auf eine ungewohnte Weise macht. Auch wenn man versucht, bewußt an seinen Körper zu denken, dabei aber vertraute Bewegungen auf immer wieder dieselbe Weise durchführt, wird man sich bald dabei ertappen, wie man an etwas ganz anderes denkt.

① *Kinästhetische Bestandsaufnahme des Körpers* (Abb. rechts)
Der kinästhetische Sinn ist eine Erweiterung des Tastsinns. Dazu gehören das Erkennen von rauh und glatt, von weich und hart, heiß und kalt, naß und trocken, aber dazu gehören auch Signale und Informationen des Körpers, die einen die eigene Bewegung erkennen und erinnern lassen. Es handelt sich hier um eine *innere* Information, die der Körper sich selbst dauernd liefern läßt und die über Gleichgewicht, Bewegung und über das Verhältnis der einzelnen Körperteile zueinander etwas aussagt: Information darüber, wie es sich *anfühlt*, etwas zu tun. Dieser Sinn spielt eine große Rolle bei Bewegungen und bei dem Lernen von Neuem.

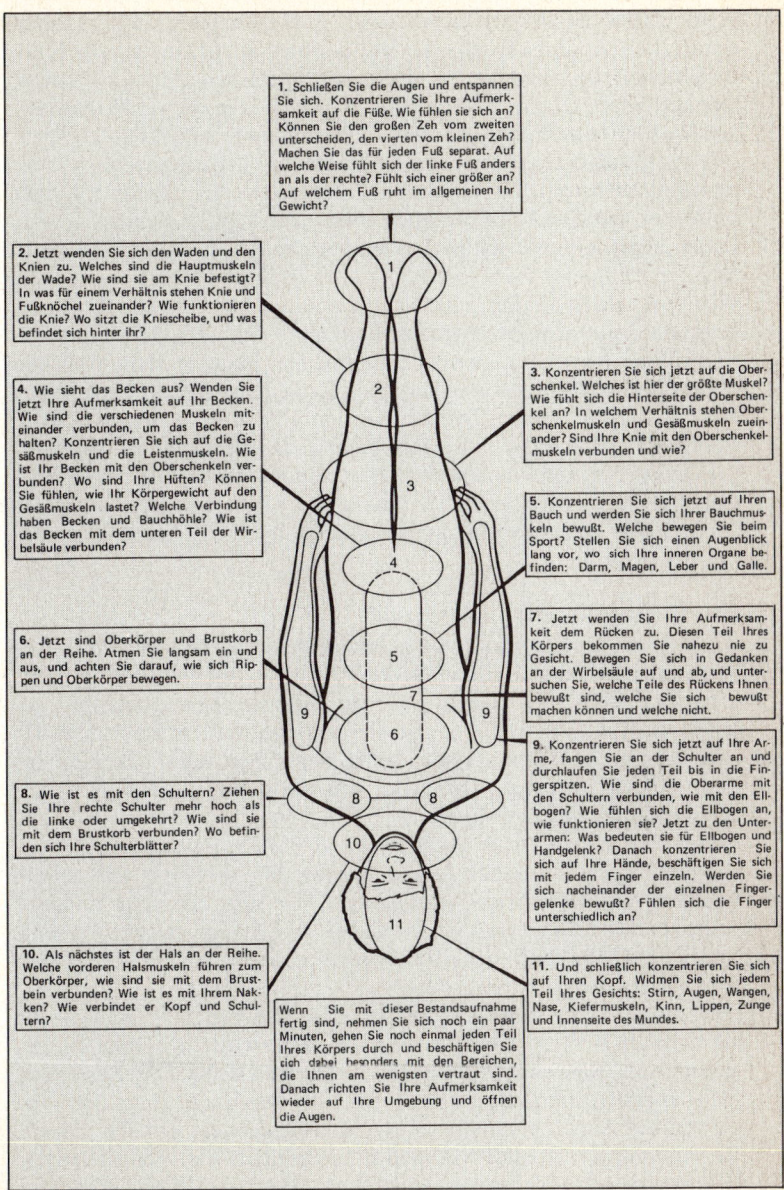

1. Schließen Sie die Augen und entspannen Sie sich. Konzentrieren Sie Ihre Aufmerksamkeit auf die Füße. Wie fühlen sie sich an? Können Sie den großen Zeh vom zweiten unterscheiden, den vierten vom kleinen Zeh? Machen Sie das für jeden Fuß separat. Auf welche Weise fühlt sich der linke Fuß anders an als der rechte? Fühlt sich einer größer an? Auf welchem Fuß ruht im allgemeinen Ihr Gewicht?

2. Jetzt wenden Sie sich den Waden und den Knien zu. Welches sind die Hauptmuskeln der Wade? Wie sind sie am Knie befestigt? In was für einem Verhältnis stehen Knie und Fußknöchel zueinander? Wie funktionieren die Knie? Wo sitzt die Kniescheibe, und was befindet sich hinter ihr?

3. Konzentrieren Sie sich jetzt auf die Oberschenkel. Welches ist hier der größte Muskel? Wie fühlt sich die Hinterseite der Oberschenkel an? In welchem Verhältnis stehen Oberschenkelmuskeln und Gesäßmuskeln zueinander? Sind Ihre Knie mit den Oberschenkelmuskeln verbunden und wie?

4. Wie sieht das Becken aus? Wenden Sie jetzt Ihre Aufmerksamkeit auf Ihr Becken. Wie sind die verschiedenen Muskeln miteinander verbunden, um das Becken zu halten? Konzentrieren Sie sich auf die Gesäßmuskeln und die Leistenmuskeln. Wie ist Ihr Becken mit den Oberschenkeln verbunden? Wo sind Ihre Hüften? Können Sie fühlen, wie Ihr Körpergewicht auf den Gesäßmuskeln lastet? Welche Verbindung haben Becken und Bauchhöhle? Wie ist das Becken mit dem unteren Teil der Wirbelsäule verbunden?

5. Konzentrieren Sie sich jetzt auf Ihren Bauch und werden Sie sich Ihrer Bauchmuskeln bewußt. Welche bewegen Sie beim Sport? Stellen Sie sich einen Augenblick lang vor, wo sich Ihre inneren Organe befinden: Darm, Magen, Leber und Galle.

6. Jetzt sind Oberkörper und Brustkorb an der Reihe. Atmen Sie langsam ein und aus, und achten Sie darauf, wie sich Rippen und Oberkörper bewegen.

7. Jetzt wenden Sie Ihre Aufmerksamkeit dem Rücken zu. Diesen Teil Ihres Körpers bekommen Sie nahezu nie zu Gesicht. Bewegen Sie sich in Gedanken an der Wirbelsäule auf und ab, und untersuchen Sie, welche Teile des Rückens Ihnen bewußt sind, welche Sie sich bewußt machen können und welche nicht.

8. Wie ist es mit den Schultern? Ziehen Sie Ihre rechte Schulter mehr hoch als die linke oder umgekehrt? Wie sind sie mit dem Brustkorb verbunden? Wo befinden sich Ihre Schulterblätter?

9. Konzentrieren Sie sich jetzt auf Ihre Arme, fangen Sie an der Schulter an und durchlaufen Sie jeden Teil bis in die Fingerspitzen. Wie sind die Oberarme mit den Schultern verbunden, wie mit den Ellbogen? Wie fühlen sich die Ellbogen an, wie funktionieren sie? Jetzt zu den Unterarmen: Was bedeuten sie für Ellbogen und Handgelenk? Danach konzentrieren Sie sich auf Ihre Hände, beschäftigen Sie sich mit jedem Finger einzeln. Werden Sie sich nacheinander der einzelnen Fingergelenke bewußt? Fühlen sich die Finger unterschiedlich an?

10. Als nächstes ist der Hals an der Reihe. Welche vorderen Halsmuskeln führen zum Oberkörper, wie sind sie mit dem Brustbein verbunden? Wie ist es mit Ihrem Nacken? Wie verbindet er Kopf und Schultern?

11. Und schließlich konzentrieren Sie sich auf Ihren Kopf. Widmen Sie sich jedem Teil Ihres Gesichts: Stirn, Augen, Wangen, Nase, Kiefermuskeln, Kinn, Lippen, Zunge und Innenseite des Mundes.

Wenn Sie mit dieser Bestandsaufnahme fertig sind, nehmen Sie sich noch ein paar Minuten, gehen Sie noch einmal jeden Teil Ihres Körpers durch und beschäftigen Sie sich dabei besonders mit den Bereichen, die Ihnen am wenigsten vertraut sind. Danach richten Sie Ihre Aufmerksamkeit wieder auf Ihre Umgebung und öffnen die Augen.

Kinästhetische Bestandsaufnahme des Körpers

Wenn man eine Fähigkeit erlernen will, muß man sich vor allen Dingen genau darüber klarwerden, was der Körper tut, besonders die Teile, denen man im allgemeinen nicht besonders viel Aufmerksamkeit schenkt. Diese Übung wird dem Leser dabei helfen, sich jeden Teil seines Körpers bewußter zu machen. Man kann sie jederzeit durchführen. (Sie kann auch eine gründlichere Entspannung möglich machen, wie wir im nächsten Kapitel sehen werden.) Wenn man bei der Übung sitzt, sollte man mit dem Kopf beginnen; wenn man liegt, sollte man mit den Füßen beginnen und sich nach oben vorarbeiten, wie unten beschrieben.

Wenn man diese Übung beherrscht, kann man noch einen Schritt weitergehen. Bei einem Training, das aus immer wieder den gleichen Bewegungsfolgen besteht, kann man diese Inventarübung machen, während man trainiert. Während man also läuft, kann man bei den Füßen beginnen und sich eines jeden Teils des Körpers und dessen Aufgabe bewußt werden. Wenn man Grundschläge beim Tennis übt, kann man sich auf bestimmte Körperteile konzentrieren. Beim Schwimmen kann man diese kinästhetische Bestandsaufnahme des Körpers machen. Es ist jedenfalls eine äußerst wirkungsvolle Übung, die die Effizienz jeder Bewegung vergrößert.

② Mit geschlossenen Augen üben

Durch diese Übung kann man seine Leistung bei bestimmten Bewegungsabläufen (zum Beispiel Basketballwürfe, Tennisaufschläge) entscheidend verbessern. Dabei übt man diese Bewegungsfolge mit geschlossenen Augen, muß sich also Ort und Zeit wählen, wo man weder jemanden gefährden kann noch selbst durch Zuschauer gehemmt ist. Zuerst macht man diese Bewegung wie gewohnt mit offenen Augen. Dann macht man eine Pause.

Dann sollte man die Augen schließen und dieselbe Bewegungsfolge ein paarmal mit geschlossenen Augen machen. Wie fühlt man sich dabei? Was hört man? Wie orientiert man sich? Wie setzt man seine anderen Sinne bei dieser Bewegung ein, wenn das Sehvermögen nicht zur Verfügung steht? Man sollte sich dabei besonders auf seinen kinästhetischen Sinn konzentrieren.

Dann öffnet man die Augen und übt dieselbe Bewegungsfolge wieder auf normale Art und Weise. Nach einer Weile wird die Übung mit geschlossenen Augen wiederholt. Wieder soll man sich auf die Bewegung selbst konzentrieren und auf das Gefühl, sie blind zu machen. Man öffnet nun die Augen hin und wieder und prüft, ob man wirklich das tut, was man mit geschlossenen Augen zu tun geglaubt hat. Was ist anders, als erwartet und wie kann man an der Diskrepanz etwas verändern, ohne den Gesichtssinn zur Hilfe zu nehmen?

Wieder sollte man zwischen Trainingsperioden mit offenen Augen und Trainingsperioden mit geschlossenen Augen wechseln, bis man das Gefühl einer integrierten Bewegung hat und mit dem Ergebnis zufrieden ist. Wie kann man sein Körperbewußtsein und den kinästhetischen Sinn nutzen, um die Trainingszeit so wirkungsvoll wie möglich zu machen? Diese Übung wird mit einer Trainingsperiode mit offenen Augen beendet.

③ *Farbkodierung des Körpers*

Hier handelt es sich um eine einfache Visualisierung, um das Körperbewußtsein zu steigern; außerdem ist diese Übung eine Ergänzung der Methoden zum Psychotraining, die in Kapitel 4 beschrieben werden.

Schließen Sie die Augen, entspannen Sie sich und stellen Sie sich vor, wie Sie eine bestimmte Fertigkeit oder Bewegungsfolge üben. Sie sollen sich dabei ‹von außen› zusehen.

Dann stellen Sie sich vor, daß jeder Teil Ihres Körpers von einer Farbe umgeben ist. Sie sehen, wie sich Ihr Kopf, die Arme, Hals und Schultern bewegen und dabei von der Farbe Blau wie eingehüllt sind. Sie üben im Geiste weiter und bemerken, wie Oberkörper, Taille und Hüften wie in Grün getaucht sind, und als Sie jetzt Ihre Aufmerksamkeit auf Ihre Beine lenken, sind Oberschenkel, Knie, Waden, Fußgelenke und Füße von Rot umgeben.

Verwenden Sie dieses Farbkodierungssystem hin und wieder bei Ihren mentalen Übungen. Man kann auf diese Weise sehr leicht den Körperteil isolieren, der einen starken Einfluß auf die Fertigkeit hat, die man gerade übt.

Wenn Ihnen diese Visualisierung hilft, können Sie natürlich bei der Auswahl der Farben Ihre Phantasie walten lassen. Sie können alle Farben des Regenbogens verwenden, wollen vielleicht mit Rot für Füße und Fußgelenke beginnen, sehen Waden, Knie und Oberschenkel in Orange, das Becken gelb, den Oberkörper grün, die Schultern mittelblau, die Arme dunkelblau und schließlich Hals und Kopf in Violett.

④ *Atmen*

Im Kapitel über Entspannung und Konzentration beschreiben wir richtiges Atmen als wichtiges Mittel, Kontrolle über den Körper zu gewinnen. Hier jetzt nur eine vorläufige Atemübung, die dabei hilft, das Körperbewußtsein zu verstärken.

Man sollte sich zuerst überlegen, was man verbessern möchte und sollte dann diese Bewegung üben. Während man diese Bewegung immer wieder wiederholt, fängt man an, sich auf die Atmung zu konzentrieren. Gibt es eine Verbindung zwischen dem Atemrhythmus und dem Rhythmus der Bewegung? Wann atmet man ein, wann aus? Wann hält man den Atem an? Bei all diesen Beobachtungen sollte die Bewegung nicht unterbrochen werden.

Nach einer Weile fängt man an, etwas am Rhythmus des Atmens während der Bewegung zu verändern, zum Beispiel kann man ausatmen, wo man sonst einatmet und umgekehrt; man kann atmen, wo man sonst den Atem anhält; man kann schneller oder langsamer als normal atmen. Mit anderen Worten, man soll an seinem normalen Atemmuster etwas verändern und feststellen, wie das Atmen die Leistung beeinflußt.

Nach einer Weile sollte man innehalten und dann wieder auf gewohnte Weise atmen. Was hat sich jetzt verändert? Auf welche Weise atmet man jetzt anders? Wie bewegt man den Körper jetzt beim Atmen, wie sind besonders Brustkorb und Oberkörper an der Atembewegung beteiligt?

⑤ *Dominanz einer Körperseite*

Wenn man als Rechtshänder zum Beispiel Tennis, Baseball, Squash oder eine andere «einseitige» Sportart spielt, sollte man versuchen, auch mit der linken Hand zu spielen und umgekehrt. Viele berühmte Tennisspieler können mit beiden Armen gleich gut spielen, und viele gute Fußballspieler können genausogut mit dem linken wie mit dem rechten Fuß kicken. Warum nicht auch Sie?

Der Hauptzweck dieser Übung ist allerdings, festzustellen, wie sich der Rest des Körpers auf diese neue Fertigkeit einstellt. Wenn immer eine Seite des Körpers dominiert, werden dadurch leicht kleine Probleme verdeckt, die sich erst zeigen, wenn man die andere Seite stärker fordert und sich der Rest des Körpers darauf einstellen muß.

⑥ *Übertreibung*

Man kann auch durch übertriebene Bewegungen lernen, wie der Körper funktioniert. Es ist nicht verwunderlich, daß sich in einer übertriebenen Bewegung die Aspekte besonders deutlich herausstellen, die man beherrscht und auch die, die man noch verbessern sollte. Wenn man zum Beispiel einen Golfschlag übertrieben durchführt, wird einem deutlich, welche Gewandtheit einem noch fehlt.

Eine andere sinnvolle Methode ist das Übertreiben eines Fehlers. Wenn man sich immer wieder bei dem gleichen Fehler ertappt, kann es helfen, wenn man den Fehler übertreibt, und zwar in dem Maße, daß alle anderen Aspekte der Fertigkeit dagegen verblassen und man nur den Fehler deutlich erfährt.

Das ist aus zwei Gründen gut: Zum einen wird einem ganz deutlich, was man falsch macht und wie die falsche Bewegung den übrigen Körper beeinflußt. Zum anderen kann man auf diese Weise einen Teil der Frustration loswerden, die einen verspannt. Diese Verspannung ist nämlich mit dafür verantwortlich, wenn die Bewegung nicht so ausfällt, wie man es sich wünscht. Man kann sich von der Frustration befreien, indem man seinen Fehler übertreibt, sollte sich dann einen Augenblick Ruhe nehmen und sich *vorstellen,* wie man die Bewegung richtig ausführt. Man kann danach wieder normal üben und dabei das in der Praxis auszuführen versuchen, was man visualisiert hatte.

⑦ *Schlüsselbewegungen*

Den meisten von uns hat man schon von früher Jugend an, solange wir an einer bestimmten Sportart teilnehmen, immer wieder gewisse Anleitungen gegeben: Laß den Ball nicht aus den Augen; schwing durch; Kopf auf die Brust; verlagere dein Gewicht nach vorn usw. Dabei handelt es sich meistens um Schlüsselelemente einer bestimmten Technik, die die Leistung verbessern können.

Solche ständig wiederholten verbalen Aufforderungen aber können dem gewünschten Erfolg auch abträglich sein, wie wir später in Kapitel 5 noch genauer erklären werden. Wenn der Trainer herausgefunden hat, was der Sportler verändern sollte, ist es viel besser, wenn er ihm bewußt macht, wie er sich bisher bewegt hat. Auf diese Weise kann der Sportler seine Aufmerksamkeit auf seine wichtigsten Bewegungen lenken und sie selbst beurteilen, statt daß er sich nur darauf konzentriert, wie er seiner Meinung nach die Bewegung ausführen sollte. Früher oder später wird sich dann eine glattere, unverkrampfte Ausführung wie von allein einstellen.

Psychophysisches Umlernen

Sportliches Training hat sich immer weiterentwickelt; Trainer und Phychotherapeuten haben mit Hilfe der Erkenntnisse der Biomechanik und Kinesiologie jede Bewegung bis ins einzelne zerlegt. Wir glauben, daß wir umdenken und die Bewegung im Zusammenhang mit dem ganzen Menschen sehen müssen, statt immer nur an die optimale Leistung eines bestimmten Teils des Menschen zu denken.

Wir haben festgestellt, daß die «Feldenkrais-Methode» für Sportler, die etwas über Bewegung lernen wollen, die beste ist. Dr. Moshe Feldenkrais, ein israelischer Physiker, hat ein gut durchdachtes, subtiles System entwickelt, durch das der Körper mit minimaler Anstrengung maximale Erfolge erzielen kann. Durch diese Methode kann man sich bewußt werden, wie die Bewegung abläuft, und man kann lernen, bestimmte Aspekte der Bewe-

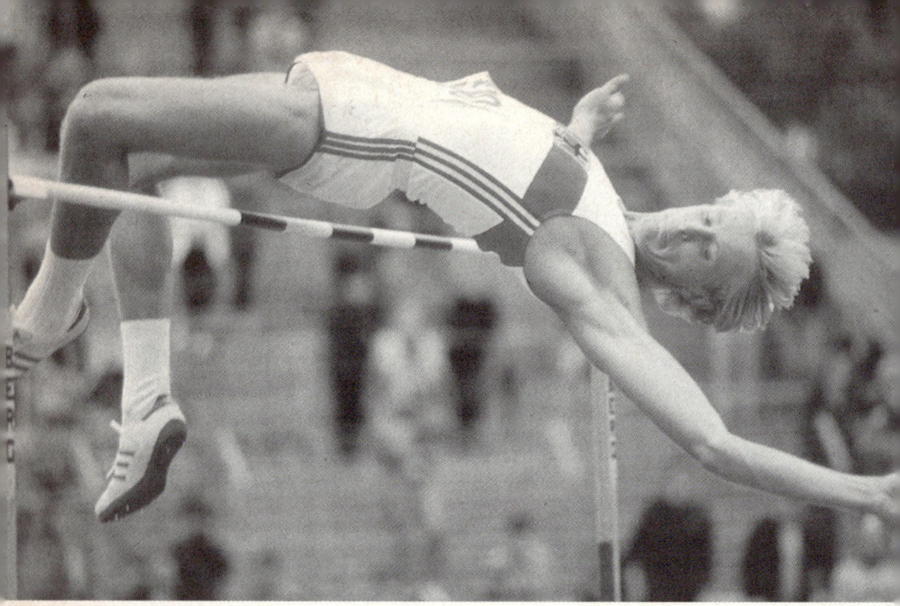

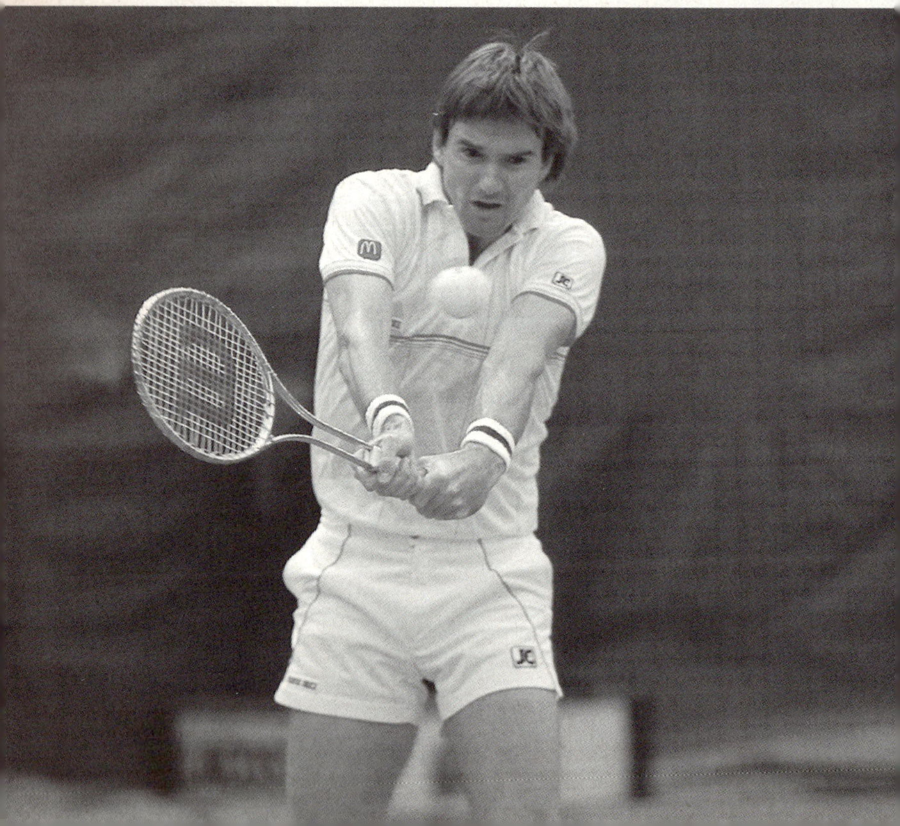

gung zu verändern. Der Schlüssel zur maximalen Leistung liegt in der bewußten Fähigkeit, eine wenig wirkungsvolle Bewegung zu identifizieren, dieses Gewohnheitsmuster zu unterbrechen und dann den Bewegungsablauf neu und wirkungsvoller zu organisieren. Feldenkrais hat seine Methoden nicht nur für Sportler entwickelt, sondern auch für Patienten, die einen Schlaganfall hatten, die sich von Verletzungen erholen oder die unter neuromuskulären Krankheiten leiden, wie zerebrale Lähmung und Muskelschwund.

Für Sportler ist das wichtigste an dieser Methode, daß dem Körper beigebracht wird, als Ganzes zu funktionieren. Einzelbewegungen werden differenziert und dann auf höherer Organisationsebene reintegriert. Diese Methode ist keine Anleitung zu körperlicher Fitness. Statt dessen wird das Nervensystem dazu angeregt, zwischen verschiedenen Arten von Bewegung unterscheiden zu lernen und dieses neue Wissen auf die Sport-Situation zu übertragen.

Das Ziel dieses Buches ist, dem Leser mehr Kontrolle über seine körperliche Leistung zu geben; jedes System also, was seine Fähigkeit zu lernen verbessert, wird auf diese Weise auch die Gesamtleistung steigern. Man kann verschiedene Bewegungs- und Funktionsweisen des Körpers systematisch unterscheiden lernen, wobei besonders die psychophysischen Umlernübungen sinnvoll sind. Für jeden Sport gibt es eine spezielle Übungsserie, die sich genau mit den Bewegungen befaßt, die in diesem Sport notwendig sind. Weitere Information darüber findet man bei M. Feldenkrais: Bewußtheit durch Bewegung (Frankfurt 1978).

Fotos links: Fosbury-Flop (Carlo Thränhardt) und beidhändige Tennis-Rückhand (Jimmy Connors) – Zwei Beispiele für die Entwicklung neuer Lösungen

3 Entspannung und Konzentration

Für Einzel- und für Mannschaftssportler ist die Fähigkeit, sich zu entspannen und sich zu konzentrieren von außerordentlicher Wichtigkeit. Entspannung ist ein vorübergehendes, bewußtes Zurückziehen von jeglicher Aktivität; zur richtigen Zeit eingesetzt, kann dadurch neue Energie auf körperlichem, mentalem und emotionalem Gebiet gewonnen werden. Um sich zu konzentrieren, richtet man seine Aufmerksamkeit nur auf das, was die unmittelbar bevorstehende Aufgabe angeht und vernachlässigt alles andere.

Im folgenden werden wir aufzeigen, warum, wann und wie man sich entspannt und konzentriert und Übungen vorschlagen, die dabei helfen können, diese Fähigkeiten zu entwickeln.

Entspannung

Was ist Entspannung?

Entspannung, ob körperlicher, geistiger oder seelischer Art, ist dadurch charakterisiert, daß es sich um einen Zustand handelt, bei dem jegliche Aktivität und Anspannung fehlt. Es ist eine Zeit des Innehaltens, in der es kein «ich muß» oder «ich sollte» gibt. Verschiedene Abstufungen von Entspannung und Anspannung kann man graphisch auf einer kontinuierlichen Linie festhalten. Mit etwas Übung kann man herausfinden, welcher Grad von Entspannung oder Anspannung zu einem bestimmten Zeitpunkt der richtige ist. Lernen, sich zu entspannen, ist ein Prozeß, der eigentlich nie abgeschlossen ist; für den Augenblick aber nennen wir den Zustand, in dem man sich am entspanntesten fühlt, «Null-Aktivität». Null-Aktivität, Normal-Aktivität und Über-Aktivität sind Punkte auf einer kontinuierlichen Linie. Würde man aber den Grad der Entspannung oder Anspannung objektiv messen, so würde ein Sportler etwas noch als Normal-Aktivität bezeichnen, was für einen anderen schon in Richtung Über-Aktivität ginge. Subjektiv liegen also diese Fixpunkte für jeden an einer anderen Stelle der kontinuierlichen Linie.

Beim Schlafen ist man wahrscheinlich entspannt, wenn auch nicht immer vollkommen; wenn man Entspannung bewußt einsetzt, um die sportliche Leistung zu erhöhen, sollte man wach bleiben, um Eindrücke von innen oder von außen wahrzunehmen.

Entspannung auf körperlichem, emotionalem oder mentalem Gebiet ist zu bestimmten Zeiten vielleicht unterschiedlich stark ausgeprägt, aber alle drei Aspekte des Empfindens sind voneinander abhängig und es ist wahrscheinlich, daß Anspannung auf einem Gebiet auch Anspannung auf einem anderen bedeutet. Man kann aber auch Anspannung auf einem Gebiet abbauen, indem man Entspannung auf einem anderen verstärkt. Lachen oder beruhigende Musik zum Beispiel kann geistigen Stress vermindern; tiefes, ruhiges Atmen kann Nervosität oder Wut mildern, und wenn man sich die Zeit nimmt, ruhig seinen Gedanken nachzuhängen, kann sich der angespannte Körper entspannen.

Warum entspannen?

Der Grad der notwendigen Entspannung hängt von dem jeweiligen Sportler und dem Anlaß ab.

● *Man lernt, sich vollkommen und für einen längeren Zeitraum*
   zu entspannen,
   – um den Punkt der eigenen Null-Aktivität zu finden;
   – um sich bewußt zu werden, über welche körperlichen, geistigen und
     seelischen Fähigkeiten und Reserven man verfügt und wie man sie am
     besten einsetzen kann;
   – um sich bestimmter Verhaltensmuster bewußt zu werden und um dann
     die verändern zu können, die die eigene Leistung behindern;
   – um einen objektiven Eindruck der unmittelbaren Umwelt zu erhalten;
   – um einen angenehmen, positiven Zustand zu erleben, in dem sich
     Körper, Geist und Seele regenerieren können; die vollkommene Entspannung läßt einen die Freude an seinem Sport wiederentdecken,
     auch wenn man unter andauerndem starken Druck steht.

● *Man lernt, sich kurzzeitig zu entspannen,*
  – um den Zustand der Über-Aktivität kurz vor und während des Wett-
    kampfs auf einen normalen Stand zu reduzieren, mit dem man pro-
    duktiv umgehen kann;
  – um sich immer wieder seiner kinästhetischen Empfindungen bewußt
    zu werden;
  – um den Zustand der Ausgeglichenheit wiederzufinden.

Die Fähigkeit, sich kurzfristig entspannen zu können, sei es kurz vor oder in
wichtigen Momenten während des Wettkampfs, hilft dann dabei, schneller
und bewußter zu reagieren, wenn man sich danach wieder ganz auf die
Aufgabe konzentriert.

In der Gestalt-Therapie gibt es ein Konzept, das einem nicht nur in sozialen
Zusammenhängen, sondern auch beim Sport nützlich sein kann und bei
dem es darum geht, daß man lernt, sich im richtigen Moment «zurückzuziehen». In unserem Umgang mit anderen Menschen zwingt uns ein falsches
Taktgefühl (meistens die Sorge, daß andere uns ablehnen könnten) dazu,
demjenigen, mit dem wir zusammen sind, eine scheinbare Aufmerksamkeit zu zeigen, obgleich wir schon lange das Interesse an dem, was gesagt

Vor dem Start

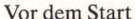

wird, verloren haben. Wir stecken so in einer Art von Mittelzone fest, zwischen dem Wunsch, sich aus der Situation zurückzuziehen und gezwungener sozialer Interaktion. Jeder kann diese Theorie selbst ausprobieren: Wenn man sich in einer Unterhaltung mit zwei oder drei anderen befindet, kann man sich bewußt werden, wann man ‹ganz da› ist, indem man immer «Hier» (zu sich selbst) sagt, wenn man seine gesamte Aufmerksamkeit der Unterhaltung widmet, und «fort», wenn man mit seinen Gedanken woanders und nur körperlich anwesend ist. Man wird feststellen, daß man noch bewußter als vorher teilnimmt, wenn man dann wirklich ‹da ist›.

Wann entspannen?

Der Versuch, eine tiefe Entspannung zu erreichen, sollte am besten nach statt vor einer aktiven Periode geschehen, zum Beispiel nach einem harten Training, etwa vor dem Abendessen oder bevor man ins Bett geht. Tiefe Entspannung ist besonders wichtig, wenn man erschöpft ist, sich Sorgen macht oder sich nicht gut fühlt.

Weniger tiefe, kurzfristige Entspannung sollte man am besten suchen:

● *Vor dem Aufwärmen*
Wir schlagen vor, daß der Sportler seine Aufwärmübungen mit einer, wenn auch kurzen, Entspannungsphase beginnt, um sich über seinen körperlichen, emotionalen und mentalen Zustand klarzuwerden und eine Vorstellung davon zu bekommen, was er als nächstes tun muß. Wenn er besonders nervös ist, sollte er den Entspannungsprozeß entsprechend verlängern und vertiefen. Die Dauer wird je nach Situation und von einem Sportler zum anderen unterschiedlich sein. Für den weniger erfahrenen Wettkämpfer gilt im allgemeinen, daß er kurz vor dem Wettkampf seine Entspannungsübungen durchführen sollte, vor allen Dingen, wenn es sich um einen besonders wichtigen Wettkampf handelt.

● *Wenn man eine neue Fertigkeit oder Taktik lernen will*
Erfahrung lehrt, daß der Lernprozeß nach einer bestimmten Zeit an seinem Höhepunkt angelangt ist und daß der Lernende danach nur unsicher wird oder sogar Gelerntes vergißt, wenn man darauf besteht, mit dem Unterrichten fortzufahren oder ihn zwingt, weiter zu üben. Man kann also in einer Lernperiode mehr aufnehmen, wenn sich Unterricht und Entspannungsperioden abwechseln.

● *Nach dem Training oder nach dem Wettkampf*
Nach der körperlichen Anstrengung ist eine Entspannungsphase besonders wichtig. Auf diese Weise kann der Sportler sein körperliches

gewicht wiederfinden und vermeidet Verletzungen, die vorkommen können, wenn körperliche Anspannung nicht abgebaut werden kann.

- *Vor einer Visualisierung*
  Wenn man Visualisierungen *während* des Wettkampfs verwendet, sollte man sich vorher kurz entspannen. Wenn man *vor* oder *nach* dem Wettkampf die Visualisierungstechnik anwenden möchte, sollte die Entspannung gründlicher sein.

Manche Menschen glauben, daß sie sich am besten entspannen können, wenn sie fernsehen oder zu Hause einen Videofilm ansehen. Auf diese Weise kann man zwar Abstand von seiner Umgebung gewinnen und auch körperliche und geistige Anspannung abbauen; wenn der Film aber aufregend ist, kann dadurch der emotionale Erregungszustand erhöht und andere körperliche und geistige Anspannungen können hervorgerufen werden. Zur echten Entspannung gehört ein Gefühl des Abstandnehmens; man kann die eigenen Empfindungen, Gefühle und Gedanken, die einem dabei bewußt werden, objektiv beobachten und schließlich von ihnen lernen.

Es gibt eine Reihe von Entspannungsmethoden, die in der westlichen Welt angewendet werden, von denen sich viele aus dem Yoga und anderen Meditationstechniken der östlichen Welt herleiten. Zwei der bekanntesten Methoden sind «Autogenes Training» (J. H. Schultz) und «Progressive Entspannung), die von dem Amerikaner Dr. Jacobsen (Jacobsen-Training) entwickelt wurde. Die erste Methode ist besonders bei Menschen mit Herzkrankheiten, hohem Blutdruck, Migräne und anderen körperlichen Problemen angewandt worden. Dabei empfängt das autonome Nervensystem eine Reihe von Befehlen, wodurch sich der Patient unkontrollierbarer Körperfunktionen bewußt wird wie Atmen, Herzschlag, Körpertemperatur und ähnlichem und lernt, eine gewisse Kontrolle über diese Funktionen auszuüben. Man kann so auch lernen, den eigenen Erregungszustand zu dämpfen oder zu steigern.

Bei der «progressiven Entspannung» lernt man jede Muskelgruppe separat anzuspannen und wieder zu entspannen. Man wird sich dadurch bewußt, wann eine Muskelgruppe angespannt ist und ist allmählich fähig, jeden Muskel gewollt zu entspannen. In unserem Psychotraining-Kurs verwenden wir eine einfachere Methode, bei der es besonders auf Atemtechniken und den Einfluß des kinästhetischen Sinns ankommt.

Entspannungsübungen

Man kann sich im Liegen leichter tief entspannen; wenn man allerdings
körperlich müde ist, es ist schwierig, in dieser Position aufmerksam zu bleiben, und man neigt dazu einzuschlafen. Wenn man den Wettkampf oder
den anstrengenden Tag schon hinter sich hat, spielt das keine Rolle, wenn
man sich aber vor dem Wettbewerb entspannen will oder vor einer Visualisierungsübung, dann ist es besser, wenn man sich gerade hinsetzt und sich
mit dem Rücken anlehnen kann. Man kann schließlich auch lernen, sich im
Stehen zu entspannen; dazu atmet man zwei- oder dreimal tief ein und stellt
sich vor, daß jegliche Anspannung von einem abfällt wie ein schwerer Wintermantel.

Wenn man sich im Sitzen oder Stehen entspannt, sollte man beim Kopf
anfangen, im Liegen am besten bei den Füßen. Entspannungsübungen sind
einfacher, wenn der Trainer dabei hilft, sonst neigt man dazu, zu schnell
vorzugehen oder sich ablenken zu lassen. Wenn der Trainer seiner gesamten Mannschaft bei den Entspannungsübungen hilft, sollte er sich vergewissern, daß alle parallel zueinander und zu der Wand liegen. Die Beine sind
leicht gegrätscht, die Arme ausgestreckt und die Hände etwa 30 cm vom
Körper entfernt; die Spieler berühren einander nicht dabei. Wenn kein
Trainer zur Verfügung steht, kann man die Anleitung auf Tonband aufnehmen.

Die folgenden Beispiele für mögliche Entspannungsübungen sollten etwa
jede zehn Minuten in Anspruch nehmen.

① Schließen Sie die Augen und strecken Sie sich so aus, daß der Körper so viel Kontakt mit dem Boden hat wie möglich. Dazu sollte man
erst den Kopf heben und senken, um den Hals zu strecken und sicher zu
sein, daß der Kopf nicht nach hinten gebeugt ist; dann sollte man sich
bewußt mit dem ganzen Rücken an den Boden schmiegen und die Fer-
sen nach unten drücken, um die Beine zu strecken.

Atmen Sie tief ein, und während Sie langsam ausatmen, fühlen Sie das
Gewicht Ihres Körpers fest auf dem Boden; beim nächsten Atemzug
konzentrieren Sie sich darauf, wie der Boden den Körper trägt. Stellen
Sie sich vor, Sie stehen im Freien und sehen den Mond an. Es ist eine
klare Nacht, und Ihre Gefühle treiben wie Wolkenfetzen langsam am
Himmel dahin; folgen Sie ihnen in Gedanken mit den Augen, benennen
Sie sie.

Jetzt wenden Sie sich Ihren Gedanken zu: Stellen Sie sich vor, daß Sie
von einer Brücke auf den darunter fließenden Fluß schauen. Ihre Gedanken, ob Aussagen, Fragen oder Bilder, treiben wie Blätter auf der

Wasseroberfläche. Beobachten Sie Ihre Gedanken, sehen Sie, wie sie sich verändern.

Jetzt wenden Sie sich wieder Ihrem Körper zu. Fühlen Sie sein Gewicht, und konzentrieren Sie sich jetzt besonders auf Ihre Füße. Wie fühlen sich die Zehen an, wie die Muskeln in der Fußsohle und um die Fußknöchel? Wenn sich irgendein Teil angespannt anfühlt, verweilen Sie, und lassen Sie dann langsam beim Ausatmen diese Anspannung abklingen. Jetzt wenden Sie Ihre Aufmerksamkeit den Wadenmuskeln zu: fühlen Sie, wie die Knochen auf den Wadenmuskeln ruhen, die wiederum entspannt auf dem Boden liegen.

Machen Sie in diesem Tempo weiter, beschäftigen Sie sich nacheinander mit sämtlichen größeren Muskelgruppen in Oberschenkeln, Leistengegend, Gesäß, Becken, Taille, Magengegend, unterem Rücken, oberem Rücken, Brustkorb, Schultern, Oberarm, Ellbogen, Unterarm, Handgelenk, Daumen und Hand und lassen Sie jegliche Restspannung über die Finger aus dem Körper fließen. Jetzt ist der Hals an der Reihe, Kiefer, Mund, Zunge, Wangen, äußere Augenmuskeln, Stirnmuskeln und Kopfhaut.

Nach einer kurzen Pause wenden Sie sich abermals Ihren Gefühlen zu, Ihren Gedanken; fühlen Sie wieder, wie der Boden den Körper trägt. Jetzt beginnen Sie noch einmal bei den Fußmuskeln und folgen den Muskeln aufwärts bis zum Kopf, diesmal schneller, nur um sicher zu sein, daß jegliche Anspannung verschwunden ist.

Schließlich können Sie das friedliche, angenehme Gefühl genießen, das sich einstellt, wenn man sich ganz entspannt hat, wenn der Boden den Körper ganz trägt. Beim Yoga spricht man von einer «Totenposition», wenn der Körper zwar unbeweglich wie tot ist, man aber gleichzeitig die Wärme und potentielle Stärke des Lebens fühlt, weil die Energie wieder in den Körper einströmt; man weiß, daß man sich jederzeit bewegen kann, wenn man will, möchte aber diese vollkommene Entspannung noch etwas länger genießen. Schließlich aber ist man bereit. Strecken Sie die Arme über dem Kopf aus rollen Sie auf eine Seite, und setzen Sie sich dann auf.

Entspannung im Sitzen läuft ähnlich ab, nur fangen Sie am Kopf an und enden mit den Fußmuskeln. Sie sollen schließlich die Empfindung haben, daß der Stuhl das Gewicht des oberen Teils des Körpers trägt und der Fußboden Beine und Füße stützt.

② Als alternative Entspannungsmethode kann man eine Visualisierung anwenden:

Stellen Sie sich vor, Sie sind ein Gefäß, das mit einer schweren, farbigen Flüssigkeit gefüllt ist. Sie haben Ventile an Fingern und Zehen und während Sie still dasitzen, wird ein Ventil nach dem anderen geöffnet. Sie

Beispiele für Entspannungspositionen

Beine leicht hochlegen (optimale Entspannungshaltung)

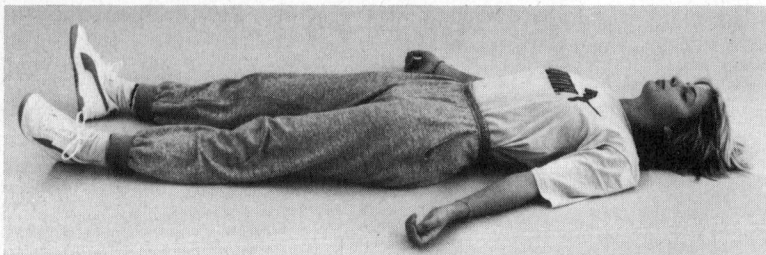

Totenstellung (Schabâsana im Yoga) (optimale Entspannungshaltung)

Hakenposition (Aushängen)
(optimale Muskelentspannungshaltung für den Lendenwirbelsäulen-
bereich, besonders des lumbo-sakralen Übergangs)

Droschkenkutscherhaltung

Hochlegen der Beine

Fotos links und rechts:
Karl-Peter Knebel

können fühlen, wie die Flüssigkeit aus den Ventilen fließt, so daß Sie sitzend zuerst einen freien Raum in Ihrem Kopf verspüren, dann sinkt das Niveau der Flüssigkeit tiefer, zu den Augenbrauen, den Augen, den Lippen, tiefer, bis der ganze Kopf klar ist. Die schwere Flüssigkeit verläßt Hals und Schultern, läuft ab durch Handgelenke, Daumen, Hände und Finger. Jetzt ist der ganze Oberkörper frei, das Niveau sinkt tiefer durch Becken, Gesäßmuskeln, Oberschenkel, Knie, Fußgelenke und Füße, bis schließlich die letzten Tropfen den Körper durch die Zehen verlassen und das Gefäß, den Körper, unbeschwert, klar, leicht und entspannt zurücklassen, nur durch den Stuhl und den Boden getragen.

Konzentration

Was ist Konzentration?

Ein Zug rumpelt über die Gleise, gerade als eine Golfspielerin ein schwieriges Putten erfolgreich meistert. Später fragt eine Freundin, warum sie der Zug nicht gestört habe. «Welcher Zug?» fragt die Sportlerin. Andere Sportler sprechen von dem «Kokon der Konzentration», der sie während eines wichtigen Spiels umgibt.
Konzentration ist ein Bewußtseinszustand, der anerkanntermaßen für jeden Sportler wichtig ist, der sein Bestes geben will. In diesem Zustand ist man sich nur eines Objekts bewußt und schließt für den Augenblick alle anderen Gedanken, Wünsche und Ziele aus. Die Intensität dieses Zustands kann unterschiedlich sein, und nicht jeder Golfspieler hätte den Zug vollkommen überhört. Es gibt auch hier Formen von tiefer Konzentration (wie von tiefer Entspannung), von denen viele sich auch von östlichen Disziplinen wie Meditation (sitzende Meditation; Tai Chi, Meditation durch langsame Bewegung; oder Meditation durch die wirbelnde schnelle Bewegung eines Derwischs), Kontemplation und Gebet herleiten.
Konzentration ist auch in seiner Dauer sehr unterschiedlich. Die ersten wichtigen Tennisspiele zwischen Björn Borg und John McEnroe waren teilweise deshalb so faszinierend, weil beide ganz verschiedene, aber gleich effektive Stile von Konzentration bis zur Perfektion beherrschten (Fotos rechts). Borgs Konzentration schien während des ganzen Spiels nicht nachzulassen und war immer gleichmäßig stark, während McEnroe sich selbst während des Spiels beschimpfte, die Entscheidungen des Schiedsrichters lautstark anzweifelte, anscheinend vollkommen von seinem Ziel abgelenkt war und sich dann doch in Sekundenschnelle wieder ganz auf sein Spiel

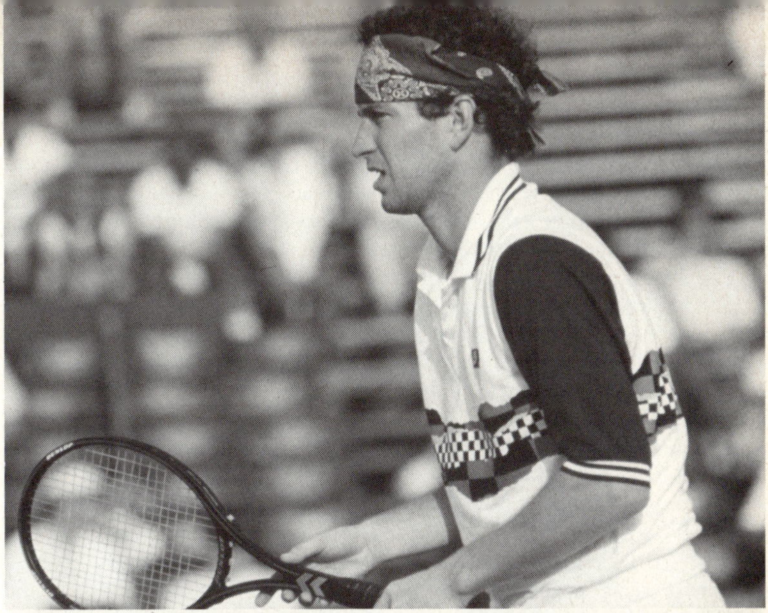

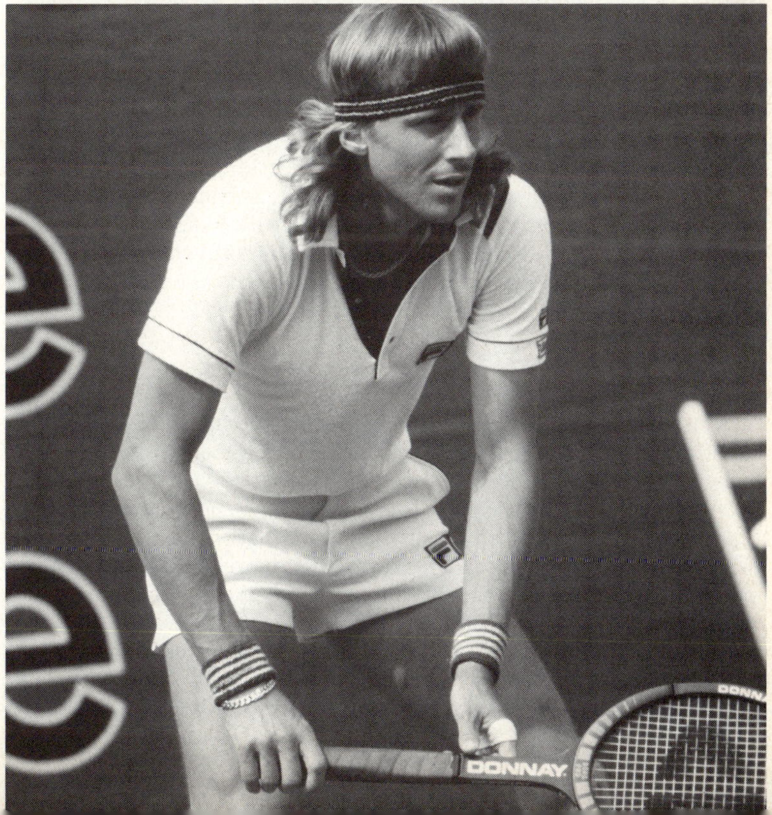
DONNAY

konzentrierte, so daß ihm anscheinend mühelos ein paar perfekte Asse gelangen. Er demonstrierte deutlich, daß eine kurzzeitige Konzentration nicht notwendigerweise oberflächlich sein muß.

Konzentration ist ein Zustand, bei dem man zwar wach und aufmerksam ist, aber auf eine entspannte Weise, ein Stadium, das nicht durch reine Willenskraft aufrechterhalten wird, sondern einen befähigt, die Aufmerksamkeit sofort von einer Sache auf die andere zu verlagern, wenn es die Situation, das Objekt der Konzentration, verlangt. Kein wichtiger Faktor wird ausgeklammert, aber die Definition, was ein wichtiger Faktor ist, kann von einem Moment zum anderen eingeengt oder erweitert werden. Fachleute unterscheiden zwischen *engen* und *weiten* Konzentrationsspannen, wenn es um das Objekt der Konzentration geht. Wenn man zum Beispiel beim Dart-Spiel seinen Wurfpfeil auf die Doppelzwanzig der Zielscheibe plazieren möchte, muß die Spanne der Aufmerksamkeit ganz begrenzt und auf einen Punkt konzentriert sein. Wenn man sich dagegen ansieht, wo die ersten beiden Pfeile gelandet sind und überlegt, wie deshalb der dritte plaziert werden muß, muß das Feld der Aufmerksamkeit, die Konzentrationsspanne breiter sein.

Man kann außerdem auch zwischen zwei verschiedenen Dimensionen der Konzentration unterscheiden: einer *inneren* und einer *äußeren*. Bei der inneren Konzentration geht es nur um die eigenen Empfindungen, Gefühle oder Gedanken. Bei der äußeren Konzentration geht es um Objekte und Situationen außerhalb der eigenen Person. Der Sportler mit der tiefsten Konzentration, ob sie sich auf innerliche oder äußere Dinge richtet, ob sie einen engen oder einen weiten Bereich abdeckt, ist immer der, der die körperlichen, emotionalen und mentalen Komponenten seines Selbst in Einklang bringen kann und sich so, mit allem, was ihm zur Verfügung steht, auf die bevorstehende Aufgabe konzentrieren kann.

Warum konzentrieren?

Im Verlauf eines Wettkampfs muß sich der Sportler dauernd der sich verändernden Informationen bewußt sein, muß sich immer wieder schnell auf neue, besonders wichtige Faktoren einstellen und konzentrieren können und alles andere vernachlässigen. Nur dann kann er augenblicklich auf eine gegebene Situation maximal reagieren und sein Ziel erreichen.

Konzentrationsübungen können einem auch bewußt machen, wodurch man sich meistens ablenken läßt und warum. Auf diese Weise kann man vielleicht schließlich festgefahrene, wirkungslose Verhaltens- und Gedankenmuster ablegen. Man wird sich allmählich bewußt, welche Aspekte der Leistung man verändern kann und distanziert sich von Ablenkungen und Ängsten, die aus Faktoren entstehen, über die man keine Kontrolle hat.

Wann konzentrieren?

● *Während des Wettkampfs*
Man meint, ohne viel zu überlegen, daß man sich während des ganzen
Spiels konzentrieren sollte; bei vielen Sportarten gibt es aber aktive Pe-
rioden, die mit weniger aktiven abwechseln, was bedeutet, daß sich die
Konzentration kontinuierlich in bezug auf Ausrichtung, Spanne und Intensität ändern muß. Es gehört eine gewisse Übung dazu herauszufinden, worauf man sich am besten in inaktiven Zeiten konzentriert. Allgemein gesagt ist es am wirkungsvollsten, wenn man sich von äußeren auf
innere Faktoren konzentriert und dann umgekehrt, und von einem brei-
ten Konzentrationsfeld auf ein enges und wieder zurück auf ein breites.
Man sollte versuchen, die Situation von verschiedenen Seiten zu betrachten, um wichtige Faktoren zu beachten, die man vielleicht bisher
übersehen hatte. Auf diese Weise kann man sich auch entspannen und
erholen, eben indem man seine Aufmerksamkeit auf andere Faktoren
richtet. Man sollte sich allerdings nicht in einer «Mittelzone» des Bewußtseins aufhalten, wobei man sich weder echt auf innerliche Faktoren
konzentriert noch sich positiv mit der näheren Umgebung beschäftigt.
Beim Spiel ist man häufig von Dingen abgelenkt, die mit gefühlsmäßigen
Empfindungen zu tun haben: Wer ist unter den Zuschauern? Angst vor
Verletzung oder Angst vor einem schwierigen Spiel, was einem noch
bevorsteht. Im nächsten Abschnitt finden Sie Vorschläge, wie Sie mit
diesem Problem umgehen können.

● *Vor und nach dem Wettkampf*
Die meisten Konzentrationsübungen können entweder zu Hause vor
dem Spiel als Teil des Warmmachens durchgeführt werden oder in einer
Pause während des Wettkampfs oder Spiels. Am besten kann man diese
Übungen zur Konzentration, ebenso wie die zur Entspannung und Visualisierung, lernen und üben, wenn man nicht unter dem Stress eines
bevorstehenden Wettkampfs steht.

Wie konzentrieren?

Man kann seine Konzentrationsfähigkeit durch sorgfältig aufgestellte technische und taktische Trainingsprogramme standig verbessern. Wenn der
Trainer (oder man selbst) die Situationen identifizieren kann, bei denen
man sich immer wieder ablenken läßt, kann man sich in seinem Training
genau auf diese Situationen konzentrieren. Es mag ausreichen, wenn man
sich Übungen überlegt, die eine längere und gründlichere Konzentration
auf bestimmten Gebieten verlangen, als sie für den Wettkampf selbst nötig

ist. Wie aber zum Beispiel das Trainieren mit Gewichten nicht nur dazu dient, die körperliche Stärke und Ausdauer zu vergrößern, sondern vielleicht noch günstig in die eigene Trainingsroutine hineinpaßt, so gibt es auch bestimmte andere körperliche und mentale Übungen, durch die man seine Konzentrationsfähigkeit vergrößern kann.

Der erste Schritt auf dem Weg zu einer positiven Veränderung ist festzustellen, was in einem vorgeht, wenn man sich nicht mehr konzentrieren kann. Muß man plötzlich an Faktoren in der Umwelt denken, die nichts mit der eigenen Leistung zu tun haben; fällt einem eine vergangene Leistung ein oder denkt man an eine zukünftige? Um eine Veränderung durchführen zu können, muß man erst sein eigenes Verhaltensmuster erkennen.

Die Veränderung kann dann erfolgen durch:

● *Ausbauen und Üben eines stärkeren Verhaltensmusters*
  Das heißt, man sollte sich ein gewisses Ritual ausdenken und angewöhnen wie:
  1. sich streng an die sechs Punkte der Aufwärmroutine aus Kapitel 1 halten (s. S. 16ff und 25);
  2. sich eine Reihe von Gedankenmustern zurechtlegen, die mit der bevorstehenden Aufgabe zu tun haben und die man hervorholen kann, wenn Ablenkungen während des Wettkampfs drohen. Man kann sich zum Beispiel vornehmen, sich in Pausen auf das Atmen zu konzentrieren (innerliche Konzentration), oder man könnte sich auf einen Faktor konzentrieren, der mit dem Wettkampf eng zusammenhängt (etwa die nächste Welle für den Segler oder das Gefühl des Ruders in seiner Hand).

● *Vergrößern des Interesses für das Objekt oder die sportliche Aktion, auf die man sich konzentrieren will*
  Es ist beinahe gleichgültig, was man sich für diese Übung aussucht. Man kann sich zum Beispiel darauf konzentrieren, mit welchem Abstand der Tennisball über das Netz fliegt oder sich genau klarmachen, wie man sein Gewicht verlagert, wenn man den Ball schlägt.

● *Dem ablenkenden Faktor besonders viel Aufmerksamkeit schenken*
  Die Ablenkung wird so behandelt, als ob sie ein Eigenleben hätte: Ihr wird Raum gelassen, ihre Bedürfnisse werden beachtet, und man verspricht schließlich, sie nicht zu vernachlässigen, sondern sich später mit ihr zu beschäftigen. Dazu kann man die «Problembox» benutzen, die im ersten Kapitel beschrieben wurde (s. S. 19f)

● *Sich mit den ablenkenden Faktoren anfreunden*
  Man kann zum Beispiel während des Trainings diese Ablenkungen simulieren und sich auf diese Weise daran gewöhnen oder sie sogar in einem

positiven Licht sehen lernen. Der Dichter John Betjeman gestand einmal, daß er den Verkehr auf der Straße haßte und die Lastwagen ganz besonders. «Ich konnte sie einfach nicht ausstehen, also kaufte ich mir ein Buch über die verschiedenen Lastwagentypen und -marken. Allmählich machten sie mir dann nichts mehr aus.»

Wenn man zum Beispiel auf einem Platz trainiert, wo der Lärm von anderen Sportlern einen ablenkt, kann es helfen, wenn man sich überlegt, daß alle zu derselben Gemeinschaft der Trainierenden gehören, daß alle den Platz auf ihre Weise nutzen. Man kann den Lärm um sich herum auch zum Anlaß nehmen, bestimmte Konzentrationstechniken zu üben.

● *Die Aufmerksamkeit von emotionellen Ablenkungsfaktoren auf körperliche und geistige Aktionsmuster lenken*
Man kann zum Beispiel tief atmen, sich entspannen und sich vorstellen, daß man sich an einem ruhigen Ort befindet (s. S. 121 ff)

● *Die Aufmerksamkeit von körperlichen und geistigen Ablenkungsfaktoren auf emotionelle Aktionsmuster lenken*
Beim Mannschaftssport zum Beispiel hilft der Mannschaftsgeist den Spielern, sich auf das gemeinsame Ziel zu konzentrieren. Die richtigen Worte, in denen sich der emotionelle Kontakt zwischen den Spielern oder zwischen Sportlern und Trainer äußert, können dem einzelnen und der gesamten Mannschaft helfen, sich auf den Erfolg zu konzentrieren.

Konzentrationsübungen

① Setzen Sie sich auf einen Stuhl mit einer geraden Rückenlehne, beide Füße stehen fest auf dem Boden, und die Hände liegen locker auf dem Schoß. Schließen Sie die Augen, atmen Sie tief ein und langsam wieder aus, und fangen Sie dabei an, sich vom Kopf ausgehend vollkommen zu entspannen.

Wenn Sie entspannt sind, achten Sie auf Ihr Atmen, und zählen Sie die Atemzüge, ohne den Rhythmus zu verändern; ein Ein- und Ausatmen zählt als «1». Wenn Sie bei «10» angelangt sind, fangen Sie wieder bei «1» an.

Wenn Sie sich verzählen oder aus Versehen über «10» hinauszählen, halten Sie inne, und versuchen Sie die Gedanken, die Ihnen gerade durch den Kopf gegangen sind, so weit wie möglich zurückzuverfolgen. Dann fangen Sie wieder mit 1 an. Für den Anfänger sind acht Minuten dieser Übung ausreichend.

② Setzen Sie sich auf einen Stuhl mit gerader Rückenlehne und sehen Sie einen Gegenstand oder ein Bild an, was mit Ihrem Sport etwas zu tun hat. Entspannen Sie sich wie vorher, aber halten Sie die Augen offen. Bewegen Sie sich fünf Minuten lang nicht, sondern versuchen Sie, so viele Eigenschaften wie möglich aus diesem Gegenstand/Bild herauszulesen.

③ Diese Übung ähnelt der vorigen; diesmal nehmen Sie Papier und Bleistift zur Hand und schreiben einen Gegenstand aus dem Gebiet Ihres Sports auf die Mitte des Papiers. Machen Sie einen Kreis darum, und zeichnen Sie eine Linie, die von diesem Kreis ausgeht wie die Speiche eines Rades. An den Endpunkt der Linie schreiben Sie ein Wort, das Ihnen im Zusammenhang mit dem Wort in der Mitte einfällt. Dann gehen Sie wieder zu dem Wort in der Mitte zurück, finden Sie ein neues verbindendes Wort und schreiben auch das an das Ende einer Speiche und so weiter, bis Ihre Zeichnung wie ein komplettes Rad aussieht.

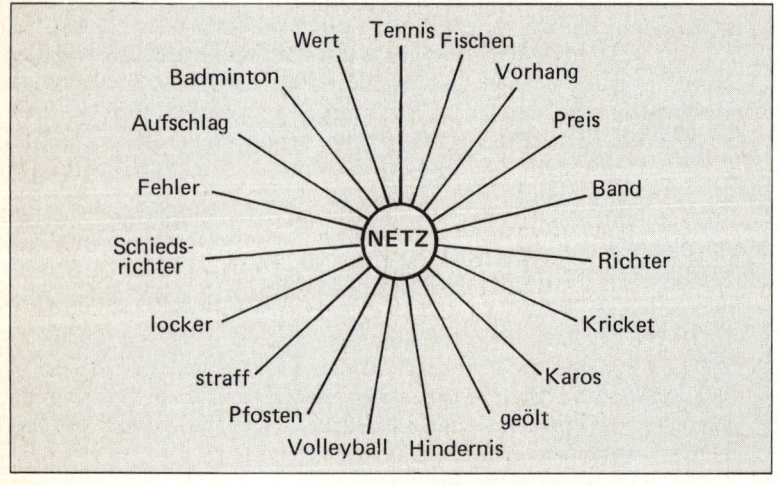

④ Hier beschreiben wir noch eine Atemübung, für die man als Sammelpunkt der Konzentration eine Bekräftigung braucht (einen kurzen positiven Satz; s. S. 110f). Berühren Sie mit dem linken Zeigefinger die Stirn in der Mitte oberhalb der Augenbrauen, verschließen Sie mit dem linken Daumen das linke Nasenloch, schließen Sie die Augen und atmen Sie durch das rechte Nasenloch ein, während Sie bis vier zählen. Verschließen Sie jetzt mit dem linken Mittelfinger das rechte Nasenloch, halten Sie den Atem an, und sagen Sie sich den Satz in Gedanken vor. Nehmen Sie den Daumen vom linken Nasenloch, und atmen Sie aus, während Sie bis vier zählen. Jetzt atmen Sie durch das linke Nasenloch ein, zählen dabei bis vier, verschließen das Nasenloch wieder, halten den Atem an und wiederholen den Satz, nehmen den Mittelfinger vom rechten Nasenloch und atmen aus, während Sie bis vier zählen. Wiederholen Sie den gesamten Ablauf fünfmal.

⑤ Jetzt folgt eine Übung aus der Gestalt-Therapie, die einen davor bewahren soll, in der «Mittelzone» des Bewußtseins steckenzubleiben. Für diese Übung brauchen Sie einen Partner. Sie schließen die Augen und werden sich einer bestimmten Empfindung, eines Gefühls oder eines bestimmten Gedankens bewußt. Sie sagen dann zum Beispiel: «Jetzt fühle ich den Schmerz in meinem Bein», oder «Ich bin mir bewußt, wie ich atme» oder «Jetzt komme ich mir richtig albern vor». Dann öffnen Sie die Augen und sagen: «Jetzt ist mir ganz bewußt...» und nennen dabei etwas, was außerhalb Ihrer eigenen Person passiert, zum Beispiel: «Jetzt ist mir ganz bewußt, daß die Sonne scheint» oder «Jetzt ist mir ganz bewußt, wie deine Augen aussehen». Wiederholen Sie diesen Prozeß, nennen Sie erst mit geschlossenen Augen etwas, was Ihnen innerlich bewußt ist und dann, mit geöffneten Augen, was Ihnen an der Umgebung bewußt wird. Machen Sie das ein paar Minuten lang ohne Pause. Wenn Sie nicht weiter wissen oder sich ablenken lassen, sollte Ihr Partner Ihnen mit einem «Jetzt ist mir ganz bewußt...» weiterhelfen und Sie so zwingen, nicht in der «Mittelzone» zwischen innerem Geschehen und äußerem Geschehen zu verweilen. Danach ist der Partner an der Reihe, und später kann man die Übung versuchen, ohne die Augen zu schließen.

⑥ Auf folgende Konzentrationsübung legen wir normalerweise in unseren Kursen besonderen Wert. Es handelt sich um eine Bewegungsübung, die langsam ausgeführt wird, und es kommt dabei besonders auf Körperkontrolle und Gleichgewicht an. Viele Sportler, unter anderem Gewichtheber, Segler und Tennisspieler, machen diese Übung regelmäßig:
Man stellt sich entspannt hin, hat die Füße in kleinem Abstand voneinander und läßt die Arme entspannt an den Seiten hängen. Der linke Fuß wird jetzt langsam angehoben und nach außen gedreht, das Knie dabei gebeugt. Dann wird das Knie so weit es geht nach innen gedreht, der Winkel des Beins dabei beibehalten, ohne daß man sich in der Hüfte dreht. Die Arme werden dabei langsam und locker seitwärts abge-

spreizt, bis in die «20 vor 4»-Position. Ohne anzuhalten wird das ange-
winkelte Bein dann wieder nach außen gedreht und hinter den Körper
gebracht, während man sich langsam nach vorn neigt, die Hände nach
vorn ausstreckt und das Bein nach hinten streckt, bis Arme, Körper und
Bein eine gerade Linie parallel zum Boden bilden.

Jetzt macht man den Bewegungsablauf in umgekehrter Reihenfolge:
Man winkelt das linke Bein wieder an, bewegt es um den Körper nach
innen, während man sich aufrichtet, dann wieder nach außen im gleichen Winkel und stellt den Fuß langsam auf den Boden zurück. Die
Arme befinden sich wieder locker an der Seite. Ohne eine Pause zu
machen, macht man jetzt dieselbe Übung mit dem anderen Bein.

Der zweite Teil der Übung ist etwas anders: Man steht wieder entspannt, hebt das linke Bein gebeugt an, bis man den Fußknöchel mit
beiden Händen fassen kann. Während man das Fußgelenk festhält,
beugt man sich langsam nach vorn, bis man den Fuß auf den Boden
stellen kann. In der gebeugten Position läßt man das linke Fußgelenk los
und umfaßt das rechte; jetzt richtet man sich langsam wieder auf, während man das rechte Fußgelenk festhält. Danach beugt man sich wieder,
setzt den rechten Fuß auf den Boden, umfaßt das linke Fußgelenk, richtet sich auf, beugt sich wieder und setzt den linken Fuß wieder langsam
auf den Boden.

Beide Teile der Übung fließend und ganz langsam ausführen.

Absolvieren Sie den Bewegungsablauf wie in der Zeichnung dargestellt,
dann – ohne den Fuß auf den Boden zu stellen – in umgekehrter Reihenfolge, bis Sie wieder die Ausgangsposition erreicht haben; ohne Pause
wiederholen Sie das gleiche mit dem anderen Fuß.

Erste Bewegung

Zweite Bewegung

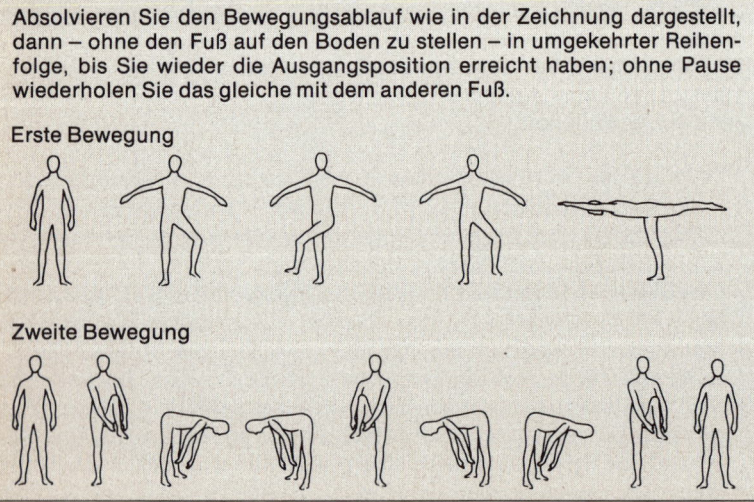

Entspannung
- Der angemessene Grad der Entspannung ist individuell und von Situation zu Situation unterschiedlich.
- Vollkommen entspannt kann sich der Sportler körperlich, emotional und mental regenerieren. Er kann im entspannten Zustand erkennen, wo die eigenen Stärken liegen, wann bestimmte Verhaltensmuster auftreten und welche Faktoren der Umwelt ihn immer wieder beeinflussen.
- Kurzzeitige Entspannung erhöht die Reaktionsgeschwindigkeit, stellt das Gleichgewicht wieder her und macht erneut kinästhetische Zusammenhänge bewußt.

Anwendung
- vor Aufwärmen und Einstellen
- wenn man eine neue Fertigkeit oder Taktik lernen möchte
- als Bestandteil des Cool-down
- vor jeglicher Visualisierung

Entspannungstechniken
- autogenes Training
- progressives Entspannen (Jacobsen)
- Sporting-Bodymind-Methode im Liegen
  im Sitzen oder Stehen (mit Visualisierung)

Konzentration
- läßt einen sofort mit maximalem Effekt agieren,
- macht einem bewußt, welche Aspekte der sportlichen Leistung man unter Kontrolle hat und hilft einem, Aspekte, die man nicht verändern kann, zu vernachlässigen,
- läßt einen festgefahrene, wirkungslose Verhaltensmuster ablegen.

Anwendung
- Während des Wettkampfs, wobei man Intensität, Dauer, Ausrichtung (nach innen oder nach außen) und Konzentrationsbreite der Situation anpaßt.
- Vor und nach dem Wettkampf durch bestimmte Übungen, um Fähigkeiten zu verbessern.

Techniken bei Konzentrationsverlust
- Man baut neue Verhaltensmuster auf und prägt sie sich durch Übung ein.
- Man macht das Objekt oder den Bewegungsablauf attraktiver, auf den man sich konzentrieren möchte.
- Man widmet dem ablenkenden Faktor mit Absicht besonders viel Aufmerksamkeit.
- Man lernt den ablenkenden Faktor genauer kennen und kann so besser mit ihm umgehen.
- Man hat eine körperliche oder gedankliche Routine parat, die man einsetzt, wenn einen emotionelle Dinge ablenken.
- Man konzentriert sich auf bestimmte emotionale Dinge, wenn einen Gedanken oder körperliche Dinge abzulenken drohen.
- Man macht Konzentrationsübungen.

Die zentralen Punkte für Entspannung und Konzentration

4 Visualisieren

Wenn man in Gedanken nachvollzieht, wie man zum Beispiel den Golfball perfekt ins vierzehnte Loch puttete oder den Aufschlag des Gegners im zweiten Satz kontern konnte, als es 4:4 stand, dann denkt und fühlt man in Bildern statt in Worten.

Wir alle können problemlos in Bildern denken, ob bewußt oder unbewußt. Der Unterschied zwischen dieser angeborenen Fähigkeit und dem Visualisieren aber läßt sich mit dem Unterschied zwischen einem natürlichen, sportlichen Talent und einer ausgefeilten technischen und taktischen Fertigkeit vergleichen. Wie jede körperliche Fertigkeit gelernt werden muß, muß man auch lernen, sich klare Bilder vor Augen zu rufen, die einen starken Einfluß auf Verhalten und Leistung haben und diese Fähigkeit dann regelmäßig üben, wenn man seine Leistung verbessern will.

Was ist Visualisieren?

Visualisieren kann man lernen. Man stellt sich Bilder, Situationen und Geschehen im Geist deutlich vor; man sieht sich dabei selbst wie auf einer Leinwand und kann das Geschehen in diesem «Film» bewußt lenken, um ein bestimmtes Ziel zu erreichen. Im allgemeinen, aber nicht immer, schließt man beim Visualisieren die Augen, so daß man weniger leicht abgelenkt wird.

Diese mentale Trennungsform beruht nicht nur auf *bildlichem* Vorstellen, wie der Begriff vermuten läßt, sondern schließt auch Komponenten anderer Sinne mit ein, wie Akustik und Kinästhetik. Mit anderen Worten, wenn man eine bestimmte Bewegungsfolge visualisiert, dann sieht man sich nicht nur im Geiste, sondern man hört und fühlt auch, wie man sich bewegt. Die Fähigkeit, sich vorzustellen, wie sich eine bestimmte Bewegung anfühlt, ist bei den meisten Visualisierungen besonders wichtig (Kinästhetik).

Warum visualisieren?

Wie kann man seine reale Leistung dadurch verbessern, daß man sich vorstellt, wie man einen perfekten Aufschlag beim Tennis schafft oder den Ball beim Volleyball über das Netz schmettert? Inwiefern kann es in einer schwierigen Situation bei einem Golfturnier nützlich sein, wenn man sich nur vorstellt, wie man einen Ball nahe an das entscheidende Loch bringt? Hilft es wirklich schon, wenn man nur visualisiert, wie man sich entspannt? Nur einem Spieler *zusehen,* der einen bestimmten Stil oder eine gewisse Technik hat, kann schon auf manche leicht beeinflußbare Sportler einen Eindruck machen, der sich positiv oder negativ auswirken kann. Der schwedische Tennisstar Matts Wilander wurde 1982 interviewt, und als der Reporter seinen Stil mit dem von Björn Borg verglich, meinte Wilander, daß alle jungen schwedischen Tennisspieler Borgs Stil nachahmten, seine beidhändige Rückhand, seine angeschnittenen Bälle und starken Topspin und ihm unbewußt nacheiferten. Und man hat schon seit längerer Zeit festgestellt, daß in England zur Zeit des Wimbledon-Turniers im allgemeinen besser Tennis gespielt wird, einfach, weil auch der Hobbyspieler in der Zeit häufiger gutes Tennis im Fernsehen sieht.
Es ist allerdings ebenso wahr, daß es einen *negativen* Einfluß auf die eigene Leistung hat, wenn man einem schlechten Spieler unkritisch zusieht, oder wenn man sich auf seiner geistigen Leinwand immer wieder nur seine Fehler vorstellt; es ist deshalb sehr wichtig, daß man die Bilder, die einem durch den Kopf gehen, lenken und kontrollieren kann. Der bekannte englische Fußballtorwart Ray Clemence hatte auf dem Heimweg nach einem verlorenen Spiel beinahe einen Unfall. «Mir ging immer wieder das Spiel durch den Kopf», sagte er später, «ich durchlebte immer wieder alle die Bälle, die ich nicht gehalten hatte.» Das war eine negative Visualisierung, ein sehr quälender, real empfundener Wachtraum. Mentales Üben, Visualisieren, wie wir es hier beschreiben, hilft einem dabei, die bildhaften Vorstellungen einer körperlichen Leistung so zu steuern, daß sie einen positiven Einfluß haben. Es gibt drei Gründe, warum diese Technik so wirkungsvoll ist:

Der Einfluß auf Körperfunktionen

Das Visualisieren einer körperlichen Handlung, eines Vorgangs oder Zustands kann den Körper beeinflussen, ebenso wie das Visualisieren eines Gefühlszustands. Wenn man sich zum Beispiel vorstellt, wie man eine bestimmte Bewegung ausführt, dann reagieren die entsprechenden Muskelgruppen minimal entsprechend der vorgestellten Bewegung (arparter Effekt, ideomotorisches Prinzip), denn es werden Signale über das Nervensystem an diese Muskeln gesendet. Schon Untersuchungen aus den dreißiger Jahren von Dr. Edmund Jacobson zeigten, daß man allein durch das Visualisieren vom Anspannen und Entspannen bestimmter Muskeln lernen konnte, wie man seine Muskeln koordiniert, ohne sie in Wirklichkeit angespannt und entspannt zu haben. In den letzten zwanzig Jahren haben wir gelernt, daß es möglich ist, über Biofeedback sogenannte unwillkürliche Körperfunktionen wie Blutdruck, Puls, Körpertemperatur und andere zu beeinflussen.

Die Beschleunigung des Lernprozesses

Der zweite Grund, warum Visualisieren so wichtig ist, ist die Tatsache, daß jegliche Organisation und Koordinierung einer Bewegung über das Gehirn gesteuert wird, auch wenn etwa zum Auffangen eines Handballs oder zum gelungenen Freiwurf beim Basketball offenbar nur körperliche Fähigkeiten nötig sind.

Der Hauptgrund für das ständige Üben einer bestimmten Fertigkeit liegt darin, dem Gehirn so genau und deutlich wie möglich zu sagen, wie die Bewegungen des Körpers organisiert werden sollen. Im Gehirn findet letzten Endes das Lernen neuer Fertigkeiten und das Abgewöhnen schlechter Angewohnheiten statt.

Um das zu verdeutlichen, können wir unser Gehirn mit einem Straßensystem einer Großstadt vergleichen. Wenn eine Stadt nicht geplant angelegt ist, wächst sie unkontrolliert, breitet sich aus und schließt allmählich andere kleine Städte und Dörfer mit ein. Die Einwohner einer solchen Stadt müssen ihr Verkehrssystem dem Wachsen der Stadt anpassen; sie müssen immer wieder die kürzesten und schnellsten Verbindungen finden. Die Stadtplaner wiederum tun ihr Teil und verbreitern die Straßen, stellen mehr Verkehrsampeln auf, asphaltieren frühere Dorfstraßen und funktionieren manche Straßen zu Einbahnstraßen um.

Beim Sport ist es ähnlich: Wenn eine bestimmte Bewegung, eine bestimmte Fertigkeit immer wieder geübt wird, werden Signale von den Muskeln an das Gehirn und zurückgesandt und auf diese Weise die Nervenbahnen «ausgebaut und verbreitert» (gebahnt); bestimmte Verbindungen und Verzweigungen werden deutlich markiert, so daß Signale möglichst schnell übertragen und so die Bewegungen gut koordiniert werden können.

Wenn man bestimmte Abläufe oder Bewegungen immer wieder in seinem Kopf durchgeht, kann der Lernprozeß verkürzt und das eigentliche körperliche Training sinnvoll unterstützt werden. Die Wege der Signale und ihre Verbindungen werden über das Visualisieren vertraut, und man kann bestimmte Aspekte einer sportlichen Leistung mental immer wieder üben. Durch Visualisieren kann man auch Informationen über den Körper erhalten, die einem sonst verlorengingen. Man kann den Informationsspeicher des Nervensystems auf eine Weise anzapfen, wie es durch eine Analyse nicht möglich wäre.

Eine dem Körper verständliche Sprache

Unsere Schulerziehung und Ausbildung basiert so stark auf Analysieren und verbaler Kommunikation, daß wir vergessen, daß unser Denken nur ein Abstrahieren von Erfahrungen ist, die auf der Empfindungsebene gemacht wurden. Wenn man seinen Tennisschlag so ausführlich wie möglich beschreiben sollte, könnte man damit wahrscheinlich mehrere Seiten füllen. Jeder Trainer weiß andererseits, wie frustrierend es ist, wenn man jemandem eine bestimmte Fertigkeit nur mit Worten beibringen soll. Das gilt besonders für schlechte Gewohnheiten, die man sich wieder abgewöhnen soll.

Um dieses Problem deutlich zu machen, führen wir in unseren Kursen folgende Übung durch: Einer steht mit geschlossenen Augen auf einem Stuhl, und ein zweiter sagt ihm, wie er von dem Stuhl herunterkommen soll. Zweierlei wird passieren; entweder er steigt sofort von dem Stuhl herunter, was wahrscheinlich bedeutet, daß er es so gemacht hat, wie er es gewohnt ist und die Anleitungen nicht wirklich wahrgenommen hat. Die zweite Möglichkeit ist, daß der Anleitende sich versucht vorzustellen, wie die Bewegung abläuft, wie sie sich ‹anfühlt›; er versucht sie in Einzelteile zu zerlegen und in Worten auszudrücken, und die Übung wird mehrere Minuten dauern. Wenn wir unserem Körper eine Anweisung geben, dann sollten wir das am besten in einer Sprache tun, die der Körper versteht: eine Sprache, die hauptsächlich aus den verschiedenen Sinneseindrücken besteht wie Fühlen, Sehen, Riechen, Hören und bei der Temperatur, Farbe, Bewegung usw. eine Rolle spielen.

Zwei Kategorien des Visualisierens

Verschiedene Situationen verlangen spezielle Formen von Visualisierung. Wir unterscheiden vor allen Dingen zwischen zwei Kategorien: Visualisieren, um mit bestimmten Schwierigkeiten fertig zu werden und Visualisieren, um einen bestimmten Aspekt des Sports zu üben, das mentale Training. Für beide gibt es mehrere verschiedene Techniken.

Bei *Schwierigkeiten* will man zum Beispiel mit Hilfe des Visualisierens lernen, wie man sich besser konzentriert, wie man vor einem Wettbewerb weniger nervös und körperlich angespannt ist, oder man möchte auf diese Weise neue Möglichkeiten finden, wie man seine Leistung verbessern kann. Zwei Methoden für diese Art von Visualisieren haben wir schon beschrieben: Man stellt sich vor, daß man alles, was von der eigentlichen Aufgabe ablenken könnte, in eine Box «für später» steckt (s. S. 19 f); oder man stellt sich vor, daß die Anspannung wie eine schwere Flüssigkeit aus dem Körper fließt (s. S. 47, 50). Andere Möglichkeiten werden in Kapitel 6 und 7 erwähnt.

Mentales Training, die zweite Kategorie, verlangt, daß man sich vorstellt, wie man eine bestimmte Bewegung, einen bestimmten Aspekt der sportlichen Leistung ausführt. Dafür gibt es fünf Methoden: 1. Mentales Üben der sportlichen Leistung selbst (fünf verschiedene Möglichkeiten) (s. S. 73 ff; 2. Schnelles mentales Durchleben der Aktion kurz vor dem Wettkampf (*instant preplay-Antizipation*) (s. S. 79 ff); 3. sich während des Wettkampfs vorstellen, daß man sich in jemanden oder etwas verwandelt und dadurch dessen besondere Fähigkeit erlangt (*als wenn...*) (s. S. 82 ff); 4. Sofortige mentale Wiederholung einer gerade ausgeführten bestimmten Bewegung oder eines Bewegungsablaufs (*instant replay*) (s. S. 87 f); 5. Visualisieren der Gesamtleistung im Rückblick (*review*) (s. S. 89 f). Wir werden später näher darauf eingehen, aber zuerst ein paar Richtlinien, wie man das Visualisieren am besten lernt.

Wie man visualisiert

Manche Sportler lernen schneller, wie man visualisiert als andere; die meisten empfinden den Prozeß als angenehm. Am besten sollte man jemanden haben, der einem dabei hilft, eine bestimmte Übungsfolge auszuarbeiten und der einem auch hin und wieder beim Visualisieren die richtigen Stichworte gibt. Die Leitung bei einer Visualisierung zu übernehmen, muß gelernt sein; man muß dem Sportler helfen, sich zu entspannen, muß ihm die richtigen Anleitungen geben, die richtigen Fragen stellen und auf wesentliche Änderungen in seinem Gesichtsausdruck achten. Jeder Trainer kann lernen, Visualisierungsübungen zu leiten, aber viele Trainer, die für eine ganze Mannschaft verantwortlich sind, haben nicht die Zeit dazu – es sei denn, sie würden andere Prioritäten setzen. In so einem Fall ist es günstig, wenn man einen Sportpsychologen hat, der diese Aufgabe übernehmen kann.

Die folgenden Anleitungen werden die Tiefe und Effektivität beim Visualisieren verbessern, ob man allein übt oder mit einem Partner.

● *Am Anfang entspannen*
Wenn man eine neue Fertigkeit lernen will oder auch nur eine alte übt, macht man schneller Fortschritte, wenn man zwischendurch Pausen zur Entspannung einlegt. Das gilt besonders für mentales Training. Man verlangt dabei von seinem komplizierten Nervensystem, daß es feine Veränderungen und häufig neue Informationen einbaut und berücksichtigt; es ist deshalb wichtig, daß man die Signale so klar und eindeutig wie möglich sendet.
Mental trainieren bedeutet, daß ein Dialog zwischen Körper und Gehirn stattfindet, der besonders für Störungen von außen, zum Beispiel körperliche Anspannung, empfindlich ist. Körperliche Anspannung blokkiert die Kommunikation zwischen Geist und Körper und sollte deshalb vorher durch Entspannung abgebaut werden.

● *Aufmerksam bleiben*
Man braucht Entspannung *und* Konzentration, um erfolgreich visualisieren zu können. Konzentration macht die vorgestellten Bilder deutlicher, Signale werden klarer, und man erhält zum Beispiel mehr Informationen über den Aspekt der Leistung, den man visualisiert. Man sollte feststellen, wo die eigenen Grenzen der Konzentrationsfähigkeit liegen und nicht mehr als möglich von sich selbst verlangen. Man kann zum Beispiel Entspannung und Visualisieren alle drei Minuten, alle fünf Minuten oder auch sogar alle zehn Minuten abwechseln. Sobald man aber feststellt, daß man sich nicht mehr recht konzentrieren kann, sollte man die Übung beenden und für das nächste Mal eine kürzere Zeit ansetzen.
Meistens visualisiert man am besten im Sitzen; das gilt besonders für das mentale Üben. Wenn man liegt, fangen die Gedanken leichter an zu wandern, die Konzentration läßt nach, und man kann sogar einschlafen.

● *Beim Sprechen die Gegenwartsform verwenden*
Wenn man seine Visualisierungen beschreibt, sollte man selbst und auch
der Partner, der zuhört und Fragen stellt, die Gegenwartsform verwenden. Dadurch werden die vorgestellten und empfundenen Bilder an-
schaulicher.

● *Sich realistische Ziele setzen*
Man sollte sich Ziele setzen, die man auch erreichen kann. Es macht
vielleicht Spaß, sich vorzustellen, daß man der beste Skiläufer der Welt
ist oder schon sechsmal hintereinander in Wimbledon gewonnen hat
oder ein moderner Pelé auf dem Fußballfeld ist, aber so ein Visualisieren
(man nennt es Visualisieren eines idealen Vorbildes) hat nur unter ganz
bestimmten Bedingungen Sinn. Normalerweise sollte man sich vorstellen, wie man selbst eine Spitzenleistung vollbringt, aber eine Leistung,
die im Rahmen der eigenen Möglichkeiten liegt und die man schon
manchmal erbracht hat. Damit, daß die Leistung sich in der Realität
verbessert, sollte sich auch die visualisierte Leistung diesem neuen Standard anpassen, aber es sollte immer eine *realistische* Verbindung zwischen visualisierter und echter Leistung vorhanden sein.
Vor ein paar Jahren betreuten wir einen Golfspieler bei seinem Training.
Er hatte ein Handicap von 10 und hatte besonders Probleme mit den
Annäherungsschlägen auf das Grün. Entweder schlug er zu schwach und
mußte zusehen, wie der Ball gerade bis an den Rand des Grüns rollte,
oder er schlug zu kräftig, und der Ball flog über das Grün hinaus. Bei der
Visualisierung sollte er sich intensiv vorstellen, wie es sich anfühlte,
wenn er einen Annäherungsschlag korrekt ausführte. Eine oder zwei
Wochen später kam er wieder zur Beratung und meinte: «Es geht nicht.»
Auf unsere Frage, warum nicht, meinte er: «Ich kann mir das zwar wunderbar vorstellen, aber wenn ich es dann in der Praxis ausführe, kann ich
den Ball nicht einlochen.» Wir waren etwas überrascht und sagten: «Sie
haben sich aber doch nur vorgestellt, einen guten Annäherungsschlag
hinzukriegen. Oder haben Sie vor Ihrem geistigen Auge gesehen, wie
der Ball mühelos ins Loch rollte?» Er guckte etwas verlegen und meinte
daraufhin: «Vielleicht schon; aber Sie hatten mir doch gesagt, ich sollte
diese Visualisierungen genießen!»
Noch eine Warnung: Man macht einen fundamentalen Fehler, wenn
man sich nur auf sein *Ziel* konzentriert und den *Weg* dahin vernachlässigt, ob es sich nun um körperliches Training oder mentales Training
handelt. Nur wenn man sich darauf besinnt, was alles dazu gehört, um zu
einem bestimmten Ziel zu gelangen, wenn man sich auch mit dem Weg
dahin beschäftigt, kann man dieses Ziel erreichen, ja es ist dann beinahe
unvermeidlich, daß man dorthin gelangt.

● *Sich genaue Ziele setzen*

Die Ziele beim mentalen und beim körperlichen Training sollten einander ergänzen. Wenn man an einem Aspekt der sportlichen Leistung durch Visualisieren arbeiten will, sollte man dabei sehr genau sein. Ist es die Vorhand oder die Rückhand? Steht man nahe am Netz, mitten auf dem Platz oder an der Grundlinie? Bewegt man sich auf den Ball zu oder steht man da und wartet auf ihn? Wenn möglich sollte man noch genauer sein: Gegen wen spielt man? Auf welchem Teil des Platzes soll der Ball auftreffen? Schlägt man kräftig oder versucht man den Ball eher vorsichtig und genau zu plazieren? Je gründlicher man sich die Situation vorstellt, je besser man sich hineinfühlen kann, desto effektiver wird die Visualisierung sein.

Bei einer spezifischen Visualisierung kann man außerdem feststellen, welche Aspekte des Spiels man beherrscht, wo man sich kompetent fühlt und worauf man sich beim körperlichen Training noch besonders konzentrieren muß. Mentales und körperliches Training sind eng miteinander verbunden. Während man eins macht, kann einem klarwerden, worauf man beim anderen noch besonderes Gewicht legen muß. Wenn man zum Beispiel einen Aufschlag nicht mehr so gut hinbekommt wie früher, kann es helfen, wenn man ihn, perfekt ausgeführt, visualisiert. Wenn einem das schwerfällt, dann liegt es wahrscheinlich daran, daß man diesen Bewegungsablauf jedesmal etwas anders ausführt und kein richtiges Gefühl dafür hat, wie er eigentlich aussehen sollte. Deshalb sollte man erst einem anderen bei einem perfekten Aufschlag zusehen. Wenn man schließlich den Aufschlag perfekt visualisieren kann und auch körperlich in guter Kondition ist, kann man wieder auf dem Platz üben.

● *Alle Sinne beachten*

Besondere Bedeutung sollte man dem Sehvermögen, dem Hörsinn und dem kinästhetischen Sinn zumessen. Sir Francis Galton war einer der ersten, der erkannte, daß Menschen unterschiedlich reagieren, wenn der Austausch von Ideen und Informationen in einer Sprache erfolgt, die die unterschiedlichen Sinne betont. Wenn man sich zum Beispiel einmal darauf konzentriert, wie Freunde und Sportkameraden miteinander sprechen, hört man, welche Sinne der einzelne für besonders wichtig hält. Einer wird zum Beispiel sagen: «Es *hört* sich so an, als ob man so und so vorgehen sollte.» Ein anderer meint: «So wie ich das Ganze *sehe*, sollten wir . . .», und ein dritter könnte sich so ausdrücken: «Ich habe das *Gefühl*, wir sollten . . .» Jeder drückt seine Meinung über dieselbe Situation durch eine andere Sinnesempfindung aus, meistens des Sehens, Hörens und Fühlens. Wenn man visualisiert, merkt man vielleicht, daß man eher dabei hört als fühlt, was vorgeht oder daß man sich eher gefühlsmäßig in eine Situation hineinversetzen kann, sie aber weniger deutlich vor sich sieht. Manchmal wieder sind Farben und Bilder besonders deutlich, aber man kann nicht recht fühlen, was man tut.

Im allgemeinen ist bei jedem Menschen einer dieser Sinne besonders ausgeprägt und die anderen beiden diesem untergeordnet. Das ist individuell verschieden. Der erste Schritt beim mentalen Training ist also, daß man herausfindet, welches für einen selbst die dominante Sinnesempfindung ist. Wie kann man am einfachsten beschreiben, was in einem vorgeht? Das ist ein guter Anfang. Mit der Zeit kann man dann auch die anderen Sinne hinzunehmen und die Visualisierung in alle Sinnesrichtungen ausbauen.

Der junge Sportler, der sich zu früh in seiner Karriere spezialisieren muß, läuft Gefahr, daß er seine eigenen Fähigkeiten einschränkt und nur ein begrenztes Verhältnis zu seinem Sport hat. Wenn ein Fußballspieler immer als Verteidiger spielt, dann weiß er schließlich nicht, was er machen soll, wenn er sich mit dem Ball in Schußposition vor dem Tor befindet. Wenn einer immer als Stürmer spielt, dann kann er im entscheidenden Augenblick als Verteidiger versagen. Wenn man nur mit einer Position wirklich vertraut ist, hat man auch Schwierigkeiten, Aktionen der Mitspieler vorauszusehen. Dasselbe gilt auch für mentales Training. Man sollte versuchen, alle Sinne hinzuzuziehen, sobald man es ohne allzuviel Mühe fertigbringt.

Wir fordern die Sportler sogar auf, auch den Geruchs- und Geschmackssinn mit in die Visualisierung hineinzunehmen. Bestimmte Gerüche sind periodisch vorhanden und können wichtig sein. Turner reagieren sofort, wenn sie sich nur den Geschmack von Talkum vorstellen und können sich so in eine bestimmte Atmosphäre sehr viel besser hineinversetzen. Als wir einmal einem Golfspieler bei seinen mentalen Übungen halfen, fragten wir ihn: «Vor welchem Loch befinden Sie sich jetzt?», und er antwortete ohne zu zögern: «Fünfzehn.» Wir waren beeindruckt und fragten: «Woher wissen Sie das so genau?» – «Weil nicht weit davon ein Bauer eine Schweinezucht hat», meinte er.

Man sollte sich die Situation mit allen Sinnen vorstellen und sich jede Einzelheit, die man erinnert, ins Bewußtsein rufen. Je realistischer die Visualisierung ist, je mehr alle Sinne daran beteiligt sind, desto deutlicher ist das Signal, das vom Nervensystem empfangen wird. Durch ein wirkungsvolles mentales Training wird das Nervensystem darauf vorbereitet, *während* der sportlichen Leistung selbst effektiv zu reagieren.

Als wir einem Segler bei seinem mentalen Training halfen, hatten wir den Eindruck, daß an der Visualisierung noch etwas fehlte. «Wie kann man die Situation noch deutlicher machen?» fragten wir ihn. «Ist es das Licht, das Wetter, bestimmte Geräusche?» – «Nein», meinte er mit einem Lächeln, seine Augen immer noch geschlossen, «ich kann das Salz auf meinen Lippen schmecken!»

● *Von außen nach innen und von innen nach außen visualisieren*
Beim mentalen Training wird schnell deutlich, daß Menschen dabei von
unterschiedlichen Ausgangspositionen ausgehen: Manche sehen sich
selbst von außen aus einem gewissen Abstand zu, und andere fühlen, wie
sie von innen her nach außen reagieren. Beide Ausgangspositionen
können den gewünschten Erfolg bringen. Wenn man dazu neigt, sich von
außen zuzusehen, ist man wahrscheinlich mehr *visuell* orientiert; wenn
man dagegen von innen nach außen wahrnimmt, ist man mehr *kinästhetisch* orientiert, fühlt man sich eher in eine Situation hinein. Am besten
beginnt man mit dem Visualisieren und verwendet die Sinneseindrücke,
die sich als erste einstellen. Wenn einem das mentale Training mit Hilfe
des dominanten Sinnes dann einigermaßen leichtfällt, kann man versuchen, andere Sinne hinzuzunehmen. Wir haben allerdings die Erfahrung
gemacht, daß das Sich-Hineinfühlen in eine Situation (Kinästhetik) außerordentlich wichtig ist, wenn man sein Nervensystem so stark wie
möglich beeinflussen möchte. Da Sport im Grunde eine körperliche,
eine kinästhetische und kinetische Aktivität ist, kommt das mentale
Training, bei dem man von innen her fühlt, dem Gefühl am nächsten,
was man hat, wenn man in Wirklichkeit Sport treibt.
Der visuelle Anteil hat eine ergänzende Funktion. Wenn man manchmal
etwas verkehrt macht, aber Schwierigkeiten hat herauszufinden, was
man ändern muß, hilft es, wenn man sich selbst von außen zusieht und
auf diese Weise feststellen kann, was man anders machen sollte. Es hört
sich vielleicht merkwürdig an, aber es funktioniert.

● *Das richtige Tempo beim Visualisieren*
Wenn man seine Leistung verbessern möchte, sollte im allgemeinen
beim mentalen Training eine bestimmte Bewegungsfolge mit derselben
Geschwindigkeit ablaufen wie beim tatsächlichen körperlichen Training. Beim mentalen Training sollten die realen Bedingungen nachemp-
funden werden, wie Geschwindigkeit der Bewegung, vorhandene Objekte, Farben und Wetterbedingungen.
Es gibt allerdings zwei Situationen, in denen man sein mentales Training
verlangsamt durchführen sollte. Einmal, wenn man das *Trainingsprogramm ausarbeitet*. Am besten sollte das mit einem Trainer oder einem
Mitspieler zusammen gemacht werden, der fragt, welche Bewegungen
aufeinander folgen sollen und sich durch Rückfragen vergewissert, daß
die Reihenfolge technisch korrekt ist. Das ist besonders wichtig, wenn
man sich eine neue Fertigkeit aneignen oder eine bestimmte Bewegung
auf eine neue Weise ausführen möchte. Wenn man den Ablauf der Bewegung langsam im Geiste durchgeht, kann man ein gutes Gefühl dafür
bekommen, was zu dieser Bewegung dazugehört. Erst dann sollte man
diese Fertigkeit mental in der normalen Geschwindigkeit üben. Jedes

mentale Training sollte aber mit der Bewegungsfolge in der korrekten Geschwindigkeit abgeschlossen werden.

Auch wenn man seine *Technik ändern* oder sich eine *schlechte Angewohnheit abgewöhnen* möchte sollte man beim mentalen Training langsamer vorgehen. Dadurch kann man besser erkennen, wo die Fehler liegen, was an der Technik nicht stimmt. Man sollte die Bewegungsfolge langsam vor seinem geistigen Auge ablaufen lassen, sie in ihre Einzelteile zerlegen, die Teile, die die gute Leistung behindern, herausnehmen, durch die richtigen ersetzen und sich dann die ganze Bewegung noch einmal in der richtigen Geschwindigkeit «vorspielen».

Nur selten ist es angebracht, beim mentalen Training eine Bewegung schneller ablaufen zu lassen als in der realen Situation.

● *Regelmäßiges Üben*
Regelmäßigkeit beim Üben ist wichtiger als die Dauer. Wenn möglich sollte man seine Visualisierungsübungen täglich immer zur selben Zeit und in gleicher Länge durchführen. Am besten eignet sich dafür ein Zimmer oder ein Platz, wo man ruhig und ungestört sein kann. Natürlich wird es häufig passieren, daß man diesen Platz nicht zur Verfügung hat. Dann ist es besser, wenn man auf dem Weg zum Wettkampf oder am Abend vorher, z. B. in der Badewanne, übt als gar nicht.

Für den Anfang sind fünf bis zehn Minuten am Tag, an fünf bis sechs Tagen in der Woche ausreichend. Selbst drei Minuten am Tag, fünf Tage in der Woche sind viel besser als zwanzig Minuten an einem Tag, dann wieder nur fünf Minuten am nächsten und am dritten gar nicht. Anfangs ist man von dieser Methode vielleicht so begeistert, daß man sein mentales Training am liebsten gleich auf dreißig Minuten ausdehnen möchte. Es gilt aber nicht nur, daß man das auf die Dauer wahrscheinlich nicht durchhalten kann, sondern kurze, aber häufigere Visualisierungsperioden weitaus wirkungsvoller sind. Wir schlagen vor, mit einer Minute anzufangen, dann tief einzuatmen, langsam auszuatmen und sich dreißig Sekunden lang zu entspannen, dann wieder eine Minute zu visualisieren, und das Ganze dann vier- oder fünfmal zu wiederholen.

● *Freude daran haben*
Mentales Training soll Freude machen. Wenn man sich dabei langweilt oder frustriert wird, sollte man aufhören oder sich einen anderen Aspekt der sportlichen Leistung vornehmen. Wenn man entspannt und für das Visualisieren offen ist, können sowohl positive wie negative Gedanken und Gefühle an die Oberfläche des Bewußtseins kommen. Es ist keine gute Idee, sich bei der Visualisierung mit negativen Gedanken, Frustrationen oder Angstgefühlen zu belasten. Sie könnten auf die reale Situation Einfluß nehmen und die sportliche Leistung beeinträchtigen.

Techniken des mentalen Trainings

Anfangsübung

Hier ist eine einfache Übung, die einem hilft, mit allen Sinnen zu visualisieren. Setzen Sie sich so bequem wie möglich hin, und schließen Sie die Augen. Entspannen Sie sich. Atmen Sie ein paarmal tief durch und stellen Sie sich nacheinander folgendes vor:

Ein Sonnenuntergang am Meer...; weiße Wolken jagen über den Himmel...; ein Teil der Sportausrüstung, den Sie regelmäßig benutzen...; einen berühmten Sportler auf Ihrem Gebiet...; das Gesicht eines Freundes...; ein Gebäude, das Ihnen gefällt...; eine Rose, die sich öffnet.

Jetzt stellen Sie sich vor:

Regen auf einem Blechdach...; das Läuten von Kirchenglocken in der Ferne...; das Gejohle der Menge, wenn die eigene Mannschaft ein entscheidendes Tor geschossen hat...; Wind in den Bäumen...; eine Lieblingsmelodie...; die Stimme eines Mitspielers oder eines Gegners.

Jetzt stellen Sie sich vor:

Die Sonne auf dem Rücken...; ein heißes Bad oder eine heiße Dusche...; ein kaltes Bad oder eine kalte Dusche...; das Festziehen der Schnürsenkel Ihrer Sportschuhe, erst an einem, dann am anderen Fuß...; ein fester Händedruck...; das Laufen über eine Rasenfläche.

Jetzt stellen Sie sich vor:

Den Geruch von brennenden Blättern...; den Geruch des Umkleideraums...; den Geruch von gebratenem Speck...; den Geruch eines neuen Kleidungsstücks oder einer neuen Sportausrüstung.

Jetzt stellen Sie sich vor:

Den Geschmack von knusprigem, heißem Speck...; den Geschmack von frischem Obst...; den salzigen Geschmack von Schweiß...; den Geschmack eines kühlen Getränks nach körperlicher Anstrengung.

Jetzt überlegen Sie einmal, welche dieser Sinnesvorstellungen Ihnen am leichtesten gefallen sind und welche am schwersten. Welche Sinne sind für Sie die primären und welche sekundär?

Dann schließen Sie wieder die Augen und stellen sich vor, daß Sie sportlich aktiv sind, es kann eine ganze Bewegungsfolge oder nur eine bestimmte Bewegung sein, es kann innerhalb eines Wettkampfs oder beim

Training sein. Welche Faktoren werden von den verschiedenen Sinnen (Sehen, Hören, Fühlen, Riechen und Schmecken) als wichtig erkannt? Danach öffnen Sie die Augen und schreiben diese Faktoren auf. Eine solche Liste ist sehr nützlich, denn sie enthält wichtige Stichworte und notwendige Assoziationen, die Sie zu Ihrem Sport haben. Diese Assoziationen hervorholen zu können ist nicht nur für das mentale Training wichtig, sondern auch dann, wenn man sich auf einen Wettkampf vorbereitet. Bevor man bestimmte Faktoren in der Umgebung zu seinem Vorteil verwenden oder die, die einen ablenken können, vernachlässigen kann, muß man sich ihrer erst einmal ganz bewußt werden. Man sollte also diese Liste immer wieder ergänzen, wenn ein neuer Faktor auftaucht, der einen positiv oder negativ beeinflußt.

Mentales Üben der sportlichen Leistung

Hierbei visualisiert man, wie man selbst eine bestimmte Bewegung, einen Teil eines Ablaufs ausführt, bei dem man sich verbessern oder den man lernen will; normalerweise geschieht das in Ruhe zu Hause. Diese Visualisierung ergänzt das körperliche Üben derselben Bewegung und wird zur täglichen Routine, ebenso wie das körperliche Training seinen festen Platz im Wochenprogramm hat. Diese Übung kann das Gefühl der Sicherheit erhöhen und das Lernen einer neuen Fertigkeit beschleunigen. Visualisieren in einer entspannten Umgebung hilft nicht nur, wenn man eine schlechte Angewohnheit ablegen will, sondern läßt einen auch gute Leistungen zuverlässiger bringen.

Technik und Form einer sportlichen Leistung hängen von einer exakten psychischen Koordinierung der Bewegungen ab. Diese Art von mentalem Training ist also außerordentlich wichtig, wenn man aus Gründen wie Verletzung, schlechtem Wetter usw. sein körperliches Training nicht durchführen kann. Man braucht die Übungsroutine nicht zu unterbrechen, weil man krank ist oder sich verletzt hat. Das Nervensystem bleibt durch das mentale Üben auf den Sport eingestellt, und wenn man sich dann körperlich erholt hat und das körperliche Training wiederaufnehmen kann, erlangt man seine frühere Form schneller.

In einem unserer Kurse meinte eine Dressurreiterin, daß sie durch mentales Üben das Training mit ihrem Pferd ergänzen konnte. Sie fand, daß sie mehr Training brauchte als ihr Pferd (das bei übermäßigem Training zu früh auf Kommandos reagierte oder abstumpfte) und übte Haltung, Form und Ausrichtung durch Visualisierung.

Manchmal ist es sinnvoll, die sportliche Aktivität am Ort der Austragung selbst zu visualisieren. Manche Sportler machen die Visualisierung zum Bestandteil ihrer Aufwärm-Routine. Manche Trainer verlangen, daß die

Sportler ihr körperliches Training mit einem mentalen Durchlaufen einer *guten* Ausführung der Bewegungsfolge abschließen, die sie gerade geübt haben. Auf diese Weise soll der Sportler die gekonnte Bewegung in Erinnerung behalten und nicht die wirkliche Leistung, die vielleicht am Ende einer Trainingsperiode aufgrund der Erschöpfung unterdurchschnittlich war.

Wenn man einen Sport betreibt, bei dem es besser ist, das körperliche Training ein paar Tage vor dem Wettkampf etwas zu reduzieren, kann man das dadurch kompensieren, daß man häufiger mental trainiert und dabei besonders darauf achtet, daß man so viele Informationen über den Austragungsort selbst mit hineinnimmt wie möglich. Normalerweise sind fünf Minuten mentales Üben täglich ausreichend, einschließlich der Entspannungsphase, es sei denn, man hat das Bedürfnis und auch das Durchhaltevermögen, mehr zu tun. Dann ist es allerdings besser, daß man nicht die Dauer der mentalen Übungen, sondern die Häufigkeit der Sitzungen erhöht.

Wir unterscheiden fünf verschiedene Methoden beim mentalen Üben der sportlichen Aktivität:

① *Grundübung*

Wählen Sie einen Platz, wo Sie nicht gestört werden; setzen Sie sich entspannt auf einen Stuhl, die Füße stehen nebeneinander, und die Hände liegen locker auf dem Schoß. Schließen Sie die Augen und entspannen Sie sich vom Kopf her nach unten gehend bis in die Fußspitzen. Versetzen Sie sich jetzt an den Ort, wo Sie an dem Teil Ihrer sportlichen Leistung arbeiten können, den Sie verbessern wollen. Stellen Sie sich Ihre Umgebung so genau wie möglich vor. Wo befinden Sie sich? Drinnen oder draußen? Wenn drinnen, wie hoch ist die Halle, was für eine Beleuchtung herrscht dort? Können Sie das Surren der Ventilatoren hören? Schaut man Ihnen zu? Wenn Sie sich draußen befinden, wie ist die Jahreszeit, das Wetter, wie spät ist es? Was für Farben fallen Ihnen auf? Was für Kleidung tragen die Menschen um Sie herum? Wie riecht es? Was können Sie hören? Gebrauchen Sie alle Ihre Sinne, um sich die Szene so genau wie möglich vorzustellen.

Plötzlich sehen Sie sich selbst, wie Sie in das Bild eintreten und anfangen, sich auf das Training vorzubereiten. Wenn Sie einen Schläger oder ein anderes Sportgerät in der Hand halten, achten Sie darauf, wie es sich anfühlt. Wie bereiten Sie sich jetzt auf Ihr Training vor? Beobachten Sie sich genau.

Jetzt beginnen Sie mit dem Training. Achten Sie besonders auf die Faktoren, auf die es bei Ihrem Sport in erster Linie ankommt und die Sie verbessern wollen. Sehen Sie sich selbst zu, wie Sie eine wichtige Bewegung perfekt ausführen. Wie wird diese Bewegung eingeleitet, wie halten Sie das Gleichgewicht, wie halten Sie Kopf und Arme, welche Rolle spielen Beine und Hüften? Werden Sie sich so vieler Einzelheiten wie möglich bewußt.

Dann gehen Sie wieder an den Anfang zurück. Sammeln Sie sich einen Moment und visualisieren Sie wieder, wie Sie dieselben wichtigen Bewegungsabläufe noch einmal machen, nehmen Sie so viele Einzelheiten wie möglich wahr. Dann halten Sie an, atmen tief ein und visualisieren den Schauplatz wieder, während Sie langsam ausatmen. Ändern Sie Ihre Position als Zuschauer, so daß Sie sich selbst wieder von einem anderen Platz aus zusehen können, von einer anderen Seite vielleicht, oder aus kleinerer oder größerer Entfernung.

Von dem neuen Platz aus schauen Sie sich selbst wieder zu, wie Sie dieselbe Bewegung üben. Achten Sie besonders darauf, was gut gelingt. Versuchen Sie nicht, ein klares Bild mit Gewalt aus der Erinnerung heraufzubeschwören, sondern lassen Sie es von allein deutlicher werden. Wenn Teile davon etwas vage sind, macht es nichts; falls Sie es deutlich sehen, achten Sie darauf, was Ihnen von dieser neuen Warte aus besonders auffällt. Wenn die Bewegungsfolge nur kurz ist, lassen Sie sie ein paarmal vor Ihrem geistigen Auge ablaufen. Dann kehren Sie wieder in den Raum zurück, in dem Sie sitzen. Mit geschlossenen Augen atmen Sie wieder tief ein und entspannen sich beim langsamen Ausatmen, bevor Sie mit der Visualisierung fortfahren.

Diesmal konzentrieren Sie Ihre ganze Aufmerksamkeit auf eine Hand. Sie werden plötzlich feststellen, daß Sie sich jetzt in die eigene Person in der visualisierten Szene hineinversetzt haben und fühlen können, wie eine Bewegung vollzogen wird. Fühlen Sie die Sonne oder den Nebel auf dem Gesicht? Fühlen Sie die Kleidung auf Ihrer Haut? Welche Teile Ihres Körpers fühlen sich besonders energiegeladen an? Schauen Sie sich um: Was sehen Sie, welche Gegenstände, welche Farben fallen Ihnen auf? Können Sie etwas hören, können Sie etwas riechen?

Jetzt beginnen Sie mit der Bewegung von neuem und konzentrieren sich darauf, was Sie fühlen, wenn die Bewegung perfekt abläuft. Werden Sie sich bewußt, wie gut sich das anfühlt. Wenn der Bewegungsablauf nur kurz ist, wiederholen Sie ihn ein paarmal.

Entspannen Sie sich wieder, und konzentrieren Sie sich bei der erneuten Visualisierung schließlich auf einen bestimmten Aspekt der Bewegung. Dabei kann es sich um eine Technik handeln, die Ihnen in der Vergangenheit Schwierigkeiten bereitet hat, oder um einen Teil Ihres Körpers, auf den Sie bisher wenig geachtet haben. Achten Sie darauf, wie die Technik den gewünschten Erfolg bringt, wie der vernachlässigte Körperteil perfekt funktioniert, wenn Sie in der Visualisierung die Bewegungsfolge mit Leichtigkeit und Eleganz ausführen. Freuen Sie sich an dem Fließen der integrierten Bewegung, wenn Sie den Ablauf noch einmal mental erleben.

Bevor Sie mit dieser Übung aufhören, versetzen Sie sich noch einmal in Ihren Körper hinein, um sich aller Empfindungen ganz bewußt zu werden. Es kommt vor allem darauf an, wie es sich anfühlt, wenn Sie die geübte Bewegung fließend und mühelos ausführen.

② *Das ideale Vorbild*

Hier handelt es sich um eine der vier Variationen der mentalen Grundübung, die alle nach demselben Schema aufgebaut sind. Die Fähigkeit, sich etwas kinästhetisch vorzustellen, wird durch Übung verbessert. Wenn aber Teile der Grundübung nicht visualisiert werden können, dann bedeutet das, daß man die Bewegung, die man üben will, nicht in allen Einzelheiten kennt oder daß man sie von einemmal zum anderen unterschiedlich ausführt. Die folgende Übung kann da Abhilfe schaffen. Sie ist ohne Zweifel angenehm und kann einem häufig zeigen, warum man mit einer bestimmten Bewegungsfolge Schwierigkeiten hat. Stellen Sie sich einen Sportler vor, der das, was Sie an ihrer Leistung verbessern wollen, perfekt beherrscht; es kann sich dabei entweder um das fähigste Mitglied Ihrer Mannschaft oder Ihres Klubs handeln oder um einen Profispieler, den Sie häufig im Fernsehen gesehen haben. Achten Sie allerdings darauf, daß sein Stil dem Ihren nicht total entgegensteht. Wählen Sie am besten jemanden, der etwa ebenso groß und schwer ist wie Sie; ein Fechter, der zwölf Zentimeter größer ist, hat sicher eine ganz andere Technik als ein kleinerer Sportler.

Setzen Sie sich also bequem in Ihrem Stuhl zurecht, schließen Sie die Augen und entspannen Sie sich. Dann stellen Sie sich Ihren Trainingsplatz vor; statt sich aber selbst auf dem Platz zuzusehen, schauen Sie jetzt Ihrem Vorbild zu. Achten Sie besonders darauf, wie er mit seinem Körper umgeht, wenn er die Bewegungen macht, die Sie üben wollen. Sehen Sie ihm ein paarmal zu, entspannen Sie sich wieder, und versetzen Sie sich zurück auf den Sportplatz. Ihr Vorbild spielt wieder perfekt, und diesmal konzentrieren Sie sich so lange auf eine seiner Hände, bis Sie den Eindruck haben, es sei Ihre Hand. Sie können sich jetzt in seinen Körper hineinversetzen und stellen fest, wie es sich anfühlt, wenn man die perfekte Bewegung macht. Achten Sie auf die Leichtigkeit, die Stärke, die Selbstverständlichkeit und die Freude an der richtigen Bewegung, und nachdem Sie (immer noch in ihn hineinversetzt) die richtige Bewegung ein paarmal gemacht haben, holen Sie diese Gefühle zu sich in Ihr Zimmer, in dem Sie Ihre mentalen Übungen machen. Diese Übung war besonders wirkungsvoll für eine englische Tennisspielerin, die an ihrer Beinarbeit bei Passierschlägen arbeiten wollte. Sie hatte Schwierigkeiten, diese Bewegung beim Training zu üben. Auf unsere Frage hin, meinte sie, daß Ivan Lendl ihrer Meinung nach diese Bewegung perfekt beherrschte. Sie machte also die Visualisierungsübung mit Lendl, sah ihm erst bei dieser Bewegung zu, versetzte sich dann in ihn hinein und erfuhr, wie es sich anfühlen mußte, wenn diese Bewegung richtig ausgeführt wurde. Wir fragten sie hinterher, was sie jetzt ihrem Gefühl nach anders machte, und sie meinte: «Ich fange früher an zu laufen, habe eine bessere Kontrolle über meine Füße und stoppe mit meinem rechten Fuß.» Durch diese mentale Übung wurde ihr bewußt, wie sie ihr körperliches Training vervollständigen konnte.

③ Das Visualisieren der perfekten Leistung

Bei dieser Variation der Grundübung beschäftigt man sich mit einem Aspekt der sportlichen Leistung, den man in der Vergangenheit schon einmal perfekt beherrscht hatte. Man sollte daher keine Schwierigkeiten haben, diese Leistung zu visualisieren; wenn man aber zur Zeit mit der praktischen Ausführung Schwierigkeiten hat, kann man durch die Visualisierung vielleicht erkennen, was man früher anders gemacht hatte. Wenn ein Rugbyspieler zum Beispiel ein früheres Spiel visualisiert und sich darin aggressiver mit dem Ball laufen sieht, fällt ihm vielleicht auch auf, daß er damals größere Schritte gemacht hat. Er kann Hinweise erhalten, wie er seine gute Form wieder erreichen kann.

Bei dieser Visualisierung sollte man sich von verschiedenen Positionen aus beobachten, um herauszufinden, welcher Aspekt der eigenen Technik für die perfekte Leistung verantwortlich gewesen ist. Dann sollte man sich in die eigene Person hineinversetzen, sich besonders auf diesen einen Aspekt konzentrieren und sich bewußt machen, wie es sich anfühlt, es richtig zu machen. Wenn es mehr als einen wichtigen Aspekt für die Leistung gibt, sollte man die Bewegungsfolge wieder visualisieren, sich wieder in die eigene Person hineinversetzen und sich diesmal darauf konzentrieren, wie es sich anfühlt, wenn der andere wichtige Teil perfekt abläuft. Diese Visualisierung sollte damit beendet werden, daß man sich bei einer Bewegungsfolge zusieht, bei der alles stimmt, und daß man Freude und Sicherheit dabei empfindet, wie man eine gute Leistung vollbringt. Dieses positive Gefühl bringt man aus der Visualisierung mit in die Realität des Zimmers zurück, in dem man sich gerade aufhält.

④ Am richtigen Ort zur richtigen Zeit

Bei dieser Übung visualisiert man wieder eine eigene perfekte Leistung aus der Vergangenheit. Allerdings will man jetzt nicht einen bestimmten Aspekt der heutigen Leistung verbessern, sondern das Gefühl nacherleben, was man damals hatte, als einem eine so vollkommene Leistung gelang.

Entspannen Sie sich total, machen Sie vielleicht die Übung «Problembox» (s. S. 19f), um sicher zu sein, daß Gedanken und Gefühle ausgeglichen und ruhig sind.

Jetzt schließen Sie die Augen; stellen Sie sich vor, daß Sie sich vor, daß Sie sich bequem in einem Sessel zurücklehnen und aus dem Fenster schauen. Lassen Sie jetzt eine Szene vor Ihrem geistigen Auge entstehen, die Ihnen spontan einfällt: es sollte ein Zeitpunkt in Ihrer Sportlerkarriere sein, an dem Sie, ohne überlegen zu müssen, wußten, daß Sie am richtigen Ort zur richtigen Zeit waren, daß Sie einfach nichts falsch machen konnten; Sie schienen im voraus zu wissen, was als nächstes passieren würde, weil Sie sich gleichzeitig von außen beobachten konnten und so den Überblick behielten.

Achten Sie darauf, was Sie in dieser Szene tun, wo Sie sich befinden, mit wem Sie zusammen sind; aber konzentrieren Sie sich vor allen Dingen darauf, was für ein Gefühl es war, als alles stimmte, als Sie alles richtig machten. Lassen Sie diese kurze Szene noch zweimal ‹abspielen›, achten Sie auf das natürliche, ausgewogene Fließen Ihrer Bewegungen; dann kehren Sie in das Zimmer zurück, und öffnen Sie die Augen.

⑤ *Ersetzen*

Wenn es Ihnen trotz aller Übung nicht gelingt, eine bestimmte visualisierte Fertigkeit zu verbessern, dann liegt es unter Umständen daran, daß Sie sich gerade zu sehr mit den Fehlern beschäftigen, die Sie abschaffen wollen. Man kann vielleicht aus einer solchen Sackgasse herauskommen, wenn man visualisiert, wie man eine *andere* Fertigkeit oder Bewegung in einer *anderen* Umgebung perfekt ausführt und dann allmählich diese Szene langsam dahin verändert, daß man schließlich das kompetente Selbst auch die schwierige Bewegung richtig machen sieht und fühlt.

Entspannen Sie sich vollkommen, schließen Sie die Augen und visualisieren Sie, wie Sie eine Bewegung mit Leichtigkeit und Eleganz ausführen. Versetzen Sie sich in Ihr Selbst und fühlen Sie, wie Sie es «richtig machen». Dieses Gefühl ist außerordentlich wichtig, lassen Sie es also einen Augenblick richtig ‹einsinken›, dann kehren Sie zur Position des Beobachters zurück und sehen jetzt Ihrem kompetenten Selbst von außen zu, wie es die schwierige Bewegung durchführt. Wie bewegt es den Körper? Wie hält es das Gleichgewicht, wie ist sein Timing? Wie geht es an die Sache heran, auf welche Weise wird der Körper anders bewegt? Man sollte sich den richtigen Bewegungsablauf von ein oder zwei verschiedenen Positionen aus ansehen und besonders darauf achten, was anders gemacht wird. Nach einer Entspannungsperiode versetzen Sie sich wieder in Ihr kompetentes Selbst und fühlen mit Sicherheit und Selbstbewußtsein, wie Sie jetzt den komplizierten Bewegungsablauf durchführen können. Achten Sie dabei besonders auf die wichtigsten Aspekte der Bewegung, die Ihnen vorher aufgefallen waren. Damit beenden Sie diese Visualisierung.

Jetzt schreiben Sie diese Schlüsselpunkte auf und achten beim körperlichen Training besonders darauf. Bauen Sie die Veränderungen in ihr Trainingsprogramm ein, die Sie über die Visualisierung erfahren haben und die sich als besonders wirkungsvoll herausgestellt haben. Üben Sie die Ersatz-Visualisierung, bis es Ihnen leichterfällt, sich vorzustellen, daß Ihr kompetentes Selbst die schwierige Bewegung korrekt ausführt.

Mentales Durchgehen der Aufgabe kurz vor der Aktion (Preplay)

Diese Visualisierung wird wahrscheinlich mehr als jede andere verwendet, wenn auch häufig auf eine etwas planlose Art und Weise. Sie findet unmittelbar vor der sportlichen Leistung statt, entweder wenn man schon seine Startstellung innehat oder kurz davor ist, sie einzunehmen. Manche Sportler schließen sich dazu sogar in der Toilette ein, weil sie meinen, daß das der einzige Ort sei, an dem sie nicht gestört werden. Dieses mentale Durchgehen der Leistung ist kurz, konzentriert und enthält alle wichtigen Aspekte der bevorstehenden Aufgabe. Ein Bogenschütze braucht dazu vielleicht fünfzehn Sekunden, ein Hochspringer eine halbe Minute. Ein Geräteturner am Hochreck visualisiert vielleicht seine gesamte Übung in der Zeit, die er auch wirklich dafür braucht. Ein britischer Kanumeister durchläuft unmittelbar vor dem Rennen im Geiste seine gesamte Slalomstrecke und stoppt die Zeit, die er dazu braucht. Wenn das mentale Durchfahren mehr als drei Sekunden von der Zeit abweicht, die er sich für die Strecke vorgenommen hat, wiederholt er die mentale Übung, bis beide Zeiten übereinstimmen.

Das mentale Durchlaufen einer unmittelbar bevorstehenden Leistung ist wie das Vorbereiten einer Pumpe. Damit eine Pumpe Wasser aus dem Brunnen pumpen kann, muß man erst ein wenig Wasser in sie hineingießen. Der Körper braucht eine vergleichbare Zuwendung. Wenn man vor dem Wettkampf herumgegangen ist, sich mit Freunden unterhalten hat, noch letzte Reparaturen an der Ausrüstung vorgenommen oder viele Dinge getan hat, die nicht immer etwas mit der sportlichen Aufgabe selbst zu tun haben, braucht man eine Übergangsperiode, in der man sich dann auf das einstellen kann, was vor einem liegt. Das Visualisieren der Aufgabe kurz vor der Ausführung (Preplay) schafft diesen Übergang.

Selbst wenn man es fertiggebracht hat, alle ablenkenden Faktoren von sich fortzuschieben, durch*denkt* man vielleicht nur, was vor einem liegt. Man darf nie vergessen, daß alle Bewegungen über das Nervensystem koordiniert werden, das heißt, daß der Körper das tut, was man ihm über die Nerven mitteilt. Durch das Visualisieren der bevorstehenden Aufgabe kann man von dem abstrakten Denken auf die Handlung selbst überleiten, indem man sich damit beschäftigt, wie man sie mit allen Sinnen empfinden wird.

Diese Art der Visualisierung eignet sich nur für sportliche Techniken, die immer wieder gleich wiederholt werden und bei denen es nicht auf eine Interaktion mit anderen ankommt, sogenannten «geschlossenen» Fertigkeiten. Viele Individualsportarten wie Turnen, Bogenschießen, Wasserspringen und Golf bestehen nur aus einer Reihe von geschlossenen Fertigkeiten. Bei anderen Sportarten geht es im wesentlichen darum, mit Mitspielern, Gegnern oder dem Gelände zu interagieren; es kann aber vorkommen, daß auch hier hin und wieder geschlossene Fertigkeiten verlangt werden, wie zum Beispiel ein Elfmeter beim Fußball. Andere Sportarten bestehen beinahe vollkommen aus «offenen» Fertigkeiten und verlangen nur hin und wieder «halb-offene» wie eine kurze Ecke beim Hockey, die eine Periode der Interaktion einleitet, oder ein erreichbarer Volley beim Tennis, womit eine Periode der Interaktion beendet wird. «Preplay» kann beim Übergang von geschlossenen zu offenen (oder umgekehrt) Fertigkeiten helfen. Beim Tennis kommt zum Beispiel es sehr auf den perfekten Aufschlag an, eine geschlossene Fertigkeit. Der Übergang von der Interaktion (Ballwechsel) zur Einzelleistung (Aufschlag) kann hier durch ein kurzes «Preplay» erleichtert werden.

Dwight Stones, ehemaliger Weltrekordler im Hochsprung, visualisierte angeblich jeden Sprung vor der Ausführung. Der berühmte Golfspieler Jack Nicklaus schreibt in seinem Buch: «Golf my Way»: «Selbst beim Training habe ich immer ein sehr deutliches Bild von einem Schlag vor Augen, bevor ich ihn ausführe. Es ist beinahe wie ein Film. Zuerst ‹sehe› ich den Ball dort liegen, wo er landen soll, schön rund und weiß auf dem grünen Rasen. Dann ändert sich die Szene, und ich ‹sehe›, wie der Ball dahin gelangt, den Bogen, der er beschreibt, seine Geschwindigkeit, selbst, wie er aufschlägt. Dann gibt es eine Art Fade-out in meinem ‹Film› und die nächste Szene zeigt mich, wie ich den Schlag so ausführe, daß die vorweg empfundenen Bilder Wirklichkeit werden.» Er fügt hinzu: «Man muß nur sicher sein, daß der Film auch eine perfekte Leistung zeigt. Wir wollen uns keinen Horrorfilm ansehen, wo der Ball im Sand oder im Wasser landet oder über die Grenzen hinausfliegt.»

Foto rechts: Dietmar Mögenburg – Vorbereitung auf den Sprung

Die Übung

Um diese mentale Übung machen zu können, sollte man erst ruhig zu Hause die Techniken der Grundübung lernen (s. S. 74ff). Auf jeden Fall sollte man das Preplay erst beim Training ausreichend üben, bevor man die Methode in einer Wettkampfsituation anwendet. Die Dauer dieser Visualisierung hängt davon ab, um welche Aufgabe es sich handelt und wieviel Zeit man vor dem Wettkampf hat. Man kann dafür fünf Sekunden oder zwei bis drei Minuten brauchen; man kann nur einmal oder mehrere Male seinen «Film» durchlaufen lassen. Man wird entscheiden müssen, was für einen selbst am besten ist und auch bald herausfinden, wo und wann man diese mentale Übung am günstigsten macht: kurz bevor man zum Weitsprung anläuft, wenn man schon vor dem Barren steht oder hinter der Aufgabelinie beim Volleyball:

Sie werden wahrscheinlich stehen; atmen Sie also tief ein und lassen Sie beim Ausatmen alle Anspannung von sich abfallen, so als ob Ihnen ein schwerer Wintermantel von den Schultern gleitet. Sie brauchen die Augen nicht zu schließen, sollen sich aber jetzt mit allen Ihren Sinnen vorstellen, wie es sich anfühlt, wenn Sie die Bewegungsfolge, die vor Ihnen liegt, in der erforderten Geschwindigkeit und in all ihrer Komplexität richtig ausführen. Am besten sollten Sie bei dieser Visualisierung sofort den «inneren Standpunkt» einnehmen.

Wenn es bei Ihrem Sport auf ein örtliches Ziel ankommt, dann visualisieren Sie die Kugel, den Pfeil oder den Ball, wie er genau da trifft, wo er soll und auch, wie Sie die richtige (Arm-)Bewegung dazu machen. Dann atmen Sie noch einmal tief durch, stellen Sie sich auf Ihre Umgebung ein und führen Sie die Aufgabe ohne zu zögern durch, so wie Sie sie gerade visualisiert haben.

Ein mentales Bild während der Tätigkeit oder: «Als wenn...»

Diese Visualisierung unterscheidet sich von den anderen vier Variationen dadurch, daß man sich nicht von seiner realen Umgebung zurückzieht, außer in der Anfangsphase, wenn man versucht, das richtige mentale Bild zu finden; auf keinen Fall schließt man die Augen dabei. Statt dessen ist es eher eine Art Schauspielern, man tut dabei so, als sei man jemand oder etwas anderes, der oder das für einen eine Eigenschaft verkörpert, die man in der eigenen Leistung noch mehr herausbringen möchte.

Muhammad Ali hat für seine Dichtkunst zwar keine Preise gewonnen, aber wer kann seinen Spruch vergessen: «Tänzeln wie ein Schmetterling, stechen wie eine Biene.» Er beschrieb treffend seine Fähigkeit, leichtfüßig im

Ring zu tänzeln, aber mit absoluter Genauigkeit anzugreifen und zu treffen. Warum denkt man bei «Der goldene Bär» sofort an Jack Nicklaus? Warum nennen sich amerikanische Eishockey-Mannschaften «Boston Bruins» (Braunbären) und «Michigan Wolferines» (Vielfraße)?

Spitznamen für Sportler, Images und Symbole rufen Gefühle hervor, die sich schlecht definieren lassen, die aber den Sportler mit bestimmten Qualitäten oder Leistungen in Verbindung bringen, die für diesen Sport erstrebenswert zu sein scheinen. Solche Qualitäten sind vielleicht Anmut, ein gutes Gespür, Fluß der Bewegung, Ausdauer, Aggressivität und Stetigkeit; häufig werden aber durch einen Spitznamen, ein Image, ein Symbol komplexere Qualitäten des Sportlers ausgedrückt.

Ein Mitglied des US-Biathlon-Teams hatte zum Beispiel Schwierigkeiten, nach den anstrengenden Langlaufphasen immer wieder eine stabile Position zu finden, um ruhig auf Zielscheiben zu schießen. Mit Hilfe seines Trainers fand er ein Symbol, das für ihn die Eigenschaft verkörperte, die er brauchte: der Felsen von Gibraltar. Ab da stellte er sich jedesmal, wenn er schießen mußte, vor, daß er der Felsen von Gibraltar sei und schaffte es so, ganz ruhig zu stehen.

Eine ruhige Hand und ein fester Stand ist auch beim Bogenschießen außerordentlich wichtig. Viele Bogenschützen glauben, daß sie bei Wind nicht ruhig stehen und schießen können. Eine Sportlerin allerdings half sich in einer solchen Situation, indem sie sich vorstellte, sie sei eine Stahlstange, die fest im Boden stecke.

Steve Archibald, bekannter englischer Fußballspieler, war eine Zeitlang mit seiner Torgefährlichkeit absolut nicht zufrieden. Während einer Visualisierung von vergangenen erstklassigen Spielen beschrieb er uns eines Tages, wie er sich fühlte: «Wie ein gespanntes Gummiband, was jeden Moment nach vorn springen kann.» Nach einer mentalen Übungszeit konnte er sich später in das Gefühl des gespannten Gummibands hineinversetzen, wenn er in den Strafraum kam. Ein bekannter Torwart stellte sich vor, er wäre ein Jäger, und der Ball wäre die Beute.

Wir haben mit einem Läufer gearbeitet, dem das Bild des plätschernden Bachs den nötigen Fluß in der Bewegung ermöglichte, einem Segler, der seine verlorene Aggressivität wiedererlangte, als er sich daran erinnerte, wie er als Kind «die Schlange» war, «der niemand nahekommen konnte». Eine Tennisspielerin erkannte während einer Visualisierung, daß sie wie eine «junge Margaret Thatcher» ist, wenn sie mit Sicherheit und Zuversicht spielt, und für einen bekannten Golfprofi ist der Inbegriff von Selbstbewußtsein ein Mann in einem Nadelstreifenanzug, der ohne zu zögern ein vornehmes Restaurant betritt.

Es gibt so viele Images und Symbole wie es Sportler gibt. Einige hören sich simpel an, viele merkwürdig, aber ihre Verwendung ist weit verbreitet und wirkungsvoll. Auch heute erleben wir noch manchmal Überraschungen.

Ein Segler war zum Beispiel unschlagbar, wenn es darum ging, eine Strecke aufzuholen; sobald er in Führung lag, ließ er sich aber von den Rufen der Nachfolgenden negativ beeinflussen. Er erklärte uns eines Tages, daß er beim letzten Wettsegeln gewonnen habe, weil er sich vorgestellt habe, er sei Orpheus. Orpheus? «Ja», meinte er, «der aus der Sage. Ich kann die schöne Frau nur gewinnen, indem ich mich von dem Geschrei der anderen nicht ablenken lasse. Wenn ich mich nämlich umdrehe, werde ich zu Stein.» Die Tatsache, daß er die Sage nicht ganz korrekt in Erinnerung hatte, daß Orpheus sich tatsächlich umdrehte, aber nicht zu Stein wurde, sondern die Frau auf ewig verlor, ist in diesem Zusammenhang nebensächlich.

Manchmal meint man, daß einem eine bestimmte Eigenschaft völlig fehlt; wahrscheinlich ist aber, daß man sie nur aus irgendeinem Grund nicht recht zum Ausdruck bringen kann. Wenn man nämlich diese Qualität in einer anderen Person oder auch einer Sache erkennen kann, wenn man ein Symbol für diese Eigenschaft finden kann, dann muß sie auch schon zu einem gewissen Grad in der eigenen Person vorhanden sein. In der Sprache der Psychologen ausgedrückt: Man hat diese Eigenschaft auf jemanden oder etwas in der Außenwelt projiziert und kann nun durch die mentale «Als wenn...»-Übung das Gefühl für diese Qualität in sich selbst wiederfinden. Eine weniger ausgefallene, aber auch sehr wirkungsvolle Art der Visualisierung ist, daß man sich in die Person eines Sportkollegen versetzt, der eine Eigenschaft besitzt, die man gern erlangen möchte.

Die Übung

Machen Sie sich deutlich, welche Eigenschaft Sie entwickeln wollen und überlegen Sie dabei, ob diese Qualität nur für einen Teil Ihrer sportlichen Leistung oder für die Gesamtleistung wichtig ist. Handelt es sich um eine Eigenschaft, die Sie noch nie besessen haben, oder hat Sie Ihnen früher, wenn auch nur selten, zur Verfügung gestanden?

Im ersten Fall sollten Sie dann einen Menschen visualisieren, der diese Qualität besitzt. Achten Sie darauf, wer Ihnen zuerst einfällt, was er/sie gerade tut und in welcher Situation er/sie sich gerade befindet. Ändern Sie nichts daran. Sie haben Ihr Symbol schon gefunden. Wenn Sie zum Beispiel die Eigenschaft «Aggressivität» in jemandem suchen, fällt Ihnen vielleicht John McEnroe ein. Was tat er gerade, als er vor Ihr geistiges Auge trat? Schließen Sie die Augen, entspannen Sie sich und lassen Sie das Bild von McEnroe in Aktion ganz deutlich werden. Machen Sie die Visualisierung «Ideales Vorbild» (s. S. 76f) und versetzen Sie sich in ihn hinein. Wie fühlt es sich an, John McEnroe zu sein? Wie bewegt man sich dann? Wo sitzt die Spannung und wie entlädt sie sich in dem schnellen, energiegeladenen Spiel? Dieses Aggressionsgefühl ruft vielleicht noch ein zweites Image hervor. Wenn Sie den Satz beenden sollen: «Ich fühle mich wie...», dann ist es egal, ob Sie «...ein Tornado» oder «...John McEnroe» sagen.

Im zweiten Fall, wenn Sie also diese Eigenschaft schon hin und wieder in Ihrer sportlichen Leistung gezeigt haben, aber nicht zuverlässig damit rechnen können, schließen Sie die Augen, entspannen Sie sich und machen Sie die «Spitzenleistung»-Visualisierung (s. S. 77). Wenn Ihr Trainer bei Ihnen ist, beschreiben Sie ihm, was dabei in Ihnen vorgeht. Achten Sie besonders darauf, was für ein Gefühl es war, als Sie die entsprechende Bewegungsfolge perfekt ausgeführt haben, sagen Sie schließlich: «Ich fühle mich wie...» und lassen Sie das passende Bild kommen.

Für beide Fälle ist der nächste Schritt derselbe. Sie sollen sich eine andere Szene vorstellen, eine Wettkampfsituation, in der Sie sich bald befinden werden oder in der Sie kürzlich waren. Sie sehen sich in dieser Umgebung, wie Sie auf die eben visualisierte Art und Weise sportlich tätig sind. Beobachten Sie sich erst von außen, versetzen Sie sich dann in Ihr visualisiertes Ich und erleben Sie mit all Ihren Sinnen, wie es sich anfühlt, in dieser Situation so zu spielen wie John McEnroe, wie ein Tornado oder was auch immer.

Diese neue Übung sollte vielleicht ein paarmal in der folgenden Woche gemacht werden; sobald wie möglich sollte man sich am Anfang jedes Trainings sein persönliches Symbol vorstellen, sollte zu sich selbst sagen: «Ich fühle mich wie...» und dann so spielen, als ob man wirklich diesem Image entspräche. Geben Sie sich selbst eine bestimmte Zeit (anfangs vielleicht etwa fünf Minuten), in der es Ihnen nur darauf ankommt, dem Image so genau wie möglich zu entsprechen. Dieses ist Ihre eigentliche «Als wenn...»-Visualisierungsübung; bis dahin haben Sie sich nur damit beschäftigt, das richtige Image zu finden.

Wenn Sie das Image während des Trainings ohne Schwierigkeiten benutzen können, sollten Sie es auch beim Wettkampf selbst anwenden, und zwar immer dann, wenn Sie sich auf Ihre Reserven besinnen müssen, wenn Sie eine einmalige Gelegenheit nutzen wollen oder Ihre Position in einem entscheidenden Augenblick halten müssen.

Die folgenden *Hinweise* sollen dabei helfen, das perfekte Image zu finden und anzuwenden:
– Das helfende Image sollte von demjenigen selbst gefunden werden, der es nachher verwenden will. Auch wenn der Trainer einen dabei unterstützen möchte, die «Als wenn...»-Visualisierung zu machen, sollte er nicht versuchen, das Image zu finden. Seine Vorschläge könnten genau die entgegengesetzte Wirkung haben. Er sagt vielleicht: «Du wirst wie ein Leopard springen», und Sie haben gerade Angst vor großen Katzen; oder er sagt: «Du wirst fest stehen wie das Matterhorn», und Sie haben keine Ahnung, wovon er spricht. Das-

selbe Symbol kann unterschiedliche Wirkungen auf verschiedene Menschen haben. Wenn ich an eine Gazelle denke, sehe ich Anmut und Behendigkeit, für einen anderen dagegen bedeutet sie Ängstlichkeit und Zerbrechlichkeit. Nur die persönlich gefundenen Symbole können effektiv sein. Die rechte Hirnhälfte denkt in Assoziationen, und Images sind nur dann wirkungsvoll, wenn man persönlich etwas damit assoziieren kann.

– Man darf die «Als wenn...»-Imageübung nicht mit der mentalen Übung der Leistung selbst verwechseln. Wenn das Symbol korrekt gewählt ist, ruft es ein bestimmtes Gefühl hervor, das mit einer Eigenschaft zusammenhängt, die man in sich selbst fördern möchte. Man benutzt es, um diese Qualität in sich selbst zu *stimulieren* und nicht, um mental eine bestimmte Fertigkeit zu üben.

– Man sollte Symbole und Images ablegen und neue suchen, wenn man merkt, daß sie ihre Wirkung verloren haben. Das neue Image kann dann zur Stimulation derselben Eigenschaft dienen oder für eine andere, die einem jetzt wichtiger geworden ist. Images, die man für den Augenblick abgelegt hat, können manchmal auch wieder hervorgeholt und wieder verwendet werden.

– Wenn man ein Image finden möchte, das eine bestimmte Qualität symbolisiert, die nur für eine isolierte Bewegung oder eine bestimmte Fertigkeit wichtig ist, nicht aber für die gesamte Leistung, sollte dieses Symbol mit der Bewegung selbst eine Verbindung haben. Zum Beispiel kann der Felsen von Gibraltar einem Schützen die nötige Stabilität geben, einem Werfer beim Kricket aber nicht zur erforderten Stetigkeit verhelfen. Für ihn ist das Image eines Katapults vielleicht sinnvoller; ein Volleyballspieler am Netz dagegen identifiziert sich vielleicht mit einem Hammer, der einen Nagel einschlägt.

– Schließlich darf man nicht vergessen, daß das Image nicht hauptsächlich visuell ist. Das «Als wenn...» hat sehr oft eine wichtige *kinästhetische* Komponente. Wenn man eine persönliche Höchstleistung visualisiert, sollte man sich besonders bewußt werden, wie der Körper reagiert, und sich fragen, ob man den Satz «Ich fühle mich wie...» vervollständigen kann. Wenn ja, hat man sein Image gefunden, und genau dieses Symbol muß man verkörpern, wenn man die «Als wenn...»-Visualisierung übt.

Sofortige mentale Wiederholung der Leistung (Replay)

Der Körper hat ein außerordentlich gutes ‹Gedächtnis›, wenn es um sinnliche Eindrücke einer erbrachten Leistung geht. Für manche ist es relativ einfach, dieses Gedächtnis bewußt anzuzapfen, für andere schwieriger, aber jeder kann diese Fähigkeit kultivieren. Wir waren immer wieder überrascht, wie gut Fußballspieler sich an beinahe jede Einzelheit eines Spiels erinnern konnten, auch wenn dieses Spiel schon monate-, wenn nicht jahrelang zurücklag. Sie erinnerten sich vielleicht nicht an das genaue Datum, wußten aber noch, mit welchem Fuß sie in einem bestimmten kritischen Augenblick den Ball übernommen hatten, welche Spieler sich rechts und links von ihnen befunden hatten, wie weit sie mit dem Ball gelaufen waren und ob sie schließlich mit der Innen- oder Außenkante des Fußes geschossen hatten. Es scheint also nicht zuviel verlangt zu sein, wenn sich der Körper daran erinnern soll, wie er nur Minuten oder Sekunden vorher reagiert hat.

Diese sofortige mentale Wiederholung des Geleisteten (Replay) ist das Gegenteil vom mentalen Durchgehen der unmittelbar vor einem liegenden Aufgabe (Preplay). Man visualisiert dabei einen Bewegungsablauf, eine Handlung, die man gerade vollendet hat und achtet besonders darauf, wie sie sich angefühlt hat. Wie auch beim «Preplay» kann man diese mentale Übung nur für geschlossene Fertigkeiten anwenden, etwa für den Sprung vom Sprungturm, den Stabhochsprung oder das Einlochen beim Golf. Ein Aufschlag beim Tennis, auf den ein langer Ballwechsel folgte, eignet sich nicht, aber ein Volley, den der Gegner unmöglich erreichen konnte, kann sich für ein Replay eignen.

Durch das Replay soll sich der sportlich perfekte Moment tiefer in das Sinnengedächtnis einprägen. Ein Turmspringer hätte eine wunderbare Gelegenheit verpaßt, wenn er sich seinen ersten perfekten Sprung mit eineinhalb Saltos und dreifacher Drehung nicht sofort wieder vor seinem geistigen Auge wiederholen würde. «Replay» kann aber auch helfen, wenn eine Bewegung nicht wie erhofft abgelaufen ist, wenn man herausfinden möchte, was verändert werden muß: In diesem Fall wird das «Replay» die Basis für ein neues Preplay. Wenn man «Preplay» und «Replay» regelmäßig abwechselnd übt und das körperliche Training nicht vernachlässigt, muß sich die eigene Leistung eigentlich relativ schnell verbessern.

Obgleich beim Replay der kinästhetische Sinn außerordentlich wichtig ist, kann es auch helfen, wenn man sich dabei einmal von außen zusieht, so als ob man sein eigener Trainer sei, der einen beobachtet und die Leistung kritisiert. Manchmal kann man dadurch viel Einsicht in die eigene Technik gewinnen. Ein schnelles Überwechseln vom kinästhetischen Empfinden (von innen) zum Visuellen (von außen) beim Visualisieren ist einfacher, als man annehmen würde, und nur sehr selten wird man damit Schwierigkeiten haben.

Man sollte das «Replay» so lange in der Trainingssituation üben, bis man damit keine Schwierigkeiten mehr hat und erst dann diese Methode auch während des Wettkampfs oder des Spiels anwenden, um sich positive Momente einzuprägen. Um schwache Leistungen während des Spiels durch «Replay» zu verbessern, braucht man mehr Erfahrung mit der Methode. In der Wettkampfsituation selbst möchte man seine Technik zwar nicht weitgehend verändern; mit etwas Erfahrung aber kann man das Replay dazu verwenden, auch während des Spiels zu erkennen, welche kleinen Veränderungen nötig und möglich sind.

Die Übung

Sie sollten das Replay üben, wenn Sie beim Training gerade eine bestimmte Bewegung oder Fertigkeit beendet haben und Zeit haben, sie im Geist noch einmal ablaufen zu lassen. Bleiben Sie in der Haltung, in der Sie gerade sind, ob Stehen, Sitzen oder Liegen. Atmen Sie tief ein, und entspannen Sie sich beim Ausatmen. Dann stellen Sie sich die vergangene Szene vor: Wie hat es sich angefühlt, als Sie sich auf diese Leistung vorbereiteten und sie dann ausführten? Stellen Sie sich vor, daß Sie das Ganze noch einmal durchlaufen. Wie verhält sich Ihr Körper, wie bewegt er sich, und wie sehr kontrollieren Sie diese Bewegung? Welche Eigenschaft kommt dabei zum Ausdruck?

Wenn Sie Zeit dazu haben, gehen Sie wieder an den Anfang zurück, und werden Sie zum Beobachter der eigenen Leistung. Haben Sie einen Teil Ihres Körpers vernachlässigt? Das kann wichtig sein. Wenn Sie sich die Szene noch einmal vor Augen führen können, versetzen Sie sich wieder in sich hinein, und achten Sie darauf, woran Sie gerade vor dem Ansatz zur Ausführung gedacht haben. Was haben Sie gefühlt? Haben diese Gedanken und Gefühle unmittelbar vorher geholfen oder abgelenkt?

Gibt es irgendeine kleine technische Veränderung, die Sie vornehmen sollten? Spielen Sie sich die vergangene Leistung wieder vor, behalten Sie alle positiven Aspekte bei und verändern Sie das, was Ihre Leistung verbessern würde. Jetzt visualisieren Sie die revidierte Version. Wenn Sie sich dann wieder kurz vor der Ausführung befinden, benutzen Sie diese Version des «Replays» als Vorbereitung. Wie schon gesagt, man wird schließlich den kontrollierten Ablauf von «Preplay», Ausführung und «Replay» ohne Schwierigkeiten auch in der Wettkampfsituation anwenden können.

Die Leistung im mentalen Rückblick –
Die Nachbereitung (Review)

Diese Art von mentalem Üben haben wir das erste Mal bei dem Bogenschützen Mark Blencarne angewendet, der später eine Goldmedaille bei den Commonwealth-Spielen 1982 gewann. Nach einem Wettkampf, bei dem er besonders gut abgeschnitten hatte, beschlossen wir, ihn die vergangene Leistung visualisieren zu lassen, statt miteinander nur darüber zu reden. Wie auch schon bei den Fußballspielern waren wir überrascht, wie genau er sich an jede Einzelheit erinnerte. Während er beim Visualisieren über seine Eindrücke sprach, bekam er neue Einsichten in bestimmte Abläufe und erfaßte neue Informationen. Er stellte fest, daß andere Faktoren für ihn genauso wichtig waren wie Einzelheiten seiner sportlichen Leistung, zum Beispiel, wie er sich gefühlt hatte, als er an dem Morgen aufgewacht war, wie er sich anzog, in welchem Zustand seine Ausrüstung war, gegen wen er antreten mußte usw. Während er den Tag des Wettkampfs visualisierte, fragten wir ihn: «Was war der Höhepunkt des Tages? Welche Augenblicke schienen am schwierigsten zu sein? Wie fühltest du dich? Konntest du dich gut konzentrieren?» Es stellte sich heraus, daß die weniger leicht greifbaren Elemente seiner Erinnerung für ihn am wichtigsten und überraschendsten waren: Seine Einstellungen, seine Gefühle, wie er etwas während des Tages aufgenommen hatte, schienen ihn mehr zu interessieren, als seine eigentliche Leistung während des Wettkampfs selbst.

Logische Analysen einer sportlichen Leistung werden im nächsten Kapitel behandelt. Wichtige Informationen kann man aber schon ziemlich leicht durch eine Visualisierung der gesamten Leistung erhalten. Im allgemeinen wird diese mentale Übung einige Zeit nach dem Wettkampf, entweder zu Hause oder beim nächsten Training, gemacht. Wenn man dann den ganzen Ablauf visualisiert, ohne sich wegen seiner Fehler zu kritisieren oder seine Stärken zu übertreiben, wird man daraus lernen und auch Freude daran haben. Man lernt dabei mehr, als von einer Video-Aufzeichnung, denn man durchlebt dabei nicht nur die körperlichen Elemente der Leistung, sondern auch die weniger greifbaren, subjektiven Elemente, zum Beispiel, wie man sich gefühlt und woran man gedacht hat. Man kann dadurch entweder etwas über die gesamte Leistung lernen oder über bestimmte Teilaspekte, wie die Aufwärmphase, die Fluktuation des Erregungszustands, den Einfluß der Gefühle, die Kraft durchzuhalten und was man als Höhepunkt empfand. Dieses neue Wissen kann man dann bei der Vorbereitung für den nächsten Wettkampf mitverwenden. Im Idealfall sollte einem eine solche Visualisierung der vergangenen Leistung zur Routine werden. Es lohnt sich, diese Technik zu kultivieren, da sie in vielen verschiedenen Situationen angewendet werden kann.

Die Übung

Die Visualisierung eines früheren Spiels oder einer früheren anderen sportlichen Leistung macht man am besten zusammen mit einem Trainer oder Sportpsychologen. Er kann sich Notizen machen von dem, was Sie ihm während der Visualisierung berichten, kann Fragen stellen, die Ihnen die Erinnerung an andere Einzelheiten erleichtern. Sie können sich auch mit einem Sportkameraden abwechseln, oder Sie können auf ein Tonband sprechen und es sich später wieder vorspielen.

Setzen Sie sich an einen ruhigen Ort, schließen Sie die Augen und entspannen Sie sich. Stellen Sie sich vor, wie der Tag des Wettkampfs abgelaufen ist. Wie fühlen Sie sich beim Aufwachen, wie haben Sie geschlafen? Was essen Sie zum Frühstück? Und wie fühlen Sie sich insgesamt, körperlich, psychisch und emotional?

Erinnern Sie sich an die Fahrt zum Austragungsort. Sind Sie pünktlich? Wie ist das Wetter? Als Sie ankommen, was fällt Ihnen bei dem Platz auf? Was gefällt Ihnen und was weniger? Achten Sie auf die Zuschauer, was bedeuten sie Ihnen? Dann denken Sie an Ihre(n) Gegner und die Mitglieder Ihrer eigenen Mannschaft. Was für ein Gefühl haben Sie ihnen gegenüber? Jetzt wärmen Sie sich auf und werden sich bewußt, wie Sie sich fühlen und woran Sie denken, als das Spiel beginnt.

Jetzt durchlaufen Sie das Spiel oder den Wettkampf selbst, wobei es nicht auf die Reihenfolge einzelner Aspekte ankommt. Welches sind die Höhepunkte Ihrer Leistung? Was halten Sie von den Kameraden, von Gegnern und Schiedsrichtern? Was können Sie am besten, wo fühlen Sie sich am schwächsten? Was würden Sie gern ändern; leisten Sie anfangs am meisten oder mehr, wenn es dem Ende zugeht? Ist Ihre Leistung während des Wettkampfs gleichbleibend? Wie fühlen Sie sich nach dem Spiel, und wie realisieren Sie Ihr Cool-Down?

Dann machen Sie einen Augenblick Pause, atmen Sie tief ein und langsam wieder aus. Jetzt kehren Sie wieder an den Anfang des betreffenden Tages zurück, durchlaufen kurz alle Ereignisse des Tages und greifen sich dabei drei Aspekte Ihrer Leistung heraus, die Sie als besonders gut und wichtig empfinden. Was hat diese drei Aspekte körperlich, psychisch und emotional charakterisiert? Dann wiederholen Sie den Prozeß und greifen sich diesmal drei Dinge heraus, die Sie anders oder besser machen könnten. Was zeichnete diese drei Dinge körperlich, psychisch und emotional aus? Was können Sie in Zukunft an Ihrer Leistung verbessern? Veränderungen können groß oder klein sein; lassen Sie Ihrer Phantasie freien Lauf, und finden Sie mögliche Lösungen.

Danach gehen Sie den Tag noch einmal in Ihrer Vorstellung durch, ohne zu urteilen oder zu kritisieren. Dann öffnen Sie die Augen, und schreiben Sie die drei besten und die drei schwächsten Aspekte Ihrer Leistung auf. Gehen Sie von diesen Punkten bei Ihrem nächsten Training aus.

5 Analytisches Denken

Die rechte Hirnhälfte «denkt» mit den Sinnen, die linke analytisch. Auch analytisches Denken kann angewendet werden, um die sportliche Leistung zu verbessern.

In diesem Kapitel geht es um Methoden, mit deren Hilfe man sich langfristige und kurzfristige Ziele setzen kann; etwa, sich auf einen Wettkampf vorbereitet, aus Fehlern lernt und Sportler mit richtig gewählten Slogans oder anfeuernden Ausdrücken positiv beeinflußt.

Die zwei Gehirnhälften

Die Hirnforschung hat herausgefunden, daß sich beide Hirnhälften darin unterscheiden, wie Gedanken und Sinneseindrücke verarbeitet werden. Dieser Unterschied ist vielleicht nicht ganz so eindeutig, wie ursprünglich angenommen; trotzdem können Sportler und Trainer daraus schließen, daß die Psyche die sportliche Leistung auf unterschiedliche Weise beeinflußt.

Es ist anscheinend so, daß wir das Konzept Zeit mit der linken Hirnhälfte erfassen und räumliche Vorstellungen mit der rechten. Einzelheiten werden uns links deutlich, die Übersicht über das Ganze rechts. Links wird uns bewußt, wie Dinge nacheinander ablaufen, rechts werden sie gleichzeitig registriert. Unsere verbalen Fähigkeiten haben ihren Sitz in der linken Hirnhälfte, unsere visuellen in der rechten. Logisches, analytisches Denken findet auf der linken Seite statt, die rechte registriert intuitive Empfindungen. Die rechte Hirnseite steuert außerdem die linke Körperhälfte, einschließlich des linken Sehfeldes und umgekehrt.

Diese Fähigkeiten scheinen einander zu ergänzen. Wenn wir unsere verbalen Fähigkeiten trainieren, verbessert sich die Fähigkeit, analytisch zu denken. Wenn wir uns dagegen damit beschäftigen, Bilder zu malen, entwickeln wir anscheinend unser intuitives Empfinden.

Man kann aus der nachfolgenden Tabelle deutlich erkennen, daß unser Bildungssystem ein weitaus größeres Gewicht auf die Fähigkeiten legt, die von der linken Hirnhälfte gesteuert werden und sie bevorzugt fördert. Diese Fähigkeiten sollen dem Kind helfen, ‹in der Welt voranzukommen›. Die Fähigkeiten der rechten Hirnhälfte dagegen haben keinen ‹praktischen› Wert und werden höchstens in Freizeitaktivitäten gefördert. Die Hirnforschung hat aber auch gezeigt, daß ein Mensch die Fähigkeiten beider Hirnhälften entwickeln muß, wenn er optimal leistungsfähig sein möchte. Wenn ein Professor auch gern tanzt, wenn ein Steuerberater malt, wenn ein Schriftsteller seinen Garten bestellt und ein Maler Schach spielt,

Gehirnfunktionen

	Linke Hirnhälfte	Rechte Hirnhälfte
Funktionen	beeinflußt rechte Körperseite beeinflußt das rechte Sehfeld verarbeitet Eindrücke, wie sie zeitlich aufeinander folgen registriert Einzelheiten hat Zeitempfinden verbale Fähigkeiten logisches und analytisches Denken	beeinflußt linke Körperseite beeinflußt das linke Sehfeld verarbeitet Eindrücke als Gesamtempfindung registriert das Ganze hat Raumempfinden visuelle Fähigkeiten intuitives und kinästhetisches Empfinden
Positive Techniken	Zielsetzen Planung und Rückblick Anfeuernde Bezeichnungen und Slogans	Visualisierung Symbole
Negative Angewohnheiten	Leistungsanalyse *während* des Spiels	Tagträumen während wichtiger Besprechungen von gemachten Fehlern nicht loskommen

dann regenerieren sie sich durch diese Freizeitbeschäftigungen und können mit neuem Schwung an ihre normale Arbeit zurückkehren.

Beim Sport hat man ausreichend Gelegenheit, die Fähigkeiten beider Hirnhälften zu entwickeln, zu gebrauchen und auch zu mißbrauchen. Visualisierung ist eine Fähigkeit der rechten Hirnhälfte, die der sportlichen Leistung zugute kommen kann. Wenn einen ein Gegenstand oder ein bildliches Symbol an eine körperliche Eigenschaft oder eine bestimmte Qualität der Leistung erinnert, die man anstrebt, dann findet diese Assoziation in der rechten Hirnhälfte statt. Als Christopher Reeve die Filmrolle von Supermann übernahm, fühlte er sich «dünn wie eine Bohnenstange». Er heftete sich also eine Zeichnung des Helden an die Wand und sagte sich: «So muß ich aussehen, und so fit muß ich auch körperlich sein.» Er fing mit dem Training an und erreichte auch schließlich sein Ziel. Wenn man dagegen nur immer wieder an eine schlechte Leistung denkt, wenn sie einem immer wieder vor Augen steht, ohne daß man daraus lernt oder etwas positiv verändern will, oder wenn man in einem wichtigen Mannschaftstreffen nur seinen Tagträumen nachhängt, dann mißbraucht man seine rechte Hirnhälfte. In diesem Kapitel geht es darum, wie einen analytisches Denken weiterbringen oder auch behindern kann.

Wenn die linke Hirnhälfte hilft

Vor und nach einer sportlichen Leistung ist klares, analytisches Denken von großem Nutzen. Vor und nach geschlossenen Fertigkeiten, wiederholbaren Bewegungsfolgen innerhalb der Gesamtleistung, die nicht vom Mitspieler oder dem Gegner abhängen, wie ein Überschlag beim Bodenturnen, ein Sprung vom Turm, ein Tennisaufschlag oder ein Elfmeter, kann man analytisches Denken sinnvoll verwenden, ebenso auch vor und nach der Gesamtleistung. Das wird allerdings schwieriger, je weniger Zeit man zwischen Denken und Handeln hat und je komplexer die restliche Leistung ist, die der geschlossenen Fertigkeit folgt.

Fähigkeiten der linken Hirnhälfte können die sportliche Leistung auf verschiedene Art und Weise verbessern:
- durch das Setzen von kurz- und langfristigen Zielen,
- durch das Planen und mentale Wiederholen der Einzelleistung im Rahmen eines Wettbewerbs,
- durch das Formulieren bestimmter Schlagworte und Slogans, die eine positive Einstellung bewirken.

Ziele setzen

Es ist unbedingt notwendig, daß man klare, langfristige Ziele hat. Gespräche zwischen dem Sportler und seinem Trainer oder der Mannschaft und
ihrem Trainer sind nötig, wenn sie sich auf einen Wettkampf vorbereiten. In
diesen Diskussionen wird entschieden, welche Ziele man sich setzt und wie
das Trainingsprogramm aufgebaut wird. Das gilt auch für die Sportler, die
sich auf eine neue Sportsaison vorbereiten. Der Tennisspieler nimmt sich
vielleicht vor, in dieser Saison besonders an seinen Volleys zu arbeiten,
damit er am Netz sicherer wird. Bei aller Kreativität und guter Intuition
sollte man sich trotzdem frühzeitig deutlich machen, welches Ziel man verfolgt und wie man es erreichen will. Besonders für sehr talentierte Sportler,
die aber noch nicht immer gleichmäßig gute Leistungen zeigen, ist dieser
Prozeß wichtig. Ein Spieler, der sich nur auf seine spontane Intuition verläßt, hat wenig innere Stärke, auf die er sich berufen kann, wenn er einmal
einen schlechten Tag hat.
Die folgenden Übungen sollen dabei helfen, sein Trainingsprogramm so zu
planen, daß das Erreichen des langfristigen Ziels möglich ist.

Prioritäten setzen

Wir haben häufig festgestellt, daß ein Sportler zwar mehrere kurz- und
langfristige Ziele nennen kann, er aber dennoch nicht ausreichend motiviert zu sein scheint. Häufig liegt das daran, daß er sich bei seinen Zielen
keine Prioritäten gesetzt hat. Wenn man beim Training motiviert sein
möchte, wenn es einen befriedigen soll, muß man sich erst allein oder mit
Hilfe des Trainers darüber klarwerden, wo die eigenen Prioritäten liegen.
Durch folgende Übung wird einem dieser Prozeß erleichtert; sie dauert
etwas 45 Minuten:

Übung
○ *Erster Teil*
  Sie brauchen vier Blatt Papier. Das erste Blatt Papier überschreiben
  Sie mit «Lebensziele»; dann schreiben Sie in etwa fünf Minuten alle
  die Ziele auf, die Ihnen dazu einfallen: zum Beispiel welche Wettkämpfe Sie gewinnen wollen; wie viele Punkte oder welche Zeiten
  Sie erreichen wollen; wie Sie trainieren wollen; wieviel Geld Sie als
  professioneller Sportler verdienen wollen; wie lange Sie spielen wollen, auf welchen Aspekt Ihres Sports Sie besonderen Wert legen und
  so weiter. Schreiben Sie mindestens ein Dutzend Ziele auf, alles, was
  Ihnen gerade in den Sinn kommt. Selbst wenn Sie schon nach zwei
  oder drei Minuten meinen, daß Ihnen nichts mehr einfällt, nehmen

sie sich noch ein paar Minuten Zeit; vielleicht kommt Ihnen ja doch noch eine Idee. Dann hören Sie auf, drehen das Blatt um und schauen es erst einmal nicht wieder an.

Jetzt nehmen Sie sich das zweite Blatt Papier vor und schreiben Sie «Ziele für die nächsten drei Jahre» darüber. Jetzt schreiben Sie wieder alles auf, was Ihnen in den Sinn kommt, ohne daß Sie daran denken, ob Sie es vielleicht schon auf das erste Papier geschrieben haben. Nach fünf Minuten hören Sie auf, drehen das Papier um und sehen es erst einmal nicht wieder an.

Auf das dritte Blatt schreiben Sie oben «Ziele für diese Saison». Listen Sie alles auf, was Sie in dieser Saison erreichen möchten. Es ist dabei gleichgültig, ob es sich um Wichtiges oder scheinbar Belangloses handelt. Nach fünf Minuten drehen Sie auch dieses Blatt um.

Auf das vierte Blatt schreiben Sie «Ziele für diesen Monat» und verfahren wie mit den anderen Blättern.

Jetzt nehmen Sie sich Ihr erstes Blatt vor und lesen Sie, was Sie als Lebensziele aufgeschrieben haben. Nehmen Sie sich ein paar Minuten Zeit, und überlegen Sie, welche drei Ziele Ihnen besonders am Herzen liegen (schreiben Sie ein A daneben), welche drei Ihnen zwar wichtig sind, aber nicht erste Priorität haben (schreiben Sie ein B daneben) und welche Sie zwar gern erreichen würden, aber als weniger dringend empfinden (unbegrenzte Anzahl: C).

Jetzt gehen Sie bei Ihren Drei-Jahres-Zielen ebenso vor. Wählen Sie drei, die Sie mit einem A versehen, drei mit einem B und den Rest bezeichnen Sie mit C. Das gleiche machen Sie mit den Zielen für die nächste Saison und für den nächsten Monat.

Jetzt setzen Sie sich ein paar Augenblicke ruhig zurück und überlegen Sie: Was tun Sie eigentlich, um Ihre Ziele für den nächsten Monat, die nächste Saison, die nächsten drei Jahre zu erreichen und schließlich, wodurch kommen Sie Ihren Lebenszielen näher? Wenn Sie weiterhin davon überzeugt sind, daß Sie die für Sie wichtigsten aufgeschrieben haben, machen Sie den zweiten Teil der Übung, für den Sie etwa 20 Minuten veranschlagen sollten.

○ *Zweiter Teil*

Sehen Sie sich Ihre Ziele für den nächsten Monat an. Für jedes A überlegen Sie sich *drei* Möglichkeiten, die Sie in der nächsten Woche Ihrem Ziel näher bringen könnten. Es können kleine oder große Schritte sein. Für jedes B wählen Sie sich für die nächste Woche *einen* Schritt, der Sie diesem Ziel näher bringt. Die C-Ziele verpflichten Sie im Augenblick noch zu nichts.

Jetzt schauen Sie sich Ihre ‹Aktionsschritte› etwas genauer an (Sie sollten neun für die A-Kategorie und drei für die B-Kategorie aufgeschrieben haben). Neben jeden Schritt schreiben Sie jetzt ein Datum in der kommenden Woche, an dem Sie diesen Schritt in die Wege geleitet haben werden. Wenn Sie zum Beispiel zur A-Priorität gemacht haben, daß Sie 20 Prozent weniger Fehler bei Ihrem Tennisaufschlag machen wollen, dann ist vielleicht einer Ihrer Aktionsschritte, daß Sie den zweiten Aufschlag intensiver üben wollen, um Doppelfehler zu vermeiden. Setzen Sie also Datum und Zeit fest, wann Sie Ihren zweiten Aufschlag üben wollen. Dann halten Sie sich unbedingt an diese Abmachung. In einem anderen Beispiel hat ein Sportler unter A vielleicht stehen, daß er für die letzten 100 Meter bei einem 1500-Meter-Lauf mehr Kraft zur Verfügung haben wird. Dann ist ein Aktionsschritt vielleicht, daß er sich für den letzten Teil des Laufs einen Freund als Schrittmacher bestellt. Man sollte also ein Datum festlegen, an dem man den Freund anrufen und mit ihm das Training verabreden wird. Je genauer man diese Aktionsschritte festlegt, desto mehr verpflichtet man sich, sie auch einzuhalten.

Jetzt sehen Sie sich die Liste mit den A-Prioritäten für die nächste Saison an. Für jedes A überlegen Sie sich einen Aktionsschritt, den Sie in den nächsten zwei Wochen machen werden. Wieder legen Sie das Datum fest, an dem dieser Schritt vollzogen werden soll.

Jetzt kommen Sie zu Ihren Drei-Jahres-Zielen. Für jedes A suchen Sie sich einen Aktionsschritt, der innerhalb des nächsten Monats gemacht werden soll, und auch hier legen Sie auf den Tag genau fest, wann er abgeschlossen sein soll.

Sie haben jetzt eine Reihe von Aktionsschritten notiert, die Sie innerhalb des nächsten Monats vollziehen sollen. Wenn Ihnen diese Methode liegt, sehen Sie sich nach 14 Tagen Ihre Monatsziele wieder an und stellen Sie fest, welche Prioritäten Sie berücksichtigen und welche noch weitere Aktionsschritte brauchen. Vielleicht sind einige Ihrer B-Prioritäten jetzt in die A-Kategorie gerutscht, vielleicht haben Sie einige Ihrer A-Ziele schon erreicht und haben Platz für weitere. Sehen Sie sich ihre B- und C-Kategorien daraufhin an und stufen Sie das eine oder andere Ziel höher ein.

Am Ende des ersten Monats überlegen Sie sich neue Monatsziele und teilen Sie sie wieder in A-, B- und C-Kategorien ein. Setzen Sie Aktionsschritte wieder nach dem obigen Schema fest. Dann legen Sie weitere Schritte fest, die Sie Ihren Zielen für die nächste Saison und für die nächsten drei Jahre näher bringen. Man kann sich auch jeden Monat einen Aktionsschritt für ein Lebensziel setzen, für den man vier Wochen Zeit hat.

Nach unserer Erfahrung bekommt man auf diese Weise eine klare Vorstellung davon, wie man sein Trainingsprogramm aufbauen muß, um eine bestimmte sportliche Leistung möglich zu machen. Wenn Sie

diese Methode anwenden, werden Sie feststellen, daß die Erfolge kumulativ sind: Schon wenn Sie Ihre ersten Ziele erreicht haben, wird Ihnen deutlicher, was Sie von Ihrem Sport auf lange Sicht überhaupt erwarten und wie Sie diese Erwartungen erfüllen können. Diese Art von Planung kann natürlich auch für andere Lebensbereiche angewendet werden.

Zwischenziele setzen

Die folgende Übung soll Ihnen dabei helfen, langfristige Ziele zu erreichen. Ziele sollten realistisch sein; aber selbst dann braucht man manchmal eine Art Zwischenziel, um motiviert zu bleiben. Wir entwickelten diese Übung für einen Fußballspieler, der sich von einer schweren Knieverletzung erholte und Angst hatte, den Ball auf eine bestimmte Art zu kicken. Ihm half es, daß er sich eine Reihe von Zwischenzielen setzte, die er nacheinander erreichen wollte. Diese und ähnliche Übungen sollten mit dem Trainer oder einem Sportpsychologen zusammen gemacht werden.

Übung
Überlegen Sie sich, welches spezifische Ziel Sie erreichen wollen. In unserem Fall ging es um das Wiedererlangen der Sicherheit nach einer Knieverletzung; diese Übung ist aber ebenso sinnvoll, wenn man einen bestimmten Wettkampf gewinnen oder eine bestimmte Fertigkeit vervollkommnen möchte. Jetzt schreiben Sie auf die linke Seite eines Blatt Papiers alle Hürden, die zwischen Ihnen und Ihrem Ziel stehen. Unser Fußballspieler schrieb zum Beispiel auf: Den Ball kicken, wenn er auf

Kicken, wenn der Ball ...	15. August		21. August		18. August	
	Schwierig-keitsgrad	wie oft	Schwierig-keitsgrad	wie oft	Schwierig-keitsgrad	wie oft
von mir weg rollt	10	1	10	1	9	3
geworfen wurde	8	5	7	10	6	20
still liegt	7	10	5	20	4	30
von rechts kommt	5	20	7	10	5	20
einmal auf-geprallt ist	5	25	4	30	1	unbegrenzt
von links kommt	3	40	1	unbegrenzt	1	unbegrenzt
auf mich zurollt	1	unbegrenzt	1	unbegrenzt	1	unbegrenzt

mich zurollt, von mir wegrollt, still liegt, von rechts kommt, von links kommt, geworfen wird und so weiter. Dann schätzen Sie den Schwierigkeitsgrad jeder Hürde auf einer Skala von 1 bis 10, wobei 1 «leicht» bedeutet und 10 «nahezu unmöglich».

Jetzt verändern Sie die Reihenfolge Ihrer Liste so, daß Schwierigkeitsgrad 10 ganz oben steht, 9 als nächstes kommt und so weiter. Machen Sie jetzt eine neue Spalte rechts davon, und schreiben Sie das Datum darüber. Unter das Datum schreiben Sie links, wo diese Fertigkeit auf einem Schwierigkeitsgrad von 1 bis 10 liegt und wie oft Sie diese Fertigkeit bei jedem Training üben wollen. Die schwierigste Bewegungsfolge wollen Sie vielleicht nur einmal oder gar nicht üben; die, die an sechster Stelle steht, dagegen vielleicht acht- bis zwölfmal, und die Einfachste wollen Sie vielleicht dreißig- bis fünfzigmal üben. Halten Sie sich bei Ihrem nächsten Training daran.

Eine Woche später nehmen Sie sich Ihre Liste wieder vor und machen eine neue Spalte mit dem neuen Datum darüber. Überlegen Sie, welche der Hürden Ihnen heute vielleicht leichterfallen als vor einer Woche und welche unter Umständen schwerer. Schreiben Sie die neue Einschätzung des Schwierigkeitsgrads von 1 bis 10 wieder auf die linke Seite der neuen Spalte und daneben, wie oft Sie diese Fertigkeit in der nächsten Trainingswoche üben wollen. Korrigieren Sie diese Liste wöchentlich, bis Sie Ihr langfristiges Ziel erreicht haben.

Mentale Vorbereitung und rückblickende Nachbereitung

Im allgemeinen überwacht man mit der rechten Hirnhälfte während der Leistung das methodische Vorgehen, mit der linken Hirnhälfte wählt man *vorher* die richtige Taktik aus und beurteilt *hinterher*, ob man die richtige Methode gewählt hatte. Eine gute Übung für die linke Hirnhälfte ist die mentale Vorbereitung vor und die Wiederholung nach der Leistung, und zwar von einem körperlichen, mentalen und emotionalen Gesichtspunkt aus. Natürlich bereiten sich alle Sportler auf ihre Leistung wenigstens körperlich und mental irgendwie vor, und viele überlegen auch hinterher, was sie falsch und was sie richtig gemacht haben; aber die wenigsten tun das auf eine bewußt strukturierte Weise.

Übung zur mentalen Vor- und Nachbereitung

Bei dieser Übung wird die linke Hirnhälfte gefordert. Sie legt fest, wie gut man sich auf einen Wettkampf vorbereitet, analysiert hinterher die eigene Leistung und beurteilt sie. Nicht selten stellt sich heraus, daß Sportler ihre körperlichen, mentalen und emotionalen Vorbereitungen häufig nur lückenhaft treffen und auch nach dem Wettkampf ihre Leistung nicht sorgfältig genug durchgehen und beurteilen. Einige achten zu wenig auf ihre gefühlsmäßige Einstellung vor dem Wettkampf, andere achten zu wenig auf ihre körperliche Bereitschaft; Stärken und Schwächen des einzelnen hingen stark damit zusammen, welche Aspekte bei der Vorbereitung besonders betont und welche vernachlässigt wurden.

Denken Sie an Ihren letzten wichtigen Wettkampf zurück, an dem Sie teilgenommen haben, und stellen Sie eine Tabelle auf (siehe Beispiel). Wie haben Sie sich körperlich, emotional und mental darauf vorbereitet? Dann schreiben Sie auf, was Sie Ihrer Meinung nach besonders gründlich und gut gemacht haben, und listen Sie dann die Dinge auf, die Sie versäumt haben und von denen Sie jetzt meinen, daß sie Ihnen geholfen hätten. (Es ist besser, sich zu loben, bevor man sich kritisiert!) Jetzt geben Sie sich eine Note (zwischen 1 und 10) für Ihre gesamte Vorbereitung, und füllen Sie dann die rechte Spalte aus.

Wettbewerb:	
Datum:	
Vorbereitung: Wie haben Sie sich vorbereitet?	Rückblickende Nachbereitung: Wie sind Sie hinterher die Leistung durchgegangen?
Körperlich	Körperlich
Emotional	Emotional
Mental	Mental
Was haben Sie am besten gemacht?	Was haben Sie am besten gemacht?
Was hätten Sie besser machen können?	Was hätten Sie besser machen können?

Auf den folgenden Seiten finden Sie Beispiele, wie Sie sich körperlich, mental und emotional auf einen Wettkampf vorbereiten und die Leistung hinterher sinnvoll durchdenken können. Es werden verschiedene Faktoren aufgeführt, auf die man vor und nach dem Wettkampf achten sollte. Die Vorbereitungszeit schließt ein, was im ersten Kapitel schon beschrieben wurde, beginnt aber nicht erst mit dem Eintreffen am Spielort.

Körperliche Vorbereitung

Ein guter Sportler kennt seinen Körper, respektiert ihn und kooperiert mit ihm. Er stellt sich im Laufe der Zeit eine Folge von Aufwärmübungen zusammen, die sein Körper braucht. Die körperliche Vorbereitung auf einen Wettkampf wird für ihn wahrscheinlich das Üben von bestimmten technischen Fertigkeiten einschließen, auf die es bei seinem Sport besonders ankommt. In den Tagen kurz vor dem Wettkampf wird er wahrscheinlich besonders darauf achten, was und wann er ißt, daß er ausreichend Schlaf bekommt; er wird sich überlegen, wie er am besten an den Austragungsort gelangt, wo und bei wem er wohnen und was er anziehen wird. Er wird sich vergewissern, daß seine Sportkleidung und gegebenenfalls seine Ausrüstung in gutem Zustand sind.

Eine gewisse Zeit vor dem Wettkampf sollte man sich Zeit zum Entspannen nehmen; man sollte dabei auf seinen Körper hören, um herauszufinden, ob er noch irgendwelche besonderen Bedürfnisse hat. Entsprechend macht man dann seine Aufwärmübungen. Manchmal will man noch kurz den Sportarzt konsultieren, manchmal sich massieren lassen etc.

Sportler, selbst wenn sie zu derselben Mannschaft gehören, haben zu diesem Zeitpunkt, in der letzten Stunde vor dem Spiel, unterschiedliche Bedürfnisse. Ein Fußballspieler wärmt sich auf, indem er zehn Minuten lang von einem Fuß auf den anderen springt, andere lassen sich massieren, ein weiterer macht Schattenboxen mit dem Trainer, zwei bereiten sich vor, indem sie ihre Stretchübungen gemeinsam machen, und wieder andere trainieren bestimmte Bewegungsabläufe auf dem Platz. Zu diesem Zeitpunkt stehen die Spieler unter keinerlei Druck, mit den anderen konform zu gehen.

Der Trainer kann zwar dabei helfen herauszufinden, womit der einzelne sich am besten auf das Spiel vorbereitet, letzten Endes aber muß das jeder für sich selbst entscheiden. Das kann besonders schwierig sein, wenn man zu einer Mannschaft gehört, in der jeder bestimmte Verhaltensmuster und Aufwärmrituale hat, die er natürlich am besten findet. Man muß sich dann vielleicht von allen zurückziehen, um die Stimme des eigenen Körpers vernehmen zu können.

Als wir mit einem schottischen Volleyballteam arbeiteten, gaben wir den

Sportlern vor einem Spiel oder vor dem Training immer zehn Minuten Zeit, um ihre individuellen Stretch- oder Bewegungsübungen zu machen; dann mußten sie zu zweit trainieren. Später beim eigentlichen Training übte die ganze Mannschaft bestimmte Bewegungsabläufe und Fertigkeiten gemeinsam. Auch bei Besprechungen mit der Mannschaft gingen wir ähnlich vor. Eine Frage wurde gestellt, und jeder sollte für sich eine persönliche Antwort finden, sie dann mit einem anderen durchsprechen, bevor die ganze Mannschaft darüber diskutierte.

Man kann seine individuelle körperliche Aufwärmmethode wahrscheinlich nur durch Ausprobieren finden; dabei kann es aber sehr helfen, wenn man darüber Buch führt. Bei einem Mannschaftssport sollte der Trainer Einsicht in diese Aufzeichnungen haben, um dem einzelnen die Bedürfnisse der anderen verständlich zu machen. Er kann auf diese Weise allmählich eine Übungsroutine für die ganze Mannschaft entwickeln, die dennoch die Bedürfnisse des einzelnen berücksichtigt.

Emotionale Vorbereitung

Wenn man sich klarmacht, in was für einer Stimmung man momentan ist und weiß, welche grundsätzlichen psychischen Bedürfnisse man hat, wenn man sie akzeptiert und auf sie Rücksicht nimmt, dann spricht man von emotionaler Vorbereitung. Die Methoden können so individuell verschieden sein, wie die für die körperliche Vorbereitung. Wenn ein Trainer also darauf besteht, daß seine Mannschaft am Abend vor dem großen Spiel geschlossen ins Kino geht, um sich zu entspannen, dann versucht er damit auch, das Zusammengehörigkeitsgefühl der Mannschaft zu verstärken. Der erhoffte Erfolg bleibt aber aus, wenn einige Mitglieder des Teams sich auf diese Art und Weise nicht so entspannen und vorbereiten können, wie es für sie nötig wäre.

Manche Athleten können sich am besten allein auf ein Spiel psychisch vorbereiten, während andere lieber als Gruppe und mit ihren Kameraden zusammen das Gefühl der Gemeinschaft genießen. Einige brauchen mehrere Stunden, um sich in die richtige Stimmung für das Spiel zu bringen, andere sind schneller hochgepuscht und müssen darauf achten, daß sie nicht schon den Höhepunkt des Bereitseins überschritten haben, wenn das Spiel beginnt. Die linke Hirnhälfte ist dafür verantwortlich, daß der einzelne herausfindet, welche Methode für ihn die richtige ist und sich dann auch danach richtet.

Körperliche Entspannung beeinflußt sowohl Körper als auch Gefühl. Eine junge Tennisspielerin, die zum erstenmal in Wimbledon auf dem Center Court gegen Martina Navratilova spielen muß, ist verständlicherweise nervös. Für sie ist es vielleicht wichtig, daß sie sich in der letzten Stunde vor dem Spiel nur entspannt, damit sie sich psychisch nicht verausgabt. Auf der anderen Seite muß die hoch eingeschätzte Spielerin darauf achten, daß sie vor dem Spiel gegen einen talentierten Neuling nicht zu entspannt und deshalb beim Spiel vielleicht zu lässig ist. Sie sollte mit der psychischen Vorbereitung rechtzeitig anfangen und sich auf keinen Fall in der letzten Stunde vor dem Spiel nur entspannen.

Jedenfalls sollte jeder Spieler eine entspannte Grundhaltung einnehmen, wenn er seine psychischen Energien auf ein bevorstehendes Spiel konzentrieren will. Wenn man zu viele Spiele zu absolvieren hat und zwischendurch keine Zeit hat, sich richtig zu entspannen, muß sich das letzten Endes negativ auf die Leistung auswirken und kann sogar dafür verantwortlich sein, daß man sich leichter verletzt.

Viele Mannschaftssportler haben Schwierigkeiten, einen inneren Ruhepunkt zu finden. Träume sind für den Menschen notwendig; ebenso kann man sagen, daß der Sportler sich nur vernünftig gefühlsmäßig auf das Spiel vorbereiten kann, wenn er auf einen Zustand innerer Ruhe aufbauen kann und wenn er zu Beginn entspannt ist. Er muß nur den richtigen Zeitpunkt ermitteln, wann er mit der psychischen Vorbereitung beginnen sollte.

Manchmal ist das, was einem Zuversicht vor einem Wettkampf gibt, rein intuitiv und unlogisch oder wird sogar als Aberglaube bezeichnet. Wenn es aber für den Erfolg der Sache wichtig zu sein scheint, daß man die Schuhe vor dem Hemd anzieht, warum nicht? Der Wert eines Rituals liegt darin, daß es eine bestimmte Stimmung hervorruft; für viele Sportler gehören Rituale zur Vorbereitung auf den Kampf. Ein Spieler glaubt, daß er nur dann gut spielen wird, wenn er als letzter den Umkleideraum verläßt; ein Rugbyteam aus Neuseeland kennt einen bestimmten Tanz und Sprechgesang, mit dem es sich auf ein Spiel vorbereitet. Manche Basketballmannschaften bilden vor dem Beginn des Spiels einen Kreis und strecken eine Hand zum gemeinsamen Händedruck in die Mitte, Volleyballspieler finden sich zusammen und beschwören gemeinsam den Sieg.

Zu den gefühlsmäßigen Vorbereitungen gehören auch Methoden, die schon im ersten Kapitel beschrieben wurden: das Identifizieren von hilfreichen und behindernden Aspekten des Spielortes; das Bewußtmachen von Gefühlen, die einen vom Wettkampf ablenken. Am besten beschäftigt man sich mit den störenden Faktoren gleich nach der Entspannungsperiode oder nach der Ankunft am Spielort. Übermäßige Nervosität kann man durch ähnliche Methoden bekämpfen wie ablenkende Faktoren; in Kapitel 6 gehen wir noch genauer darauf ein. Die Visualisierungen selbst finden natürlich mit Hilfe der rechten Hirnhälfte statt, aber man kann den richtigen Ort und die richtige Zeit dafür mit der analytischen, der linken Hirnhälfte planen.

Bei der gefühlsmäßigen Vorbereitung kann man auch die linke Hirnhälfte zu Hilfe nehmen, um die Zuversicht während des Spiels aufrechtzuerhalten. Ein berühmtes Beispiel für ein außerordentlich gründliches Vorbereiten ist Arthur Ashe, der 1975 beim Finale in Wimbledon Jimmy Connors schlug. Connors war erst 22 und Wimbledon-Sieger, und man nahm an, daß er den Titel noch ein paar Jahre erfolgreich verteidigen würde. Von Borg und McEnroe wurde noch nicht gesprochen, von Becker wußte noch niemand. Man gab Ashe nur geringe Chancen, aber er hatte sich auf dieses Spiel bis ins letzte Detail vorbereitet, körperlich, emotional und mental. Er beschrieb in einem Interview sein letztes entscheidendes Aufschlagspiel: «Auch das hatte ich schon geplant; ich wußte genau, wie mein Aufschlagspiel aussehen würde, falls ich so weit kommen würde. Es ist ein sehr aufregender, weil entscheidender Moment, und man ist weniger nervös, wenn man vorher weiß, was man tun muß.»

Mentale Vorbereitung

Einige Tage vor einem Spiel sollte man entscheiden und am besten aufschreiben, *was* man bei diesem Spiel erreichen möchte und *wie* man dieses Ziel erreichen könnte.

Individualsportler wie Radfahrer, Turner, Schwimmer oder Leichtathleten, bei denen Erfolge nach Punkten oder Zeiten gemessen werden, kennen oft ihre kurz- und langfristigen Ziele genau und führen auch meistens Buch über Erfolge und Mißerfolge in einer Saison. Bei Mannschaftssportarten werden solche Ziele anscheinend oft nicht gesetzt, und Ziele für die ganze Mannschaft werden oft mit Zielen für den individuellen Spieler verwechselt oder gleichgesetzt. In Wirklichkeit kann aber die Zielsetzung für die Mannschaft als Einheit nur der Ausgangspunkt für das geistige Vorbereiten des einzelnen auf das Spiel sein. Der einzelne muß entscheiden, wie er seine Fähigkeiten am besten einsetzen kann, um der Mannschaft zu helfen, ihr Ziel zu erreichen.

Bei unserer langen Zusammenarbeit mit der Fußballmannschaft von Tottenham Hotspur stellten wir gleich zu Anfang fest, daß Manager und Trainer zwar Einzelleistungen kommentierten und auch hin und wieder eine Trainingsstunde für individuelles Training ansetzten; wenn wir aber einen Spieler fragten, welches Ziel er beim nächsten Spiel erreichen wolle, antwortete er nur: «Gewinnen!» Wenn wir weiter fragten: «Gut und wie werden Sie das bewerkstelligen?» war die Antwort: «Wir werden uns die ersten zwanzig Minuten auf die Verteidigung konzentrieren und danach die Initiative ergreifen.» Wenn wir daraufhin sagten: «In Ordnung, aber was werden *Sie* dafür tun?», fing er endlich an zu überlegen und beschrieb schließlich auch, was er an seinem Platz tun würde, um der Mannschaft zum Sieg zu verhelfen.

Die individuelle Vorbereitung wird auch davon abhängen, worin die langfristigen Ziele bestehen, die man sich persönlich gesetzt hat, welche Fortschritte man in der nächsten Saison machen will. Zum Beispiel hat man während des Trainings und auch schon während der Spiele vielleicht besonders an der Zusammenarbeit mit einem anderen Spieler gearbeitet und möchte jetzt gern einen bestimmten Spielzug, der den Mitspieler einschließt, in das Spiel einbauen. In der geistigen Vorbereitung sollte man sich deshalb als sekundäres Ziel vornehmen, das Geübte bei der passenden Gelegenheit auch anzuwenden.

Im Idealfall sollten individuelle lang- und kurzfristige Ziele im Gespräch mit dem Trainer festgelegt werden, der dann auch eventuelle Fortschritte registriert. Falls der Trainer dafür nicht zur Verfügung steht, kann man sich seine Ziele auch allein setzen und dann einen Kameraden bitten, darauf zu achten, ob man ihnen während des Spiels näher gekommen ist.

Es ist wichtig, daß man sich in seinen Überlegungen nicht einschränkt, wenn man seine persönlichen Ziele finden möchte. Dabei hilft es, wenn man sich verschiedene Fragen stellt, zum Beispiel: «Was halte ich von meinem Spiel? Was will ich in dieser Saison besser machen? Wie kann ich persönlich meiner Mannschaft zum Sieg verhelfen, und zwar im Rahmen der festgelegten Taktik für das nächste Spiel?» und so weiter. Wenn ein Stürmer eines Hockeyteams meint, daß er aggressiver spielen sollte, sollte er sich präzise fragen, auf welche Weise, wie oft und wann er aggressiver sein sollte. Vielleicht nimmt er sich dann vor, den Ball mindestens fünfmal in der ersten Halbzeit in den Strafraum zu bringen und kann dann leicht überprüfen, ob er diesen Vorsatz auch einhält.

Besonders bei Mannschaftsspielen ist es sinnvoll, daß der Trainer eine komplexe schriftliche Analyse eines Spiels macht, wenn er hinterher mit den einzelnen Spielern über ihre Leistung sprechen möchte. Beim Fußball ist es so gemacht worden, daß ein Assistent des Trainers durch Linien auf dem Papier einem bestimmten Spieler in seiner Bewegung gefolgt ist. Ein Volleyballtrainer hat uns beigebracht, wie man notieren kann, wie gut jeder Spieler eine Aufgabe annimmt und den Ball zum Steller weiterspielt:

Annehmen der Aufgabe

	Gut	Mittel	Schlecht
Michael	II	IIII II	III
Thomas	I	IIII I	I
Gerd	I	IIII	IIII
Wolfgang	IIII I	II	I
Burghard	III	IIII	III
Andreas	IIII	IIII IIII	I
Georg	I	II	I
Matthias		I	I

Je genauer man seine Ziele formuliert hat, desto mehr kann man aus der Analyse des Spiels hinterher lernen. Wenn das Ziel nur darin besteht, daß man gewinnen will, dann bringt einen selbst ein gewonnenes Spiel nicht viel weiter. Wenn man versagt hat, kann man die Niederlage nicht logisch analysieren und so erträglicher machen, weil man seine analytische linke Hirnhälfte nicht auf eine solche Aufgabe vorbereitet hat. Und wenn der Gegner so schwach ist, daß einem der Sieg in den Schoß fällt, dann kann man sich mehr darüber freuen, wenn man auch etwas aus diesem Spiel lernt, wenn man hinterher wenigstens analysieren kann, warum man gewinnen mußte. Man muß nicht nur gewinnen wollen, sondern sich genau darüber klarwerden, *wie* man gewinnen will. Das Ziel sollte außerdem *realistisch* sein. Wenn es von vornherein ziemlich sicher ist, daß man nicht gewinnen wird, muß man sich ein sekundäres Ziel setzen, zum Beispiel, wie man diesmal einen bestimmten Aspekt der eigenen Leistung verbessern wird.

Ein Beispiel:

Vor ein paar Jahren, als einer der Autoren (John Syer) Trainer des schottischen Volleyballteams war, sah sich das Team bei den Europameisterschaften dem Weltmeister Tschechoslowakei als erstem Gegner gegenüber. Es war dem Trainer klar, daß er seine Spieler nicht ohne ein sekundäres Ziel antreten lassen konnte, weil sie höchstwahrscheinlich verlieren würden. Wenn sie sich aber nur auf ihr primäres Ziel «Gewinnen» konzentrieren würden, würde ihr Selbstbewußtsein bei einer Niederlage einen schweren Schlag erleiden. Spieler, die von vornherein Zweifel daran haben, daß sie das (unausgesprochene) Ziel erreichen können, wirken sich negativ auf die ganze Mannschaft aus, und diejenigen, die aus übermäßigem Selbstvertrauen an einen Sieg glauben, können sehr schwer mit einer Niederlage fertig werden.

In unserem Beispiel also rief der Trainer seine Spieler zusammen und überlegte gemeinsam mit ihnen, was man selbst aus einem verlorenen Spiel noch an Gewinn ziehen könne. Sie rechneten aus, daß die gegnerische Mannschaft mindestens 45mal korrekte Aufgaben machen mußte, um zu gewinnen, und beschlossen deshalb, beim Training besonders die Annahme der Aufgaben zu üben. Der Trainer würde dann während des Spiels registrieren, welche Spieler die geübte Fertigkeit besonders gut angewendet hatten.

Die schottische Mannschaft verlor 15 : 1, 15 : 2, 15 : 1; die Tschechen machten mit der schottischen Verteidigung kurzen Prozeß, aber das Spiel war spannend und wurde auch von den Zuschauern so empfunden. Die Annahmen der gegnerischen Aufgaben waren so gut, daß die schottische Mannschaft selbst ein paarmal in der Angriffsposition war und die Aufgabe ein paarmal gewann. Das Spiel dauerte 40 Minuten und nicht 30 wie erwartet. Und hinterher im Umkleideraum konnte man wenig Enttäuschung spüren; statt dessen wollten alle Spieler wissen, wie sie denn bei ihrem sekundären

Ziel, dem korrekten Annehmen der Aufgaben, abgeschnitten hatten. Am nächsten Tag gewannen sie gegen alle Erwartungen beinahe das Spiel gegen die Türkei.

Wenn einem der Sieg sicher ist, sollte man seine Ziele höhersetzen und technisch an seinem Spiel etwas zu verbessern versuchen, was man bisher noch nicht besonders gut beherrscht. Eine solche Planung hilft einem dabei, sich während des Spiels zu konzentrieren, weil man sich einer Herausforderung gegenübersieht, auch wenn man sie sich selbst gestellt hat. Das Spiel ist interessanter, und der bessere Sportler kann sich auch über einen leichten Sieg freuen, wenn er die Sekundärziele erreicht hat, die er sich selbst gesetzt hatte.

Rückblickende Nachbereitung

Wenn man ein paar Tage später das Spiel noch einmal daraufhin durchgeht, was man dabei dachte, fühlte und in welcher körperlichen Verfassung man war, sollte man auch die Tage, die seit dem Spiel vergangen sind, in diese Überlegungen mit einschließen. Alles, was einem dabei geholfen hat, sich nach den Aufregungen des Spiels wieder zu normalisieren, alles, wodurch offene Fragen beantwortet wurden, sollte zu einer solchen Wiederholung dazugehören. Bei der *Vorbereitung* auf ein Spiel sollte man erst mentale und danach körperliche und emotionale Aspekte beachten; beim *Rückblick* auf die Geschehnisse sollte man erst Körperliches und Emotionales berücksichtigen und danach das vergangene Spiel logisch durchdenken.

Körperliche Nachbereitung

Zu körperlichen Aktionen und Reaktionen nach dem Spiel gehören Cooldown-Übungen, das Duschen hinterher, Entspannung, Schlaf, Essen, Trinken und die eventuelle Behandlung von Verletzungen. Auch das Säubern, Überprüfen und Reparieren der Sportausrüstung gehört in diese Kategorie.

Nach jeder sportlichen Betätigung ist es notwendig, daß der Körper langsam wieder zu seinem Normalzustand zurückfindet. Wenn man nach dem Training oder Wettkampf immer der erste in der Kneipe ist, gibt man seinem Körper wahrscheinlich nicht genug Zeit, sich von den Anstrengungen zu erholen und wird deshalb zum Beispiel anfälliger für Verletzungen.

Emotionale Nachbereitung

Hierzu gehört alles, was einem dabei hilft, die Gefühle zu verarbeiten, die durch den Wettkampf hervorgerufen wurden, gleichgültig, ob es sich dabei um Ärger, Hochstimmung, Enttäuschung, Frustration oder Erregung handelt. Eine Mahlzeit zusammen mit anderen gehört auch in diese Kategorie, weil man dabei im gemeinsamen Gespräch psychische Anspannung abbauen kann. Viele Mannschaften gehen nach einem Spiel zusammen in eine Kneipe, wo sie mit einem gewissen Abstand über das Spiel sprechen und bestimmte Aspekte noch einmal gemeinsam durchleben und so verarbeiten können.

Es gibt unendlich viele Möglichkeiten, wie man nach einem Spiel sein seelisches Gleichgewicht wiedergewinnen kann. Ein Tennisspieler antwortete auf die Frage, was er nach einem verlorenen Spiel gemacht habe: «Ich habe meinen Schläger verbrannt» und machte so deutlich, daß nicht alle Methoden unbedingt friedlich sind. Manche sind nach einer Enttäuschung so wütend und frustriert, daß sie bei der kleinsten Provokation explodieren oder in Tränen ausbrechen. Fairerweise muß man aber auch sagen, daß dieselben Menschen ihrer Freude und Begeisterung ebenso deutlich Ausdruck geben können.

Andere finden, daß sie ihr Gleichgewicht wiedererlangen, wenn sie zum Tanzen gehen, wenn sie singen, kochen, fernsehen oder im Garten arbeiten. Manche Spieler können ein Spiel vollkommen hinter sich lassen, sobald sie wieder zu Hause bei ihrer Familie sind, andere können sich besser abreagieren, wenn sie ein Stück allein spazierengehen. Wichtig ist, daß man sich seiner Gefühle nach einem Spiel bewußt wird und lernt, wie man – ob nach einem Sieg oder einer Niederlage – sein seelisches Gleichgewicht wiedergewinnt.

Wir arbeiteten mit einem Sportler, der Schwierigkeiten hatte, sich nach einem Spiel zu entspannen. Wir sprachen ausführlich mit ihm, und im Gespräch wurde ihm plötzlich deutlich, daß er es sich abgewöhnen mußte, nach dem Spiel mit den Kameraden in die Kneipe zu gehen und endlos das Spiel zu diskutieren. Statt dessen schien es für ihn besser zu sein, nach Hause zu gehen und mit Frau und Kindern zusammen zu sein. Er war bisher nach dem Spiel immer mit den anderen in die Stammkneipe gegangen, auch weil er sich da mit seiner Frau verabredet hatte; wenn er aber erst einmal da war, hatte er sich nicht so schnell wieder lösen können. Und doch fand er die richtige seelische Erholung zu Hause und konnte dort die Restanspannung loswerden, die ihn sonst immer gestört hatte.

Die gefühlsmäßige Wiederholung sollte gleich nach Beendigung des Spiels beginnen; häufig hilft es, wenn der Trainer sich unter die Spieler mischt und sie ermutigt, ihren Gefühlen Ausdruck zu verleihen. «Wie denkt ihr über das Spiel», sagt er vielleicht und meint damit: «Was fühlt ihr, wenn ihr an das Spiel denkt?» – «Was denkt ihr» wäre eine zu vage Frage für die analytische Diskussion, die ein paar Tage später stattfindet, aber direkt nach dem Spiel kann sie die Spieler dazu bringen, ihren Gefühlen Luft zu machen. Niemand erwartet zu diesem Zeitpunkt eine logisch durchdachte Antwort, auch der Manager nicht. Das hat Zeit.

Mentale Nachbereitung

Hierzu gehört, daß man überlegt, auf welche Weise und inwieweit man die Ziele erreicht hat, die man sich vor dem Spiel gesetzt hatte. Wenn man sie alle wahrmachen konnte, hatte man sich dann zu wenig vorgenommen? Auch wenn man im allgemeinen mit sich zufrieden war, was hätte trotzdem besser gemacht werden können? Und wenn man hoffnungslos versagt hatte, gab es nicht doch das eine oder andere an der Leistung, womit man zufrieden sein, was man vielleicht, wenn auch widerstrebend, als Erfolg bezeichnen könnte? Man kann aus jeder Leistung lernen, ob gut oder schlecht, und kommt dabei immer einen Schritt vorwärts.

Unmittelbar nach dem Spiel oder Wettkampf ist beinahe jeder emotional aufgeladen. Man kann dann nicht objektiv sein und kann nicht erkennen, was auch trotz einer Niederlage noch gut war oder was bei einem Sieg noch besser hätte gemacht werden können. Die mentale Nachbereitung sollte erst durchgeführt werden, wenn die körperliche und emotionale abgeschlossen ist, zum Beispiel zwei Tage später, etwa am Montag, wenn am Samstag das Spiel war.

Eine sachliche Diskussion mit Trainer und Kameraden ist dann möglich; da die Sportler aber gefühlsmäßig nicht mehr so involviert sind, kann es schwierig sein, eine gute Diskussion über das vergangene Spiel in Gang zu bringen. Der Trainer oder der Leiter der Diskussion muß den richtigen Zeitpunkt dafür auswählen und muß die Diskussion mit Phantasie und Flexibilität führen. Methoden dafür werden in Kapitel 8 ausführlich beschrieben.

Eine Profi-Mannschaft, die am Samstag ein Spiel hatte, beginnt am Montag am besten das Training mit einem mentalen Rückblick auf das letzte Spiel. Der Trainer fragt zum Beispiel: «Was wollten wir erreichen?» und später: «Wie nah sind wir unserem Ziel gekommen?» Im allgemeinen wird sich dann bei der Diskussion ein bestimmter Aspekt herauskristallisieren, der Grundlage für das folgende Training und für die taktischen Änderungen für das nächste Spiel sein sollte.

Je präziser man das Ziel definiert hat, desto leichter kann man beurteilen, ob man dieses Ziel erreicht hat. Es ist wichtig, daß der Sportler erst seine persönliche, subjektive Meinung äußern kann; durch die schriftlich festgehaltene Leistungsanalyse oder das objektive Urteil eines Freundes aber kann er dann davon überzeugt werden, daß er bestimmte Dinge verändern sollte, auch wenn er ursprünglich anderer Meinung war.

Man kann durch jede Leistung etwas lernen und sollte deshalb sowohl Siege als auch Niederlagen hinterher durchsprechen. Wichtig ist, daß man sich *zuerst* darüber klarwird, was gut und richtig gemacht wurde, bevor man anfängt zu kritisieren.

Die mentale Nachbereitung geht dann selbstverständlich in die Vorbereitung auf das nächste Spiel über. Aufgrund dessen, was man aus der Wiederholung gelernt hat, kann man sich neue Ziele setzen.

Vorbereitung und Nachbereitung für den Trainer

Wir haben schon vorgeschlagen, daß der Trainer die Vorbereitungen der Mannschaft überwachen und die Aufzeichnungen der Sportler kontrollieren sollte. Er muß aber auch Methoden finden, wie er sich selbst am besten vorbereitet und eine Nachbereitung *seiner* Rolle als Trainer durchführt; wie *er* sich auf ein Spiel seiner Mannschaft vorbereitet und danach sein Gleichgewicht wiedergewinnt. Auch davon hängt ab, ob er ein guter, ein mittelmäßiger oder ein schlechter Trainer ist. Als Mannschaftstrainer muß er Vorbereitungen für das Spiel und die Besprechungen hinterher für die ganze Mannschaft übernehmen. Mannschaftstraining an den Tagen vor dem Spiel und Übungen zum Aufwärmen am Spieltag selbst gehören offensichtlich zu den körperlichen Vorbereitungen, die der Trainer gründlich planen sollte. Er muß aber meist auch noch entscheiden, wie seine Mannschaft an den Spielort gelangt, ja sogar, was sie essen und wann sie schlafen soll.

Um seine Sportler gefühlsmäßig auf ein Spiel vorzubereiten, wird er alles tun, was den Mannschaftsgeist und Zuversicht stärken kann. Die beste Zeit dafür ist meistens das letzte Treffen direkt vor dem Spiel. Die mentale Vorbereitung der Mannschaft auf das Spiel wird im allgemeinen auch während der Zusammenkünfte stattfinden, bei denen man sich über die nächsten Ziele und die dazu nötigen Taktiken klarwird. Diese Entscheidungen sind auch wichtig für die langfristigen Ziele, die über das nächste Spiel hinausreichen.

Meistens ist nicht der Trainer selbst, sondern sind andere Organisatoren dafür verantwortlich, daß nach dem Spiel für das leibliche Wohl der Sportler gesorgt wird, daß heiße Duschen zur Verfügung stehen, Ernährung und der Transport nach Hause geregelt ist.

Emotionaler und mentaler Rückblick findet für die gesamte Mannschaft meistens während der Zusammenkünfte statt, nachdem der einzelne Gelegenheit hatte, seine persönlichen Reaktionen auf das vergangene Spiel für sich zu verarbeiten. Wenn die Moral oder der Mannschaftsgeist durch die letzte Niederlage gelitten haben, sollten alle dazu aufgefordert werden, ihre Enttäuschung über Mitspieler oder Trainer frei zu äußern. Unzufriedene Spieler, die ihrem Ärger nur privat Luft machen, schaden dem Zusammengehörigkeitsgefühl. Solche Gefühle müssen im Rahmen eines Mannschaftstreffens sorgfältig untersucht werden. Wenn solche Streitpunkte und Beschwerden aber offen behandelt werden, können Dinge in einem neuen Licht gesehen werden und den Mannschaftsgeist stärken.

Unserer Erfahrung nach kann ein überwältigender Sieg dem Mannschaftsgeist abträglicher sein als eine katastrophale Niederlage, vielleicht, weil ein Zusammengehörigkeitsgefühl im Angesicht einer schwierigen Aufgabe häufig besonders stark ist. Wenn ein Ziel erreicht ist, müssen neue Ziele gesetzt werden, sonst läuft die Mannschaft Gefahr, zu einer Gruppe von selbstzufriedenen Individuen zu werden. Dieses Thema wird in Kapitel 8 genauer behandelt.

Bei der mentalen Wiederholung im Rahmen eines Mannschaftstreffens wird man gemeinsam überlegen, inwieweit man die Ziele erreicht hat, die man sich als Mannschaft gesetzt hatte. Die erste Frage des Trainers wird sein: «Wer kann sagen, welches Ziel wir für dieses Spiel hatten?», und die zweite: «Inwieweit haben wir dieses Ziel erreicht?» Es sind dieselben Fragen, die sich der einzelne schon in bezug auf seine persönlichen Ziele gestellt hatte.

Symbolisch-bildhafte Sprache

Analytisches Denken der linken Hirnhälfte kann einem auch dabei helfen, Schlagworte zu finden, die eine positive Einstellung hervorrufen und damit auch die Leistung positiv beeinflussen. Man unterscheidet mindestens drei verschiedene Kategorien dieser symbolisch-bildlichen Ausdrucksweise: Affirmationen, symbolisch-bildhafte Ausdrücke, Slogans.

Affirmationen / Bekräftigungen

Darunter versteht man zum Beispiel einen bekräftigenden Satz, der das Vertrauen in die eigenen Fähigkeiten steigert und den man sich deshalb in den Tagen vor dem Wettkampf immer wieder vorsagt. Die bekannteste Affirmation in der Geschichte des Sports ist wahrscheinlich der von Muhammad Ali geprägte Ausspruch: «Ich bin der Größte!» Nicht nur er glaubte, was er sagte, sondern auch Millionen von Zuschauern in der ganzen Welt wurden davon überzeugt.

Die wirkungsvollsten Affirmationen sind die, die spontan in der eigenen Rede auftauchen. Man spricht zum Beispiel über einen vergangenen Wettkampf und wird sich dabei bewußt, daß man gewisse Aspekte davon doch entweder wieder so gut wie früher beherrschen möchte, mehr Wert darauf legen sollte oder sie verbessern möchte. Der Sportpsychologe, der Trainer oder auch Sportkameraden, die an dem Gespräch beteiligt sind, müssen darauf achten, wie der Betreffende über diese Aspekte seiner Leistung spricht, ob entmutigt oder selbstbewußt, und wenn nötig, ihm dabei helfen, das Gesagte in positive Aussagen umzuwandeln. Wenn ein Fußballspieler zum Beispiel sagt: «Ich müßte mich mehr am Gespräch beteiligen und müßte auch mehr Verantwortung im Spiel übernehmen», kann man das umformulieren in «ich beteilige mich mehr am Gespräch und übernehme mehr Verantwortung im Spiel». Ein anderer Sportler war sehr beeindruckt, als er den berühmten Herzchirurgen Christiaan Barnard sagen hörte: «Der Mensch kann alles erreichen, was er sich nur in seiner Phantasie vorstellen kann» und machte daraus seine eigene Affirmation: «Ich kann alles erreichen, was ich mir vorstellen kann».

Viele Affirmationen sind besonders wirkungsvoll, weil sie sehr bildhaft und dadurch besonders eindringlich sind. Schlüsselerlebnisse werden häufig auf eine sehr farbige Weise beschrieben, besonders wenn man gerade mit geschlossenen Augen in einem entspannten Zustand sein mentales Training durchführt. Der Zuhörer sollte Papier und Bleistift zur Hand haben, denn häufig kann er auf seine Frage, was der andere denn *gefühlt* habe, als man die visualisierte Aktion durchführte, interessante Antworten bekommen.

Zum Beispiel hatte Steve Archibald, englischer Fußballnationalspieler, den Eindruck, daß er die Kontrolle über den Ball verloren hatte. Als er später ein früheres Spiel visualisierte, bei dem er noch die gewünschte Kontrolle besessen hatte, sagte er plötzlich spontan: «Ich fühle mich wie ein König.» Nach der Visualisierung erinnerten wir ihn an diesen Satz, und er baute ihn in sein mentales Training für die folgende Woche ein. Auf diese Weise konnte er immer schnell das Gefühl wieder hervorrufen, das er hatte, als er den Ball unter Kontrolle hatte.

Wenn man herausgefunden hat, welche Affirmation für einen besonders wirkungsvoll ist, sollte man sich diesen Satz auf eine Karte schreiben und diese Karte dann an einer Stelle anbringen, die einem oft ins Auge fällt. Jedesmal, wenn man sich dann diesen Satz vorsagt, stellt sich das Gefühl ein, was man für eine bestimmte Leistung braucht.

Symbolisch-bildhafte Ausdrücke

Die linke Hirnhälfte wählt ein einzelnes Wort als Symbol, das eine bestimmte Fähigkeit oder Qualität eines Sportlers oder der Mannschaft zum
Ausdruck bringt. Wie auch bei der Affirmation ist es wichtig, daß der
Sportler selbst (oder das Team) dieses Wort intuitiv findet.
Bei einer Diskussion überlegten sich eine Fußballmannschaft und ihr Trainer, was die letzten gewonnenen Spiele ausgezeichnet hätte. Das Wort
«kämpfen» wurde spontan immer wieder gebraucht und tauchte auch beim
Training immer wieder auf. Beim letzten Gespräch vor dem nächsten Spiel
betonte der Trainer das Wort «kämpfen» und «kämpferisch» besonders, es
hatte für die Mannschaft eine anspornende Funktion übernommen. Der
Assistenztrainer hatte zudem noch richtig vermutet, daß der Pokal selbst,
um dessen Verteidigung es ging, eine starke symbolische Verbindung zu
dem Wort «kämpfen» hatte. Er zeigte ihn den Spielern vor dem Spiel, und
sie waren derartig motiviert, daß ihrem Sieg nichts mehr im Wege stand.
Als der Boxer Marvin Hagler für seine erfolgreiche Verteidigung des Welt-
meistertitels im Mittelgewicht gegen Tony Sibson trainierte, beschrieb er,
wie er sich psychisch auf einen Kampf vorbereitet: «Erst brauche ich den
Namen. ‹Sibson› wurde zum magischen Wort. Er geht mir nie aus dem Sinn;
ob ich laufe, ob ich trainiere, ich sehe ihn immer vor mir.» Für Hagler
wurde der Name Sibson zum Reizwort.

Slogans

Viele Sportler und Trainer wissen instinktiv, daß in dem Satz «Dem Gedanken folgt die Tat» Wahrheit liegt. Der Trainer von Joe Frazier und Ken
Norton hämmerte beiden vor ihrem Sieg gegen Muhammad Ali immer wieder ein: «Setze ihn unter Druck!»
Ein früherer Fußballtrainer hat eine Reihe von Schlagworten geprägt, die
besonders wirksam sind: «Spiele in die Richtung, in die du schaust»; «der
Mann ohne Ball macht das Spiel»; «mitmachen-loslassen»; «ein Ball nach
hinten, der nächste nach vorn»; «laß den Ball arbeiten.»

Wenn die linke Hirnhälfte im Weg ist

Analytische Überlegungen vor und nach einem Spiel sind immer gut. Schwierigkeiten gibt es nur, wenn man mitten drin anfängt, seine Leistung zu analysieren.

Timothy Gallwey beschreibt in seinen Büchern über das «Innere Spiel» genau, wie ein solcher Prozeß abläuft. Er personifiziert analytisches Denken *während* der Leistung mit «Selbst 1»; das ist die innere Stimme, die uns mitten im Tennisspiel ermahnt zu entspannen, durchzuschwingen, diesen Punkt zu gewinnen, gut zu spielen, weil der Vater zuschaut und so weiter. «Selbst 1» macht uns unweigerlich nervös und unterbricht den Fluß des Spiels. Für diesen Fluß zu sorgen ist die wichtigste Aufgabe von «Selbst 2», das keine Worte kennt und doch genau weiß, was zu tun ist und wie man es tun muß, aber nur, wenn es nicht gestört wird. «Selbst 1» entsteht in der linken Hirnhälfte, «Selbst 2» in der rechten.

Gallwey weist weiter darauf hin, daß «Selbst 1» zwar immer und überall sein Urteil abgeben will, daß man es aber mit der leichtesten Aufgabe ablenken kann. Wenn man es zum Beispiel fragt, wie hoch der Ball über das Netz geflogen ist, wird es sich lange mit dieser Frage beschäftigen; man kann es mit der Aufgabe ablenken, darauf zu achten, wann genau der Ball aufgeprallt ist oder vom Schläger getroffen wurde; inzwischen kann «Selbst 2» ungestört sein intuitives, fließendes Spiel spielen. Gallwey verlangt deshalb von seinen Schülern, daß sie jedesmal die geschätzte Höhe des Balls laut ausrufen, wenn er sich genau über dem Netz befindet, jedesmal den Aufprall des Balls laut verkünden wie auch den Moment des Zuschlagens. «Selbst 1» hat mit all diesen Informationen so viel zu tun, daß «Selbst 2» ungestört zeigen kann, wie fließend es wirklich spielen kann.

Das gilt natürlich nicht für den Trainer; er muß das Spiel analytisch beurteilen. Gallwey weist allerdings nachdrücklich darauf hin, daß der Trainer dem Spieler während des Spiels keine direkten Anweisungen geben sollte, wenn er merkt, daß der immer wieder dieselben technischen Fehler macht. Das würde «Selbst 1» nur noch mehr bestätigen, und es wird so laut fordern: «Durchschwingen, durchschwingen», daß das flüssige Spielen von «Selbst 2» ganz verschwindet.

Wenn «Selbst 1» ohne zu urteilen zuschauen kann, ist «Selbst 2» nicht behindert. Der Trainer kann also in einem solchen Fall ruhig fragen, wie weit sein Spieler denn durchschwingt, ohne damit auszudrucken, was richtig wäre. Der Spieler kann sich dann des Gefühls bewußt werden, was er hat, wenn er durchschwingt und intuitiv an dieser Bewegung etwas verändern, wenn es ihm nötig erscheint. Das kinästhetische Gefühl hängt eng mit der intuitiven rechten Hirnhälfte zusammen, ebenso wie mit dem Visualisierungsprozeß, den wir in Kapitel 4 beschrieben haben.

6 Umgehen mit Anspannung und Nervosität

Psychische Faktoren können eine sportliche Leistung steigern oder behindern. Positive Gefühle können einen dazu anstacheln, sein Bestes zu geben; wenn aber aus erwartungsvoller Erregung nervöse Anspannung oder aus Aggressivität Wut wird, fängt man häufig an, Fehler zu machen.

Wenn die nervöse Anspannung so stark ist, daß man sie nicht mehr als positiven Vorstartzustand bezeichnen kann, gibt es Methoden, sie so weit abzubauen, bis sie wieder eine positive Funktion haben kann. In diesem Kapitel zeigen wir auf, wie eine beängstigende Situation, eine schreckliche Tortur wieder zu einer spannenden Herausforderung werden kann.

Nervosität und Anspannung

Sport wird für Zuschauer wahrscheinlich dann besonders interessant, wenn der Sportler nicht nur eine gute Leistung zeigt, sondern auch bestimmte positive Gefühle ausdrückt wie Entschlossenheit, Freude am Sport und ein Zusammengehörigkeitsgefühl mit der Mannschaft. Man kann sein Potential nicht ganz verwirklichen, wenn man in seine Leistung außer körperlicher und geistiger Kreativität nicht auch Emotionen mit einbringt. Körperliche und geistige Fähigkeiten brauchen emotionelle Stärke als treibende Kraft. Manchmal allerdings kann die Leistung durch ein Gefühl auch übermäßig negativ beeinflußt werden, vor allen Dingen, wenn es sich dabei um nervöse Anspannung handelt.

Sportler werden von nervöser Anspannung unterschiedlich stark beeinflußt. Wir haben schon festgestellt, daß dieses Gefühl ein notwendiger Teil des Vorstartzustands ist, und häufig ist es schwierig, nervöse Anspannung von der allgemeinen Erregung zu trennen. Wenn der Sportler allerdings übermäßig erregt und angespannt ist, kann der ängstlich-nervöse Anteil an diesem Gefühl der Leistung negativ beeinflussen. Viele Sportler haben es gelernt, ihre Gefühle so zu regulieren, daß sie sich immer kurz vor dem Stadium des übermäßigen Erregtseins befinden, diese Emotionen aber nicht in negative, ängstliche Nervosität umschlagen.

Etwas anderes ist die nervöse Angst nach einem traumatischen Erlebnis. Dazu gehört die Erinnerung an eine Verletzung oder auch an ein wichtiges Spiel, das man auf eine besonders quälende Weise verloren hat. Einer der Autoren (John Syer) war Angreifer in einer Volleyballmannschaft, als er sich eine Verletzung zuzog. Die Pfosten des Netzes waren mit kleinen Metallvorrichtungen am Boden befestigt, und mitten im Spiel landete er mit dem linken Fuß auf einem dieser vorstehenden Metallstücke. Beinmuskeln und Gelenk waren so stark gezerrt, daß das Bein drei Wochen in Gips bleiben mußte. Aber selbst viel später, als das Bein längst geheilt war, stellte er fest, daß er den Ball nicht mit der gewohnten Präzision und Schnelligkeit schlagen konnte, wenn er in der Nähe des Pfostens war. Die Erinnerung an den Unfall beeinflußte ihn, wenn auch unterbewußt.

Ein professioneller Golfspieler bat uns um Rat, weil er unfähig war, einen guten Treibschlag gegen die Sonne zu schlagen. Es stellte sich heraus, daß er ein Jahr zuvor bei einem wichtigen Wettkampf, als er an der Spitze lag, den Ball gegen die Sonne abschlug und ihn völlig aus den Augen verlor. Dasselbe passierte noch zweimal; er brauchte zehn Schläge, um den Ball einzulochen, und an einen Sieg war nicht mehr zu denken. Die Erinnerung daran verließ ihn nicht; jedesmal, wenn er einen Treibschlag gegen die Sonne ausführen mußte, war er nervös und angespannt.

Jegliche Nervosität zieht körperliche Anspannung nach sich. Wenn Nervosität so stark ist, daß sie einen negativen Erregungszustand hervorruft, kann man die dazugehörige Anspannung neurotisch nennen. Manchmal kommt diese Anspannung daher, daß man sich emotionell zwischen Kampf- und Fluchtverhalten befindet, daß man einerseits davonlaufen, andererseits aber mitmachen möchte. Nervosität stimuliert das Fluchtverhalten, was aber wiederum durch den Wunsch, am Wettbewerb teilzunehmen, blockiert wird. Das Ergebnis ist so, als ob man beim Autofahren gleichzeitig auf Gaspedal und Bremse tritt.

Wenn man das Gefühl hat, in eine solche Sackgasse geraten zu sein, wird man sich oft seiner Umgebung besonders bewußt. Nervöse Anspannung läßt sich in vieler Beziehung mit Wut vergleichen, besonders darin, wie sie sich physisch zeigt: Ein wütender Mensch ist in seiner Anspannung blockiert und sieht nicht nur rot, sondern bekommt auch ein rotes Gesicht.

Interessant ist, daß das erhöhte Bewußtsein für die Umgebung manchmal auch dann erhalten bleibt, wenn sich diese übermäßige nervöse Anspannung gelöst hat. Es kann also passieren, daß ein Sportler in einer solchen Situation plötzlich besser spielt, als vorher, daß seine Bewegungen fließender werden und er anscheinend die Reaktionen des Gegenspielers schon erahnen kann.

Das Vermindern von Nervosität

Ein weiterer Beweis dafür, daß Körper und Geist stark voneinander abhängen, ist, daß man nicht gleichzeitig körperlich entspannt und innerlich angespannt sein kann. Mit der körperlichen löst sich auch die psychische Anspannung. Wenn man sich körperlich entspannen möchte, sollte man sich erst darüber klarwerden, welcher Körperteil sich verspannt anfühlt und sich dann durch langsames und tiefes Atmen entspannen. Wenn man extrem nervös und angespannt ist, sollte man sich als erstes fragen: *Wo bin ich nervös?* und darauf achten, welche Teile des Körpers besonders verspannt sind.

Ist dieses der Grund für die Nervosität, ist die Erkenntnis der erste Schritt auf dem Weg zu einer Verbesserung. Wenn man sich auf seine körperlichen Empfindungen dabei konzentriert, kann man einen gewissen Abstand von seinen Gefühlen gewinnen. Man sollte lernen, im voraus Situationen als solche zu erkennen, die einen nervös machen; dann kann man Methoden, wie man mit solchen Situationen fertig werden kann, entwickeln und so lange üben, bis man sie im Ernstfall sofort zur Verfügung hat. Das kann einem auch dabei helfen, solche Situationen zu vermeiden oder sie in Zukunft sogar zu seinem Vorteil zu nutzen.

Wenn man die Verspannungen im Körper lokalisiert hat, beginnt man, sich durch tiefes Atmen zu entspannen, vom Kopf ausgehend, sofern man sitzt oder steht und richtet dabei auf die entsprechenden Muskeln seine besondere Aufmerksamkeit. Wenn man dann entspannt, aber gleichzeitig aufmerksam ist, kann man durch verschiedene Visualisierungstechniken eine länger anhaltende Kontrolle über den eigenen Zustand gewinnen.

Es gibt eine Reihe von Möglichkeiten, wie man übermäßige Nervosität abbauen kann; immer kommt es darauf an, daß man körperliche Anspannung vermindert. Das kann allerdings sowohl durch mentale Methoden über die linke Hirnhälfte wie auch durch Visualisierungen über die rechte erreicht werden.

Der Einfachheit halber wollen wir hier Methoden besprechen, die man

in folgenden drei verschiedenen Situationen anwenden kann: übermä-
ßige Nervosität vor dem Wettkampf, übermäßige Nervosität während des
Wettkampfs, vor Situationen, die einen an ein vergangenes traumatisches
Erlebnis erinnern.

Vor dem Wettkampf

Vielleicht haben Sie schon eine bevorzugte Methode, wie Sie Ihre Nervosität vor einem Wettkampf abbauen können. Der Trainer einer Mannschaft
hat es oft schwer, weil offensichtlich nicht jeder Spieler die gleichen Methoden verwendet. Einige sind am liebsten allein, um ihr Gleichgewicht wiederzufinden; andere verlieren ihre Nervosität, wenn sie mit anderen zusammen sind; für einige ist es gut, wenn sie ihre Gefühle übertreiben, sie
ausdrücken, sich über sie lustig machen und so die Angst verlieren; andere
entspannen sich, indem sie ruhig und tief atmen.
Hier ist eine Auswahl von anderen, ähnlichen Methoden:

① *Mentales Üben von Fertigkeiten und Bewegungsabläufen*
Fertigkeiten, die man zu Anfang des Wettkampfs besonders braucht,
werden in einem mentalen Übungsprogramm zusammengestellt; nach
vorheriger Entspannung wird dieses Programm regelmäßig absolviert.

② *Positive Selbstdarstellung*
Wieder entspannt man sich dabei vorher und stellt sich dann vor, wie
man verschiedene sportliche Bewegungen durchführt und dabei eine
spezifische erwünschte Fähigkeit zeigt. Diese mentalen Übungen sollten kurz sein und hin und wieder von entspannenden Atemübungen
unterbrochen werden. (Siehe Kapitel 4, S. 82 ff: «Als wenn...»)

③ *Affirmationen*
Man sagt sich die Sätze vor, mit denen man sich auch in den Tagen vor
der Ausscheidung immer wieder Mut gemacht hat. Jeder Satz hebt eine
Stärke oder besondere Qualität der eigenen sportlichen Leistung hervor. Man kann diese verbalen Affirmationen auch mit Visualisierungen
derselben Fähigkeit abwechseln (siehe auch S. 72 ff).

④ *Einfaches körperliches Training einer bestimmten Bewe-*
   gungsfolge mit nachfolgender Bewertung
Man kann allein trainieren und sich vom Trainer beobachten und bewerten lassen, oder man macht die Übung zusammen mit einem Partner,
mit dem man auch während des Spiels zusammenarbeitet. Durch das

Üben mit einem Partner wird zusätzlich der Mannschaftsgeist noch gestärkt. Die Bewegungen sollten einem leichtfallen. Körperliche Bewegung allein löst häufig schon Anspannung und Nervosität.

⑤ Ziele unterteilen

Einer der Autoren (John Syer) war das erste Mal seit zehn Jahren wieder zum Skilaufen gefahren. Er mußte oft erleben, daß er die Abfahrt halb hinunterkam und sich dann vor einem steilen, vollkommen vereisten Buckelhang befand. Er stand dann wie festgenagelt, bis ihn sein Skilehrer fand und ihm immer wieder gut zuredete. Einmal gestand John, daß er Angst hatte, und der Skilehrer meinte: «Wenn du deine Angst auf einer Skala von 1 bis 10 einordnen müßtest, wo läge sie?» Ohne zu zögern, sagte John: «Bei 10.» – «In Ordnung», sagte der Skilehrer, «wieviel Angst hättest du, wenn du von hier bis zu dem Buckel fahren müßtest?» und zeigte auf einen, nicht allzu weit entfernt. «Hm», meinte John, «vielleicht 4?» – «Hältst du 4 aus?» fragte der Skilehrer. «Ja.» – «Na, dann wollen wir mal», meinte der Skilehrer.
Fritz Perls siedelt nervöse Anspannung zwischen dem Heute und der Zukunft an. Häufig merken wir, daß wir vor Dingen Angst haben, die irgendwo in einer undefinierbaren Entfernung liegen. Wenn wir uns auf den ersten Schritt konzentrieren und feststellen, daß wir wenigstens den ohne große Schwierigkeiten hinter uns bringen können, haben wir den Anfang schon gemacht. Danach stellt sich oft heraus, daß die weiteren Hürden auch nicht so unüberwindlich sind, wie man ursprünglich gedacht hatte. Auch wenn man noch nicht ganz bis zum Ende des Steilhangs blicken mag, so gibt es sicher einen weiteren Buckel, auf dessen Bewältigung man sich konzentrieren kann.

⑥ Angst in positive Erregung umwandeln

Spannung vor einem Wettkampf und Angst ähneln einander in der körperlichen Manifestation; man sollte also ausprobieren, ob es einem hilft, wenn man sich sagt: «Ich bin auf diesen Sprung oder diesen Skihang *gespannt*», statt daß man sich eingesteht: «Ich habe vor diesem Sprung *Angst*.» Wenn Angst in einer Situation nicht angebracht ist und in seiner emotionalen Stärke dem der Spannung entspricht, kann die unausgesprochene Affirmation: «Ich bin gespannt» Angst in gespannte Energie umwandeln.

⑦ Nervöse Anspannung in Energie umwandeln

Wir arbeiteten mit einer Sportlerin, die gegen eine Weltmeisterin antreten sollte. Ihr wurde deutlich, daß sie sich immer dann besonders negativ bewertete, machtlos und nervös fühlte, wenn sie gegen diese Frau antreten mußte. Sie verlor nicht nur jedesmal gegen sie, sondern war in ihren Leistungen weitaus schlechter als sonst. Es stellte sich heraus, daß für sie die andere alle Qualitäten besaß, die sie sich sonst selbst zugestand. Sie stellte sich also eine Visualisierungsübung zusammen, die sie «Aus Angst wird Energie» nannte. Sie stellte sich dabei die Weltmeisterin vor, wie sie von all ihrer Stärke und Energie wie durch ein Licht erleuchtet war. Dann sah sie sich daneben und sah das Licht aus der anderen in sich hineinfließen, das Licht, was alle die Qualitäten symbolisierte, die sie selbst besessen und an die andere ‹abgegeben› hatte. Sie fühlte, wie die andere schwächer und sie selbst stärker wurde, als ihre Energie in sie zurückkehrte. Bei der nächsten Ausscheidung gewann die andere zwar wieder, aber unsere Sportlerin war besser als je zuvor.

(8) Das Schlimmste erwarten

Manchmal hilft es, wenn man seine Angst in einem größeren Zusammenhang sieht. Es wirkt wie tiefes Durchatmen, wenn man seinen Körper von Verspannungen freimachen will. Wenn man sich zum Beispiel fragt: «Was wäre das Schlimmste, was mir jetzt passieren könnte?», geschieht es nicht selten, daß man so über die Antwort lachen muß, daß die Nervosität verschwindet.

Skilaufen – Wie verliert man die Angst? (*Foto:* Stefan Hölzenbein)

⑨ *Ablenkung*

Auch hier zieht man sich etwas aus der unmittelbaren Situation zurück. Eine gute Ablenkung ist, wenn man seinem Trainer oder einem Kameraden körperlich hilft.

⑩ *Andere Methoden*

Wenn der Trainer seine Mannschaft fragt, was sie im einzelnen dagegen tun, um vor einem Spiel nicht übermäßig aufgeregt zu sein, wird es ihn wahrscheinlich überraschen, wie unterschiedlich die Antworten sind. In unseren Kursen hörten wir unter anderem: «ein Schluck Whisky»; «ein Extrapaar Socken» oder «mit den Füßen auf dem Boden herumstampfen» (um die «kalten Füße» – also die Angst – loszuwerden).

Während des Wettkampfs

Viele der oben aufgeführten Methoden kann man vor und während des Wettkampfs anwenden, besonders wenn es sich um Sportarten handelt, bei denen eine aktive Periode mit einer Ruhepause abwechselt, wie es bei Golf, Tennis, Turmspringen, Geräteturnen oder Leichtathletik ist. Zwei der folgenden Methoden («Problembox»- und «Ruhiger Platz») müssen gründlich geübt werden, bevor man sie bei Sportarten anwenden kann, bei denen der Spieler nahezu keine Pause hat. Alle anderen eignen sich für jede Sportart.

① *Problembox*

Wir haben diese Methode als Teil einer Übung zur psychischen Vorbereitung bereits beschrieben (s. S. 19f). Ursprünglich wurde sie entwickelt, um mit ablenkenden Gedanken fertig zu werden, die einen während des Spiels überfallen und stören. Diese Methode läßt einen nicht nur gleich ruhiger werden, sondern man kann die Ablenkungen nach dem Spiel wieder hervorholen und überlegen, ob man sie nicht zu seinem Vorteil verwenden kann, wenn sie das nächste Mal wieder auftreten.

② *Ruhiger Platz*

Viele Tennisspieler folgen heute dem Beispiel von Billy Jean King und Arthur Ashe: Sie schließen ihre Augen und ziehen sich einen Moment lang aus der Anspannung des Spiels zurück, wenn sie die Seiten wechseln. Um das richtig zu machen, muß man nicht nur den Ort, an dem man sich befindet, für einen Moment im Geiste verlassen, sondern an einem anderen Ort ‹ankommen›, wo man allein und entspannt ist.

Um diese Technik zu lernen, brauchen Sie einen Ort, wo Sie fünf Minuten lang ungestört sein können. Sie schließen die Augen, atmen tief ein und aus und entspannen sich vom Kopf ausgehend nach unten. Sie fühlen dabei, wie der Körper schwerer wird. Anfangs sollte der Trainer oder ein Sportkamerad diese Visualisierung für Sie leiten.

Nachdem Sie vollkommen entspannt sind, verharren Sie einen Augenblick in diesem Zustand. Dann stellen Sie sich vor, daß Sie sich an einem Platz befinden, wo es ganz friedlich ist und wo Sie ganz sicher nicht gestört werden. Das kann im Haus oder in der Natur sein; meistens stellt man sich eine friedliche Landschaft vor, eine Wiese an einem Bach, ein Plätzchen in den Bergen, eine Lichtung in einem Wald oder einen verlassenen Strand am Meer. Wenn Ihnen mehrere Orte einfallen, wählen Sie den aus, der Ihnen zuerst in den Sinn kam und lassen Sie die anderen Eindrücke verblassen.

Achten Sie darauf, wie Sie gekleidet sind und in welcher Position sich Ihr Körper befindet. Falls Sie liegen, setzen Sie sich jetzt auf, entspannen Sie sich, und machen Sie sich bewußt, was Sie gerade vor sich sehen: Dinge, Farben, den Horizont, eine schwache Bewegung in der Ferne… Dann sehen Sie auf den Boden; welche Farbe hat er, woraus besteht er? Berühren Sie den Boden mit den Fingern; ist er rauh oder glatt, warm oder kalt, feucht oder trocken? Reiben Sie mit den Fingern fest auf dem Boden und riechen Sie daran; hat der Boden einen besonderen Geruch? Lassen Sie die Hand wieder fallen und wenden Sie sich nach links. Was sehen Sie? Bestimmte Dinge? Bestimmte Farben? Achten Sie auf das Spiel von Licht und Schatten. Werden Sie sich bewußt, in was für einer Jahreszeit Sie sich befinden, ob es Morgen oder Abend und wie das Wetter ist. Fühlen Sie die Sonne auf der Haut, den Wind in Ihrem Haar oder einen feuchten Nebel? – Jetzt wenden Sie sich Ihrer rechten Seite zu, und achten Sie wieder darauf, welche Dinge und Farben vorhanden sind. Hören Sie etwas? Vielleicht das Summen von Insekten, Vögelgezwitscher, das Fließen des Baches oder Kinderstimmen in der Ferne? Jetzt sehen Sie hinter sich, dann nach oben und dann wieder geradeaus; wieder liegt vor Ihnen der Horizont, bestimmte Dinge, sehen Sie Farben und eine schwache Bewegung in der Ferne. Machen Sie sich bewußt, wie es sich anfühlt, hier zu sein, an diesem Platz, wo Sie sich vollkommen entspannen können, wo alles ruhig und friedlich ist. Verweilen Sie noch etwas.

Lassen Sie diese Szene jetzt ein wenig in den Hintergrund treten, halten Sie Ihre Augen geschlossen und werden Sie sich bewußt, daß Sie auf dem Stuhl in einem Zimmer sitzen; konzentrieren Sie sich auf Ihre Hände und umfassen Sie jetzt den Daumen der linken Hand mit den Fingern der rechten. Während Sie diesen leichten Druck ausüben, versetzen Sie sich wieder an Ihren «ruhigen Platz» zurück.

Sehen Sie sich selbst dort, achten Sie darauf, wie Sie gekleidet sind und in welcher Position sich Ihr Körper befindet. Wenn Sie liegen, setzen Sie sich bequem auf, genießen Sie den Frieden der Umgebung, schauen Sie auf den Horizont, falls Sie sich unter freiem Himmel befinden, sehen Sie alles vor sich, die Farben und schwache Bewegungen in der Ferne.

Sie machen alles wie vorher, und wenn Sie sich rundherum umgesehen haben und wieder geradeaus blicken, wenn Sie sich genug Zeit gelassen haben, lassen Sie Ihren Daumen los, öffnen Sie gleichzeitig die Augen und kehren Sie in die Wirklichkeit zurück.

Das Festhalten des Daumens, wenn man den ruhigen Platz visualisiert, kann allmählich zu einem Auslöser entwickelt werden, mit dessen Hilfe man sich in Sekundenschnelle in die friedliche Umgebung des ruhigen Platzes versetzen kann.

Es dauert vielleicht eine Weile, bis man die Verbindung zwischen dieser Bewegung und der Visualisierung gelernt hat, oder man stellt vielleicht fest, daß man auch ohne diesen Auslöser ohne Schwierigkeiten an den Ort der Visualisierung gelangen kann. Durch diese Methode können Sie schließlich von einem Augenblick zum anderen in die Visualisierung einsteigen, und zwar genau dann, wenn Sie es brauchen, zum Beispiel in einer Pause während des Wettkampfs.

Der Auslöser kann besonders in einer angespannten Situation wichtig werden, wenn man feststellt, daß man übermäßig erregt ist und sich dringend entspannen muß.

③ *«Als wenn...»-Visualisierungen* (s. S. 82 ff)

Bei den schon oben erwähnten Skiferien erlebte einer der Autoren häufig, daß er große Angst hatte, wenn er einen besonders steilen, vereisten Hang vor sich hatte. Einmal, als er wieder vor einem Steilhang zögerte, sausten zwei kleine Jungen an ihm vorbei, lachend und einander zurufend und nicht in der allerbesten Form. Er konnte nicht anders und mußte laut lachen, worauf der Skilehrer fragte: «Was gibt es denn zu lachen?» – «Die zwei Jungen eben», antwortete er, «sie waren so unbeschwert und hatten soviel Spaß.» – «Erinnerst du dich nicht, wie es war, als du ein Kind warst?» fragte der Skilehrer. Sein Schüler stellte sich daraufhin vor, wie er sich als Kind gefühlt hatte, nahm dann dieses Gefühl in die Gegenwart hinein und sauste den Hang hinunter, ähnlich wie die beiden Kinder vor ihm. Er fühlte sich lockerer und sorgloser und als er schließlich doch hinfiel, konnte er sogar darüber lachen.

Ein anderes Mal schlug der Skilehrer vor, er sollte sich ein Tier vorstellen, das schnell, glatt und leicht den Hang hinunterglitt. Der Schüler mußte an einen Fisch denken, stellte sich das Gefühl vor, sich wie ein Fisch zu bewegen und glitt den Hang hinunter wie ein Fisch.

④ Konzentrieren auf ein Bewegungsmuster

Die Visualisierung («als wenn ich ein Fisch wäre») half unserem Skiläufer nicht nur dabei, Leichtigkeit und Eleganz zu entwickeln, sondern lenkte ihn gleichzeitig von seiner Angst ab, weil er sich auf das kinästhetische Gefühl des Laufens konzentrieren mußte. Man braucht dazu nicht unbedingt eine Visualisierung, sondern kann sich einfach auf einen Bereich der körperlichen Leistung konzentrieren, vielleicht einen Aspekt, dem man während des Trainings besonders geübt hat.

⑤ Aufgabenbezogene Gedankenmuster aufbauen

Während des Wettkampfs bewegen sich die Gedanken des Sportlers meistens in einer von zwei Richtungen: Entweder konzentrieren sie sich auf das körperliche Verhalten oder sie sind mehr auf das subjektive Fühlen und Denken ausgerichtet. Beim Konzentrieren auf das körperliche Verhalten denkt man etwa an die richtige Armbewegung beim Tennis, daran, daß man das Gewicht auf einen Ski verlagern muß, daß man sein Gewicht nach vorn verlagert, wenn man den Volleyball schmettern will und so weiter. Subjektives Denken und Fühlen schließt ein: das Bewerten, wie gut man wohl spielt; überlegen, was der Trainer wohl denkt; antizipieren, wie man eine Medaille oder eine Trophäe in Empfang nimmt.

Es ist sinnvoll, wenn man sich eine gedankliche Routine überlegt, mit deren Hilfe man sich schnell auf körperliche Aufgaben konzentrieren kann. Man kann so leichter mit «subjektiven» Gefühlen fertig werden, die einen sonst ablenken würden.

⑥ Das Visualisieren von Musik

Eine Sportlerin, die religiös erzogen worden war, hatte es sich zur Angewohnheit gemacht, während des Spiels verhalten geistliche Gesänge zu singen. Diese Choräle haben einen starken Rhythmus und verhinderten, daß sie aus zu großer Anspannung oder Nervosität heraus ihre Bewegungen zu sehr beschleunigte. Ähnliche Methoden werden von Schwimmern und Skiläufern verwendet. Wie bei jeder Visualisierung, mit der man Schwierigkeiten überwinden möchte, ist es auch hier wichtig, daß man sein persönliches Hilfsmittel, in diesem Fall Lied, Rhythmus oder Melodie, selbst findet.

Wie man mit einem traumatischen Erlebnis fertig wird

Alle psychischen Trainingsmethoden müssen wie körperliche regelmäßig geübt werden, wenn sie wirken sollen. Die Notwendigkeit eines regelmäßigen Programms auch für mentales Training ist für viele Sportler schwerer zu verstehen, als die Methoden selbst.

Ein regelmäßiges Programm ist besonders wichtig, wenn der Sportler ein traumatisches Erlebnis gehabt hat und nun in bestimmten Situationen mit Angst und Nervosität daran erinnert wird. Ein solches Programm sollte in besonders schwierigen Fällen von einem klinischen Psychologen entwickelt und nicht einem Sportpsychologen oder Trainer überlassen werden. Die Fälle, die wir oben erwähnt haben, die Verletzung beim Volleyballspiel und die Schwierigkeit des Golfspielers, gegen die Sonne zu schlagen, gehören allerdings nicht unbedingt zu den schwierigen Fällen.

Bei den Visualisierungsmethoden, die wir im folgenden beschreiben, gehen wir davon aus, daß man sich an den unangenehmen Vorfall erinnern kann und ihn nicht aus seinem Bewußtsein verdrängt hat.

Untersuchungen an der Universität von Iowa haben gezeigt, daß Patienten mit Verbrennungen sich häufig nicht daran erinnern konnten, wie es zu den Verbrennungen gekommen war und daß diese Blockierung die Heilung erschwerte. Die Patienten wurden also psychotherapeutisch behandelt und so langsam an den Zeitpunkt der Verletzung zurückgeführt; erst dann konnten sie sich auf den verletzten Körperteil konzentrieren, eine Erinnerung, die sie bisher wegen der erlittenen Schmerzen ins Unterbewußtsein verbannt hatten.

Man hat herausgefunden, daß unterbewußte Angst vor Schmerzen die Blutzirkulation im verletzten Körperteil einschränkt, Stress und Anspannung bestehen bleiben und das Gewebe deshalb Giftstoffe nur schlecht ausscheiden kann.

Wenn der Patient sich wieder an den Moment des Unfalls erinnern kann, kann der Heilungsprozeß schneller ablaufen. (Anscheinend besteht ein Zusammenhang zwischen der Fähigkeit des Patienten, den Heilungsprozeß zu visualisieren und der Schnelligkeit der Genesung. Ein regelmäßiges Visualisieren des Heilungsprozesses, zum Beispiel der vermehrten Aktivität der weißen Blutkörperchen oder einer Verminderung des Blutdrucks, hat in vielen Fällen eine meßbare Verbesserung des Gesundheitszustands zur Folge.)

Die folgenden Übungen sollten am besten unter Anleitung eines Sportpsychologen oder eines Trainers gemacht werden:

① *Zunehmende Desensibilisierung*

Die hier aufgeführte Methode besteht aus Visualisierungen, die mit Entspannungspausen abwechseln. Stellen Sie sich sieben oder acht Situationen vor, die in Ihnen Angstgefühle hervorrufen und die mit dem traumatischen Ereignis in Zusammenhang stehen. Dann sollten Sie diese Situationen so auflisten, daß die traumatischsten am Ende stehen (Angstgrad 10) und die oberste einem nur ein mildes Unbehagen verursacht und vielleicht mit Grad 4 beurteilt wird.

Der Unfall beim Volleyball könnte etwa zu folgender Aufstellung führen:

Angstgrad	
4	Das nächste Spiel soll in der Halle stattfinden, in der die Verletzung passierte.
5	Jemand sagt: «Weißt du, daß sie an den Metallverankerungen noch nichts verbessert haben?»
6	Selbst sehen, daß es die Metallverankerungen immer noch gibt.
7	Ein Mitglied der gegnerischen Mannschaft sagt: «Ich sehe, du hast dich wieder von deiner Verletzung erholt. Gerade letzte Woche hat sich ein anderer Spieler auf die gleiche Weise verletzt.»
8	Zusehen, wie andere das Schmettern am Netz üben und sehen, wie einer über die Metallverankerung stolpert.
9	Selbst am Training teilnehmen und einen Ball zugespielt bekommen, der auf den gefährlichen Pfosten zufliegt.
10	Beim Spiel hochspringen, um einen solchen Ball anzunehmen und gleichzeitig wissen, daß man die Metallverankerung beim Hinunterkommen nicht vermeiden kann.

Mit Hilfe dieser Liste kann jetzt der Sportpsychologe oder Trainer ein regelmäßiges, langfristiges Programm ausarbeiten. Er fängt dabei mit der harmlosesten Situation an. Er hilft Ihnen, sich vollkommen zu entspannen, und bringt Sie dann dazu, sich in diese Situation hineinzuversetzen. Sie visualisieren und beschreiben in allen Einzelheiten, was Sie sehen, denken und fühlen. Der Leiter fordert Sie dann auf, sich auf die Reaktionen Ihres Körpers zu konzentrieren, darauf zu achten, welche Teile aus Angst angespannt waren. Danach entspannen Sie sich wieder vollkommen. Nach einer Pause kehren Sie in die visualisierte Situation zurück, achten auf weitere Verspannungen und entspannen sich wieder. Dieses wird abwechselnd so lange gemacht, bis der Körper auch bei der Visualisierung ganz entspannt bleibt. Jetzt können Sie sich der Situation mit dem nächsthöheren Angstgrad zuwenden. Schließlich wird die Erinnerung an das traumatische Geschehen Ihnen weder Angst machen noch Ihre Leistung beeinflussen.

② *Visualisiertes Verändern des Geschehenen*

Diese Methode wurde aus Erkenntnissen entwickelt, die Anthropologen aus indianischen Bräuchen gewonnen hatten. Wenn ein Kind dieses Stammes wiederholt Alpträume hatte, ließen es die Eltern diesen Traum erst einmal so genau wie möglich erzählen. Danach aber mußte es ihn noch einmal von vorn erzählen, diesmal aber das Ende so verändern, daß es nicht mehr erschreckend war. Wenn das Kind zum Beispiel immer wieder geträumt hatte, daß es von einem Mann mit einem Messer verfolgt wurde, machte es daraus vielleicht einen Mann, der ihm nur eine Botschaft übergeben wollte. Dann erzählte sich das Kind vorm Einschlafen jedesmal die veränderte Geschichte, bis das Kind eines Tages aufwachte und feststellte, daß aus dem alten Alptraum ein neuer Traum mit einem harmlosen Ende geworden war.

Die Methode, die wir hier beschreiben, beruht auf demselben Prinzip. Setzen Sie sich ruhig hin, schließen Sie die Augen und entspannen Sie sich. Dann visualisieren Sie das traumatische Erlebnis und beschreiben es Ihrem Trainer oder dem Sportpsychologen so genau wie möglich. Welche Farben spielen eine Rolle, welche Gegenstände umgeben Sie, welche Menschen? Welche Bewegungen finden statt, was hören Sie, wie wirkt das Wetter auf alle Ihre Sinne? Nachdem Sie alles genau beschrieben haben, entspannen Sie sich wieder, und überlegen Sie, was Sie ihrer Meinung nach hätten anders machen können, damit das Ganze positiv hätte enden können; es handelt sich dabei entweder um etwas, was Sie schon damals so empfanden oder was Ihnen erst jetzt einfällt. Jetzt visualisieren Sie dieselbe Situation wieder, lassen die Szene vor sich ablaufen und ersetzen das unglückliche Ende durch das positive.

Sie lassen diese veränderte Szene noch einmal von Anfang bis Ende vor Ihrem geistigen Auge ablaufen, halten die Augen geschlossen und erzählen jetzt dem Leiter der Übung in der Gegenwartsform die neue Geschichte so ausführlich und bildhaft wie möglich. Wenn Ihre Erzählung stellenweise zu oberflächlich ist, sollte der Trainer klärende Fragen, auch in der Gegenwartsform, stellen, um dieses neue Erlebnis für Sie zu vertiefen. Dann üben Sie diese neue Version täglich etwa fünf Minuten lang, wobei Sie sich nach jedem Durchgehen der Geschichte 30 Sekunden lang entspannen.

Einige Sportler, mit denen wir gearbeitet haben, fanden anfangs, daß sie sich bei dieser Methode etwas vormachten, daß sie das originale Erlebnis verfälschten. Wir machten ihnen aber deutlich, daß durch diese Methode das Erlebnis selbst ja nicht verändert wurde, ebensowenig die Erinnerung, die man daran hatte. Wichtig an dieser Übung ist, daß man das Negative, was man mit diesem Erlebnis verbindet, mildern kann und dadurch schließlich die automatische Reaktion verändern kann, die man jedesmal hat, wenn man in eine ähnliche Situation gerät.

③ *Teilziele setzen*

Eine bewußt analytische Methode, mit traumatischen Erinnerungen umgehen zu lernen, ist das Setzen von Teilzielen. Wir beschrieben diese Methode an Hand eines Beispiels in Kapitel 5 (s. S. 97f). Ein Fußballspieler konnte auf diese Weise nach einer schweren Knieverletzung seine gewohnte Sicherheit und seine alte Form zurückgewinnen.

④ *Andere Methoden*

Wenn Sportler uns einzeln konsultieren, weil sie Probleme mit bestimmten traumatischen Erinnerungen haben, schlagen wir auch andere psychotherapeutische Übungen vor (Gestalt- und psychosynthetische Übungen), die mit Rollenspiel oder Visualisierungen arbeiten, auf die wir hier nicht im einzelnen eingehen können.

7 Einstellungen und ihre Veränderung

Wie kann man die Angst verlieren, daß man sich immer im entscheidenden Moment total verkrampfen wird? Warum verläßt einen aller Mut, wenn man gegen einen bestimmten Gegner spielen muß, den man noch nie schlagen konnte, obgleich andere, schlechtere als man selbst, ihn schon besiegt haben? Was kann man tun, wenn das eigene Team den Ruf hat zu versagen, sobald die Gegner aggressiver spielen? Was macht man, wenn einen ein Mitspieler ständig irritiert?

Alle diese Probleme haben etwas gemeinsam, nämlich daß sie daher rühren, *wie* man etwas *sieht, wie* man es *auslegt* und *wie* man in einer bestimmten Situation *reagiert*. Wenn man solche Schwierigkeiten überwinden will, muß man seine Einstellung ändern. In diesem Kapitel beschreiben wir Methoden, wie man die Einstellungen verändern oder ablegen kann, die einen daran hindern, sein Bestes zu leisten und wie man andere entwickeln und kultivieren kann, die die eigenen Leistungen verbessern können.

Einstellungen

Eine Einstellung ist eine Art psychische Angewohnheit. Wenn man eine Bewegung immer wieder macht, wird sie allmählich zur zweiten Natur; ähnlich ist es mit bestimmten Gedankengängen und Gefühlen, die wir wiederholt in spezifischen Situationen haben; auch sie werden allmählich automatisch und stellen sich ein, ohne daß man sie bewußt hervorholt.

Natürlich brauchen wir feste Einstellungen, genauso wie wir auch automatische Bewegungsfolgen brauchen, die uns eine körperliche Aufgabe selbstverständlich und ohne zu überlegen ausführen lassen.

Von Geburt an bauen wir ein Verhältnis zu unserer Umwelt auf, treffen Entscheidungen, die mit unserer Umgebung zu tun haben. Jede Sekunde empfangen wir eine Fülle von Informationen über unsere Umwelt und müssen sie irgendwie verarbeiten. Wenn ein Objekt auf uns zufliegt, müssen wir entscheiden, ob es sich um ein Flugzeug, einen Vogel oder einen Ball handelt. Babies können das noch nicht, aber allmählich lernt der Mensch zu differenzieren. Ein Kind kann vielleicht einen Fußball von einem Rugbyball oder einem Volleyball unterscheiden. Ein Fußballspieler kennt nicht nur sechs verschiedene Typen von Fußbällen, sondern kann bei einem Ball, der auf ihn zukommt, sogar erkennen, ob er einen Links- oder Rechtsdrall hat.

Je stärker wir uns konzentrieren, desto gründlicher können wir differenzieren, wenn es um das Objekt unserer Konzentration geht. Wir beurteilen allerdings auch Situationen nach Kriterien, die nicht unbedingt immer zutreffen. Wir können zwar häufig zuverlässig an der Ausführung eines Tennisschlags ablesen, ob der Ball mit Topspin ankommen wird, irren uns aber nicht selten, wenn wir unsere Gegner aufgrund unserer Erfahrungen beurteilen und uns dann so verhalten, wie es in vergangenen Situationen angebracht gewesen war.

Ein Beispiel: Stellen Sie sich vor, Sie befinden sich in der Position des Angriffspielers kurz vor Beginn des Volleyballspiels und schauen sich Ihre Gegner durch das Netz hindurch an. Der Spieler, der Ihnen gegenübersteht, ist 15 cm größer als Sie und hat lange Arme und Beine. Er sieht stark und kräftig aus und die anderen beiden Angreifer ebenfalls. Aus Erfahrung wissen Sie, daß solche Gegner Sie leicht blocken können, deshalb beschließen Sie, besonders vorsichtig zu spielen, ein Lob über den Block zu probieren, den Ball lieber zu plazieren, statt ihn zu schmettern. Wahrscheinlich verkrampfen Sie sich jetzt, Ihre Sprünge verlieren an Höhe, Sie schlagen den Ball den Blockspielern in die Hände und verlieren ganz den Mut. Nach zwanzig Minuten steht es 13 : 8 für die Gegner. Ihr Trainer wendet sich in der zweiten Auszeit direkt an Sie: «Was ist denn bloß mit dir los?» brüllt er. «Du greifst ja nicht an!» – «Hast du gesehen, wie groß die gegnerischen Angreifer sind?» verteidigen Sie sich. «Ich versuche lieber, den Ball strategisch zu plazieren.» Aber Ihr Trainer läßt sich nicht beirren: «Die Größe allein ist unwichtig. Achte darauf, wie sie spielen. Der zweite Spieler ist zwar groß, aber du kannst 20 cm höher springen als er. Und der Mittelspieler ist zwar kräftig, aber unglaublich langsam.» Es kommt Ihnen plötzlich so vor, als ob Ihr Trainer recht haben könnte, daß Ihre automatische taktische Reaktion sich nur auf die Größe und Kraft der Spieler bezog und Sie dabei deren mangelnde Schnelligkeit und Beweglichkeit völlig vernachlässigt haben.

Sie nehmen sich also vor, wieder aggressiver zu spielen, aber in diesem Fall ist es zu spät und Ihre Mannschaft verliert 12 : 15.

Offensichtlich basierte Ihre Einstellung, wie man sich großen, kräftigen Gegnern gegenüber verhält, auf Erfahrung. Eine solche Einstellung ist auch sinnvoll und bietet einen guten Ausgangspunkt. Problematisch wird es nur, wenn diese fixierten Einstellungen andere Überlegungen ausschließen, wenn sie nicht mehr nur Hilfestellung geben, sondern automatisch die Antwort wissen. Jeder gute Spieler muß aus einer Situation lernen können, muß auf Erfahrungen aufbauen können, damit er nicht immer wieder von vorn anfangen muß. Aber ebenso wichtig ist, daß er flexibel bleibt, daß er mit einer neuen oder ungewöhnlichen Situation umgehen kann, die nicht in den Rahmen seiner normalen Erfahrungen paßt und die verlangt, daß er vielleicht ganz anders reagiert.

Wir finden, daß Einstellungen zwar auf Erfahrungen aufbauen sollen, daß sie aber keine festgelegten Verhaltensmuster verlangen. John Hilton wurde Tischtennis-Europameister hauptsächlich deshalb, weil er die Oberfläche seines Schlägers vor seinen Gegnern verbergen konnte, und sie deshalb nicht einschätzen konnten, was für einen Spin er seinen Bällen gab. Sie konnten sich auf seine Spielweise nicht einstellen, und er nutzte aus, daß sie nur automatisch reagieren konnten.

Eines steht fest: Jeder von uns hat und braucht feste Einstellungen und Verhaltenmuster, wenn es um die eigene Person, andere Menschen und unsere Umwelt geht. Besonders in einem Wettkampf hat man nicht die Zeit, jedes Signal, jede Information auf jede mögliche Weise zu interpretieren, bevor man reagiert. Wir verlassen uns auf unsere Erfahrung. Was wir aber lernen müssen, ist, destruktive Verhaltensmuster als solche zu erkennen und abzubauen, so daß wir dann in der gleichen Situation neu reagieren können. Man kann die eigene Überzeugung, daß man zu Anfang immer langsam ist oder daß man unter Belastung immer zusammenbricht, verändern. Man muß nicht sein Leben lang glauben, daß man immer gegen Menschen verlieren muß, die einem körperlich überlegen sind, daß man sich immer über ein verlorenes Spiel ärgern wird oder daß man nichts gegen einen Spieler ausrichten kann, der eine bestimmte Spielweise hat. All das sind negative Einstellungen den eigenen Fähigkeiten gegenüber, die man durch positive ersetzen kann.

Schritte zur Veränderung

In fünf Schritten kann man an der Art und Weise etwas verändern, wie man neue Fertigkeiten lernt, wie man sich am besten von einer Verletzung erholt, wie man seine Konzentration verbessert und so weiter. Wir führen sie hier auf, weil sie so wichtig sind, wenn man eine unproduktive Einstellung verändern möchte. Wenn man alte Probleme mit einer veränderten, positiven Einstellung anpackt, kann man sie lösen.

- *1. Erkenntnis*
  Bevor man irgend etwas Grundlegendes an seiner Leistung verändern kann, muß man sich erst darüber klarwerden, was man eigentlich tut. In neun von zehn Fällen wird man dann auch wissen, was man falsch macht, und erst dann kann man auch eine Strategie entwickeln, wie man mit möglichst geringem Aufwand die nötigen Veränderungen durchführt. Warum sollte man an seiner Rückhand verzweifeln, wenn man vielleicht nur eine Kleinigkeit daran ändern muß?

- *2. Akzeptieren*
  Erkenntnis sollte mit Akzeptieren Hand in Hand gehen; man sollte akzeptieren, daß man etwas auf eine bestimmte Art und Weise tut, bevor man daran etwas verändert. Das ist unserer Meinung nach eine der Grundvoraussetzungen. Wenn man sich auf eine bestimmte Weise verhalten hat, sei es, daß man den Schiedsrichter beschimpft oder während des entscheidenden Puttens gezuckt hat, dann gab es dafür ursprünglich einen legitimen Grund. Das heutige Verhalten ist in einer Situation in der Vergangenheit erlernt worden, als es als natürliche Reaktion auf diese Situation auftrat (siehe Kapitel 2, Abschnitt über Lernen, S. 28 f). Es gibt immer eine Ursache dafür, daß man Fehler macht oder schlechte Angewohnheiten entwickelt. Man muß die Tatsache akzeptieren, daß es einen guten Grund für das heutige Verhalten gibt, den man auch finden kann, und daß man dann in der Lage sein wird, etwas an diesem Verhalten zu ändern.
  Wenn man seine schlechte Angewohnheit als vorhanden akzeptiert, wird man sich auch der zugrunde liegenden Ursache besser bewußt. Vielleicht muß man bestimmte Muskeln konzentrierter trainieren, braucht eine Umgebung, die einen weniger leicht ablenkt, braucht Hilfe, wenn man eine Fertigkeit übt, muß mehr Geduld mit sich selbst haben oder braucht mehr Zeit, um eine bestimmte Bewegung vorzubereiten. Indem man herausfindet, was einem fehlt und dafür sorgt, daß man bekommt, was man braucht, hat man im allgemeinen das Problem schon gelöst oder

hat zumindest schon einmal ein großes Hindernis aus dem Weg geräumt, das eine Veränderung so schwierig machte. Häufig braucht man nur ein bißchen sorgfältige Selbstbeobachtung und Einsicht.

Wir haben die Erfahrung gemacht, daß all die unkontrollierbaren, im Unterbewußtsein vorhandenen Teile des Selbst williger sind, an der Veränderung mitzuarbeiten, wenn man Verständnis für sie hat, wenn man sie akzeptiert, statt sich nur dauernd zu kritisieren und zu beschimpfen. Einfach ausgedrückt, wenn man diesen Bedürfnissen nachkommt, statt sie zu leugnen, sind die Teile des unterbewußten Selbst, die diese Bedürfnisse haben, eher bereit, mit dem bewußten Selbst zu kooperieren, statt nur zu sabotieren und sich gegen jegliche Veränderung zu wehren.

● *3. Koordination*
Veränderungen müssen koordiniert werden; der zweite Teil dieses Kapitels beschäftigt sich mit den notwendigen Methoden. Wenn man das Problem erkannt und den Grund dafür akzeptiert hat, ist man auch in der Lage, eine einigermaßen präzise Entscheidung zu fällen, was man an dem Verhalten lassen und was man verändern möchte. Dabei können einem viele der Methoden helfen, die in diesem Buch beschrieben sind. Durch Erkenntnis und Akzeptieren ist man also so weit gekommen, daß man die verschiedenen Faktoren aufführen kann, die man verändern muß. Jetzt braucht man aber einen Plan, wie man die nötigen Veränderungen durchführen will. Am besten experimentiert man jetzt, gibt dem Ball mit der Vorhand vielleicht einen Slice, verlagert sein Gewicht, wenn man zum Treibschlag ausholt, oder nimmt sich mehr Zeit, den Bogen zu spannen. Man wendet vermehrt mentales Training für bestimmte Bewegungen an, achtet darauf, daß man vor dem Spiel das richtige Maß an Entspannung findet, überlegt, ob man sich mehr auf innere oder auf äußere Objekte konzentrieren soll oder analysiert auch, was man leistet und was man leisten will. Um die Einstellung zur eigenen Person, zum Gegner und zum Austragungsort zu ändern, verwendet man «Als wenn...»-Visualisierungen, wirksame, symbolisch-bildhafte Ausdrücke, Affirmationen und andere Techniken, die im zweiten Teil dieses Kapitels beschrieben werden. Man sortiert die unproduktiven Angewohnheiten aus, um sie zu verändern oder durch neue Verhaltensmuster zu ersetzen.

● *4. Integration*
Sobald man eine neue, bessere Reaktion auf die Situation gefunden hat, die früher problematisch war, und damit experimentiert hat, kann man jetzt dieses neue Verhalten in die Leistung einbauen. Das bedeutet, daß man bewußt das neue Verhalten wählen muß, sobald eine Situation auftaucht, die der alten ähnelt. Es ist sehr wichtig, daß es sich hier um

eine *bewußte* Entscheidung handelt. Man ersetzt ein automatisches, un-
kontrolliertes Verhalten im Sport durch eine bewußt gewählte Reaktion.
Mit Hilfe von Psychotraining-Methoden kann man dieses neue Bewußtsein in körperlichen, emotionalen und mentalen Erfahrungen veran-
kern.

● *5. Synthese*
Mit dem letzten Schritt, der Synthese, wird dieses neue Verhaltensmuster ein Teil der gesamten Leistung des Sportlers, die all seine verschiedenen Fertigkeiten und Reaktionen einschließt. Jetzt zeigt sich ein neues
Potential, eine neue Qualität seines Spiels, die über das hinausgeht, was
er bisher geleistet hat.
Dieses Gefühl der Höchstleistung wurde von dem berühmten Fußballspieler Pele so ausgedrückt: «Es war wie eine neue Ruhe, die mich über-
kommen hatte, ein Gefühl, das ich bisher noch bei keinem Spiel gehabt
hatte. Es war eine Art Euphorie; es kam mir so vor, als ob ich den ganzen
Tag laufen könnte, ohne müde zu werden, daß ich an der ganzen Mannschaft vorbeidribbeln könnte, beinahe als ob sie Luft sei. Ich kam mir
unverletzbar vor; es war ein merkwürdiges Gefühl, etwas, was ich bisher
noch nie in dem Maße empfunden hatte. Vielleicht war es nur ein extre-
mes Gefühl von Zuversicht, aber ich bin auch früher schon sehr zuver-
sichtlich gewesen, ohne dabei dieses merkwürdige Gefühl zu haben, unbesiegbar zu sein» (Pele mit Robert Fish: «My life and the beautiful
game» Doubleday 1977).
Der Golfspieler Bobby Jones beschreibt eine ähnliche Erfahrung: «Aus
meiner Karriere als Golfspieler kann ich mich am besten an ein paar
Spiele erinnern, die mir besonders leichtfielen. Eines hatten sie alle gemeinsam: dieses Gefühl der Mühelosigkeit. Ich war mir sehr bewußt,
daß ich die Schläger leicht und fließend führte, daß ich mich nicht besonders anstrengen mußte» (Robert Tyre Jones Jr.: «Bobby Jones on Golf»
Doubleday 1966).
Die Erfahrung, etwas in absoluter Höchstform geleistet zu haben, hat
wenig mit einem bewußten Streben danach zu tun; eine solche Leistung
scheint mühelos zu sein. Unproduktive Einstellungen können in fünf
Schritten verändert werden: Man beginnt mit der Erkenntnis der alten
automatischen Reaktionen auf bestimmte Situationen und gelangt
schließlich zur mühelosen Integration der neuen Verhaltensmuster in die
sportliche Leistung. Unserer Erfahrung nach ist es so, daß Verbindungen geknüpft werden und Assoziationen entstehen, wenn man beginnt,
Verhaltensmuster der eigenen Persönlichkeit zu erkennen; über einen
bestimmten Zeitraum ist die Anzahl dieser Verbindungen und Assoziationen dann zu einer ‹kritischen Masse› angewachsen. Die kritische
Masse der Erkenntnisfaktoren bildet eine Basis, auf der eine Synthese

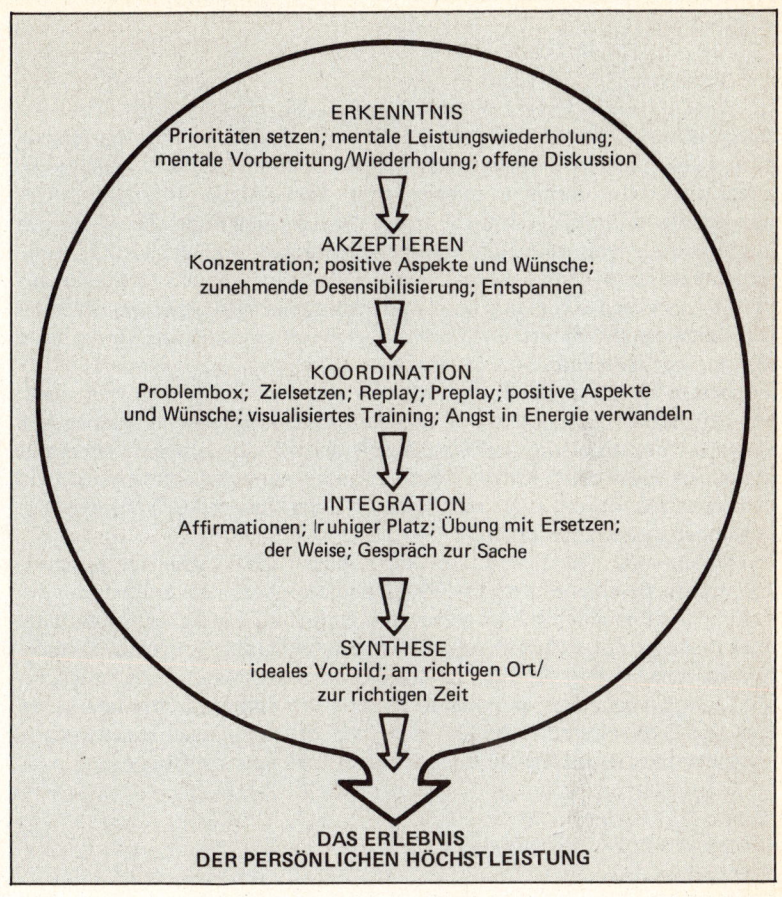

ERKENNTNIS
Prioritäten setzen; mentale Leistungswiederholung;
mentale Vorbereitung/Wiederholung; offene Diskussion

AKZEPTIEREN
Konzentration; positive Aspekte und Wünsche;
zunehmende Desensibilisierung; Entspannen

KOORDINATION
Problembox; Zielsetzen; Replay; Preplay; positive Aspekte
und Wünsche; visualisiertes Training; Angst in Energie verwandeln

INTEGRATION
Affirmationen; Ir uhiger Platz; Übung mit Ersetzen;
der Weise; Gespräch zur Sache

SYNTHESE
ideales Vorbild; am richtigen Ort/
zur richtigen Zeit

DAS ERLEBNIS
DER PERSÖNLICHEN HÖCHSTLEISTUNG

stattfinden kann. Aus dieser Synthese ist dann eine Spitzenerfahrung oder eine Spitzenleistung möglich.

Genug der Theorie! Wie kann man negative Einstellungen oder ein unproduktives Selbstbild wirklich verändern? Fixierte Einstellungen, die problematisch sein können, hatten wir in drei Kategorien aufgeteilt:
– Einstellungen zur eigenen Person,
– Einstellungen zu anderen,
– Einstellungen zur Situation, in der man sich befindet.

Einstellung zu sich selbst

Einige unserer Einstellungen, die besonders tief verwurzelt und hartnäckig sind, haben mit unserem eigenen Selbstverständnis zu tun. Wenn es so etwas wie «self-fulfilling prophecies» gibt (Vorhersagen, die zu ihrer eigenen Erfüllung führen), dann gehören dazu sicherlich folgende: «Wenn ich unter Druck stehe, habe ich keinen ordentlichen Schlag», «Ich brauche immer eine lange Zeit zum Einspielen», «Meine Rückhand ist schon immer schwach gewesen», «Ich bin nur in den ersten zwei Sätzen gut, danach kann ich mich nicht mehr konzentrieren» und «Ich war eigentlich nie für die beste Mannschaft geeignet».

Zu diesem Thema gibt es ebenso viele Variationen wie Sportler. Ein positives Selbstbild ist für jeden von großem Vorteil, ist aber ausgesprochen leicht zu verletzen. In einer Wettkampfsituation gibt es angeblich immer jemanden, der besser, jünger oder erfolgsbesessener zu sein scheint, und das Selbstbild braucht jede nur mögliche Unterstützung durch positive Einstellungen und Erfahrungen.

An Muhammad Alis Behauptung «Ich bin der Größte» ist nichts auszusetzen, sofern sie eine realistische Grundlage hat. Aber zum Kultivieren des richtigen Selbstbildes gehört mehr. Das Selbstbild beruht auf der Summe aller individuellen Erfahrungen, Gedanken und Gefühle. Um sein Selbstbild muß man sich ausführlich kümmern und muß es vorsichtig entwickeln. Wenn wir mit Sportlern individuell arbeiten, verbringen wir im allgemeinen viel Zeit damit, ihnen zu helfen, sich über ihre derzeitigen Einstellungen klarzuwerden, bevor wir auf irgendeine Veränderung hinarbeiten.

Übungen zur Veränderung

Die folgenden Übungen sind alle einfach. Sie sollen helfen, sein Selbstbild kennenzulernen, um dann die Qualitäten der eigenen Person zu kultivieren, die das Selbstbild ausgewogener machen können. Nehmen Sie sich Zeit zu erkennen, wie Sie sich heute sehen. Das wird Ihnen helfen, die richtigen Entscheidungen zu treffen, wenn es darum geht, Veränderungen durchzuführen.

① *Das Esalen-Wortspiel*
Zu diesem Spiel wurden wir durch einen Aufenthalt im Esalen-Institut in Kalifornien angeregt. Suchen Sie sich einen Platz, wo Sie eine Weile ungestört sitzen können. Dann wählen Sie einen Aspekt Ihrer sportlichen Leistung, zu dem Sie Ihrer Meinung nach noch nicht die richtige

psychische Einstellung gefunden haben. Behalten Sie diesen Aspekt und verschiedene Beispiele dafür im Sinn, und vervollständigen Sie schriftlich folgende Sätze:

«Ich habe Schwierigkeiten, ...»

«Ich hoffe, daß...»

«Wenn ich... täte, dann...»

«Ich werde versuchen, ...zu tun»

«Ich kann nicht...»

Wenn Sie damit fertig sind, schauen Sie sich einmal gründlich an, was Sie eben aufgeschrieben haben. Sehen Sie, wie Ihre Sätze Ihre Einstellung zur Situation widerspiegeln? Jetzt schreiben Sie die Sätze noch einmal, indem Sie die vorgegebenen Worte folgendermaßen verändern:

Aus «Ich habe Schwierigkeiten, ...» wird «Es ist eine echte Herausforderung für mich, ...»;

aus «Ich hoffe, daß...» wird «Ich glaube, daß...»;

aus «Wenn ich... täte, dann...» wird «Wenn ich... tue, dann...»;

aus «Ich werde versuchen... zu tun» wird «Ich werde... tun»;

aus «Ich kann nicht...» wird «ich werde nicht...».

Achten Sie darauf, welche dieser Veränderungen ein positiveres Gefühl vermitteln, so als ob die zweite Version neue Energien in die von Ihnen beschriebene Situation hineinbringt und eine neue Betrachtungsweise vorschlägt. Nehmen Sie sich vor, diese Veränderungen einzubauen, wenn Sie in Zukunft über Ihre Leistungen sprechen, und machen Sie so eine bewußte Anstrengung, Ihre negative Ausdrucksweise abzustellen oder zu korrigieren.

② *Affirmationen*

In Kapitel 5 haben wir über die Verwendung von Affirmationen (Bekräftigungen) gesprochen. Um gegen ein negatives Selbstbild anzugehen, gibt es eine besondere Art von Affirmation, die man durch folgende Methode finden kann. Wenn man eine negative Einstellung hat, die man anscheinend nicht ändern kann, oder wenn einen regelmäßig bestimmte Selbstzweifel befallen, sollte man in einem solchen Augenblick innehalten und *laut* aussprechen, was einem gerade durch den Kopf geht. Man sollte den Satz so einfach wie möglich formulieren. Danach überlegt man, wie man das Gegenteil des eben Gesagten ausdrücken könnte und formt diese Aussage zu einer persönlichen, positiven, berechtigten Affirmation um. Man wandelt so eine negative Aussage in eine positive um, die bestätigt, daß die entgegengesetzte, gewünschte Eigenschaft schon im Anfangsstadium vorhanden ist. Hier sind ein paar Beispiele:

«Ich ziehe meine Rückhand nie weit genug durch». «Meine Rückhand ist fließend und wird immer bis zum Ende durchgezogen.»

«Beim 16. Loch ist es jedesmal vorbei mit meiner Konzentration.» «Je näher ich an das 16. Loch komme, desto besser kann ich mich konzentrieren.»

«Ich kann einfach nicht gegen Joe spielen.» «Immer wenn ich gegen Joe spiele, verbessere ich mich im Lauf des Spiels.»

Man muß sicher sein, daß man immer *positiv formuliert*. Wenn man statt: «Meine Rückhand ist schwach» sagt, «Meine Rückhand ist nicht schwach», dann hat das nicht dieselbe Wirkung, als wenn man sagt, «Meine Rückhand ist stark und verläßlich».

Wenn man seine Affirmationen immer wieder übt, kann man schließlich feststellen, daß man einen Keil zwischen das alte negative Selbstbild und das neue treibt, welches man sich bemüht zu kultivieren. Diese Affirmationen wirken noch besser, wenn man sie mit *Visualisierungen* ergänzt. Stellen Sie sich etwas bildlich vor, was der Affirmation entspricht, und üben Sie abwechselnd Visualisierung und Affirmation. Sprechen Sie die Affirmation möglichst laut aus, sagen Sie sie sich vor, wenn Sie beim Rasieren oder Kämmen in den Spiegel schauen. Flüstern Sie sich die magischen Worte während des Wettkampfs zu, besonders wenn Sie sich unter Druck befinden. Vielleicht können auch Sie aus Ihrer Affirmation einen Spruch à la Muhammad Ali machen.

③ *Symbolkarten*

Wenn einem auffällt, daß man eine bestimmte Einstellung ändern muß, merkt man häufig erst, daß einem eine erwünschte Eigenschaft einfach fehlt; entweder hat man sie noch nie gehabt, oder man hat sie verloren und muß sie zurückgewinnen. Wie schon in Kapitel 5 erwähnt, kann man schon ein Gefühl für diese Eigenschaft bekommen, wenn man sie sich immer und immer wieder bewußt vorsagt. Der Prozeß kann noch beschleunigt werden, wenn man das Wort auf eine Karte schreibt, wie man es bei den Affirmationen getan hat.

Nehmen wir einmal an, Sie sind ein Golfspieler, dessen Annäherungsschläge nicht mehr so verläßlich gut sind, wie sie waren. Versuchen Sie in einem Wort, diese jetzt fehlende Qualität zu beschreiben. Lassen Sie sich Zeit. Lassen Sie Ihr kinästhetisches Empfinden auch zu Wort kommen und nicht nur Ihren Intellekt. Wenn Ihnen das richtige Wort einfällt, halten Sie es fest und schreiben Sie es auf eine Karte. Nehmen wir an, Ihr Wort ist «Beständigkeit»; versuchen Sie, es so auf der Karte darzustellen, daß es «Beständigkeit» regelrecht ausstrahlt, vielleicht mit Hilfe von Buntstiften. Vielleicht wollen Sie auch die Worte «Fairways» und «Eisen» auf dieselbe Karte notieren, um sich daran zu erinnern, wo die Beständigkeit fehlt.

Nun plazieren Sie die Karte da, wo Sie sie ein paarmal am Tag sehen müssen: am Badezimmerspiegel, auf Ihrem Schreibtisch, auf der Innenseite Ihres Schrankes im Umkleideraum, benutzen Sie sie als Lesezeichen für das Buch, das Sie gerade lesen oder für Ihr Tagebuch.

Ab da wirkt die Karte allein durch ihr Vorhandensein, und zwar besonders gut, wenn Sie sich mit ihr viel Mühe gegeben haben. Lassen Sie sie eine oder zwei Wochen auf sich wirken, bis sie ihre Wirkung zu verlieren scheint. Vielleicht ist mittlerweile auch ein neues Problem aufgetaucht, mit dem Sie sich dringender befassen müssen.

④ Die «Als wenn...»-Visualisierung

Wenn eine Veränderung in der Einstellung bedeutet, daß man eine bestimmte Eigenschaft wie Ausdauer, Eleganz oder schnelles Denken entwickeln will, können die «Als wenn...»-Visualisierungen helfen, die wir in Kapitel 4 und 6 beschrieben haben.

Schließen Sie die Augen und entspannen Sie sich. Nach einer Weile denken Sie an die gewünschte Eigenschaft, erst als Wort und dann als Bild. Sie können dabei diese Eigenschaft durch eine Person ausgedrückt sehen (Björn Borg symbolisiert für Sie vielleicht Beständigkeit), durch ein Tier (ein Tiger für Geschmeidigkeit und Kraft) oder durch ein mehr abstraktes Symbol (ein Baum für Unerschütterlichkeit, ein Felsen für Stabilität oder eine Planierraupe für unaufhaltsames Vorwärtskommen). Bleiben Sie bei dem ersten Bild, was Ihnen in den Sinn kommt. Überlegen Sie nicht weiter, ob Ihnen nicht noch etwas Exotischeres einfällt. Das Symbol, was Ihnen als erstes spontan einfällt, ist das richtige. Gebrauchen Sie es.

Sehen Sie sich dieses Image genau an und achten Sie darauf, wie es die Eigenschaft ausdrückt, die Sie besitzen wollen. Lassen Sie sich von Ihrem analytischen Gehirn nicht beeinflussen, das dieses Bild vielleicht albern findet. Lassen Sie sich Zeit mit Ihrem Symbol, und nach einer Weile versetzen Sie sich in dieses Symbol hinein, bekommen Sie ein Gefühl dafür, was es bedeutet, dieses Image auszufüllen. Dieses Gefühl nehmen Sie jetzt mit, wenn Sie sich in Gedanken an den Ort eines vergangenen Wettbewerbs zurückversetzen, wo Sie die Eigenschaft, die durch das Symbol ausgedrückt wird, brauchten. Jetzt durchlaufen Sie einen Teil Ihrer sportlichen Leistung von damals und bauen dabei die Eigenschaft ein, die Sie jetzt im Gefühl haben, die Ihnen aber damals fehlte. Üben Sie diese neue Visualisierung zwei oder drei Minuten lang; dann kehren Sie wieder in die Wirklichkeit des Zimmers zurück, öffnen Sie die Augen, aber nehmen Sie das Gefühl für die Eigenschaft, die Sie während der Visualisierung in Ihrer sportlichen Leistung ausdrücken konnten, mit in die Gegenwart.

Wenn Sie diese Visualisierung regelmäßig üben, wird es Ihnen möglich sein, die neue Eigenschaft auch im Wettkampf einzusetzen. Sie fühlen, was das Symbol für Sie bedeutet und können dieses Gefühl in Ihre Leistung einfließen lassen. Das mentale Training wird noch wirkungsvoller, wenn man ein Bild des Symbols zeichnet, sich viel Mühe dabei gibt und es dann wie die Symbolkarten an strategisch wichtigen Stellen anbringt.

⑤ *Gegensätze erforschen*

Das Ändern einer negativen Einstellung ist deshalb so schwierig, weil wir uns selbst zu ernst nehmen. Übertreibung kann dem abhelfen. Wenn alles ziemlich schlecht aussieht, machen Sie es noch schlimmer; wenn es Ihnen fürchterlich erscheint, nennen Sie die Situation hoffnungslos. Dann halten Sie einen Moment inne und machen Sie sich bewußt, was Sie gerade gesagt haben. Was ist daran wahr, und wie zeigt sich in der Übertreibung, daß Sie die eigentliche Situation die ganze Zeit schon ins Negative verzerrt gesehen haben?

Wir kennen ein Spiel, «Erfolg und Versagen», bei dem man einem Partner zwei Minuten lang erzählt, was für ein Versager man ist. Keine Einzelheit wird dabei ausgelassen, ausführlich beschreibt man, warum und wie man bei seiner sportlichen Leistung versagt, was für ein Gefühl man hat, wenn man schlecht spielt. Was sind Ihre schwärzesten Gedanken? Nach zwei Minuten ist Ihr Partner an der Reihe. Jetzt muß er Sie in zwei Minuten davon überzeugen, daß er noch ein weitaus größerer Versager ist als Sie.

Dann atmen beide tief ein und aus und versetzen sich jetzt in das gegenteilige Gefühl, in das Gefühl des absoluten Erfolgs. Jetzt hat man zwei Minuten Zeit, um dem Partner dieses Hochgefühl des Erfolgs zu vermitteln; man sollte sich dabei bewußt machen, wie man spricht, wie man sich bewegt, was man fühlt und was man denkt. Nach zwei Minuten ist der Partner an der Reihe und spricht von seinem Erfolgsgefühl.

Wenn man sich bewußt macht, wie sich vollkommen gegensätzliche Erfahrungen «anfühlen», kann man später beim Spiel selbst vielleicht leichter erkennen, wenn man seine gefühlsmäßige Reaktion zu sehr ins Negative/Positive übertreibt und kann dagegen angehen. Dieses Spiel kann mit einer Reihe von Gegensätzen gespielt werden, zum Beispiel beherrschen/nicht beherrschen einer Situation; ideenreich/langweilig; flexibel/stur methodisch; extrovertiert/introvertiert usw.

Einstellung zu anderen

Welches Bild man von sich selbst im Verhältnis zu seinem Gegner hat, hat großen Einfluß auf die eigene Leistung. Unser Freund John erzählte uns, wie er regelmäßig mit zwei Freunden, Daniel und Eddi, Tennis spielte. John gewann immer gegen Daniel und verlor immer gegen Eddi. Eines Tages, als Daniel und John zusammen Mittag aßen, sagte Daniel: «Übrigens habe ich gestern Eddi geschlagen.» – «Was hast du getan?» rief John. «Ich habe Eddi geschlagen», wiederholte Daniel. «Aber wie ist das möglich», meinte John, «Eddi schlägt mich jedesmal, und ich gewinne immer gegen dich.» Daniel beschrieb John genau, welche Taktiken und Strategien er angewandt hatte, hatte aber auch keine rechte Erklärung für seinen Sieg. Dadurch wurde John gezwungen, seine Einstellung zu Eddi zu verändern, er konnte ihn nicht mehr für unbesiegbar halten. Als er das nächste Mal gegen Eddi spielte, spielte er besser als je zuvor und gewann.

Wir erzählen diese Geschichte, um zu veranschaulichen, daß falsche oder veraltete Einstellungen häufig Energien blockieren, Energien, die wieder freiwerden können, wenn man Zweifel an dieser Einstellung bekommt oder sie ändert.

Manchmal wird unsere Leistung durch eine Einstellung behindert, die noch nie auf Tatsachen beruht hatte. Ist es Ihnen jemals passiert, daß Sie sich für ein Spiel umzogen und einer Ihrer Kameraden an Ihnen vorbeiging, ohne «Hallo» zu sagen oder auf Ihren Gruß zu reagieren? Sie ärgern sich vielleicht darüber, verstehen sein Verhalten nicht oder glauben, daß er vielleicht beleidigt ist, weil Sie ihn gestern kritisiert haben.

Während des darauffolgenden Spiels sind Sie beide irgendwie zurückhaltend und spielen einander den Ball seltener zu als sonst. Nach dem Spiel beim Umkleiden fassen Sie sich schließlich ein Herz und fragen: «Warum sprichst du nicht mit mir?» – «Was meinst du?» fragt er zurück. «Du hast noch nicht einmal Hallo gesagt, als du heute ankamst, und nachher beim Spiel hast du mir den Ball nicht ein einziges Mal zugespielt», antworten Sie. «Wovon redest du?» fragt er darauf. Sie erklären: «Ich dachte, du wärst wütend, weil ich gestern diese Vorschläge gemacht habe.» Allmählich dämmert ihm, was Sie meinen. «Nein», sagt er, «du hast das alles ganz falsch verstanden. Ich bin wegen gestern überhaupt nicht wütend. Ich habe bloß gerade mit meiner Freundin Schluß gemacht, und mir war nicht danach, überhaupt mit irgend jemandem zu sprechen.» Und vielleicht fügt er noch hinzu: «Und ich dachte, du würdest mir den Ball nicht zuspielen, weil du fandest, daß ich nicht gut spiele.»

Einstellungen, die man zu anderen hat, lassen sich leichter erkennen als Einstellungen, die man zur eigenen Person hat. Häufig lassen sie sich auch leichter verändern, weil man sich noch nicht so sehr an sie gewöhnt hat.

Ansichten, die man von sich selbst hat, sind deshalb so schwierig zu verändern, weil man sie schon so lange hat und sie akzeptiert, sich mit ihnen wohl fühlt und nicht erkennen kann, daß sie schädlich sind, selbst wenn man darauf hingewiesen wird.

Übungen zur Veränderung

Durch die folgenden Übungen soll man unproduktive Einstellungen zu anderen erkennen lernen. Einstellungen bauen sich im allgemeinen auf zwei Elementen auf: das erste ist ein früheres Erlebnis in einer ähnlichen Situation, und das zweite die Folgerung, die man aus diesem Erlebnis gezogen hat. Durch diese Übung wird einem auch deutlich, wie man üblicherweise aus Erfahrungen lernt.

① *Ich sehe . . . ich stelle mir vor . . . und das gibt mir das Gefühl . . .*
Diese Übung sollte man mit dem Trainer oder einem Partner zusammen machen. Man sieht einander einen Augenblick lang an und sagt dann etwas, was einem an dem anderen auffällt. Zum Beispiel sagen Sie: «Ich sehe, daß du heute zwei Schläger mitgebracht hast.» Und er sagt: «Ich sehe, daß du neue Schuhe trägst.»

Der zweite Teil der Unterhaltung beginnt mit: «Ich nehme an . . .», und dabei sagen Sie das erste, was Sie aus der ersten Beobachtung schließen: «Ich sehe, daß du zwei Schläger mitgebracht hast und nehme an, daß du damit rechnest, daß eine Saite reißt.» Oder: «Ich sehe, daß du neue Schuhe trägst und nehme an, daß du in letzter Zeit besonders gut gespielt hast» (manchmal kommen Außenstehenden die Folgerungen nicht unbedingt logisch vor).

Der letzte Teil dieses Gesprächs beginnt mit: «Und das gibt mir das Gefühl, daß . . .» Zum Beispiel: «Ich sehe, daß du heute zwei Schläger mitgebracht hast. Ich nehme an, daß du damit rechnest, daß eine Saite reißt, und das gibt mir das Gefühl, daß ich mich besonders vor deinem Aufschlag hüten muß», oder: «Ich sehe, daß du neue Schuhe trägst. Ich nehme an, daß du in letzter Zeit besonders gut gespielt hast, und das macht mich unsicher.»

In beiden Fällen basiert das Gefühl der Unsicherheit auf einer *Annahme* und nicht auf dem, was man sieht. Mit anderen Worten, Sie machen eine Beobachtung bei Ihrem Gegner und ziehen daraus Schlüsse, die auf vergangene Erfahrungen aufbauen, auf Einstellungen, die man aus früheren ähnlichen Situationen gewonnen hat. Dieser Schluß kann zutreffen oder nicht; auf alle Fälle basiert er nicht auf einer objektiven Analyse der jetzigen Situation. Wenn also ein Aspekt des Gegners einen stört, sollte man sich überlegen, warum das so ist. Wir meinen natürlich nicht, daß man jegliche Erfahrungen vernachlässigen sollte; der größte Teil der Einstellungen kann ohne weiteres zutreffen. Auf der anderen Seite lohnt es sich zu überlegen, welcher Prozentsatz der festen Meinungen, die man von einem Gegner hat, auf Tatsachen beruhen, in wie vielen Fällen man nur eine fundierte Vermutung anstellt und wann man nur spekuliert. Wenn man seine Vermutungen bestätigen und reine Spekulationen abstellen kann, findet man auch die beste Strategie, wie man gegen einen bestimmten Gegner auftreten kann.

② *Analyse*

Wenn man feststellt, daß man einem zukünftigen Gegner gegenüber schon eine bestimmte Haltung einnimmt, aber nicht weiß, worauf sich diese Einstellung stützt, kann es helfen, wenn man den Gegner beim Spiel beobachtet und seine Fähigkeiten systematisch analysiert. Trainer von Fußballvereinen versuchen häufig, soviel wie möglich über die Spielweise der zukünftigen Gegner zu erfahren, bevor sie sich für bestimmte Taktiken und Strategien entscheiden. Unbegründete Annahmen und überholte Einstellungen können dazu führen, daß man sich zu sicher fühlt oder unnötig besorgt ist.

③ *Die «Verwandlung» des Gegners*

Gibt es jemanden, der für Sie immer ein Angstgegner ist, weil er Sie aus keinem ersichtlichen Grund immer besiegt, gegen den Sie immer ein schlechteres Spiel liefern, als es sonst für Sie normal ist? Sie können den Gegner zwar nicht ändern oder im Spiel über sich hinauswachsen, aber Sie können verändern, wie die Situation auf Sie wirkt und damit auch Ihre Reaktion.

Der frühere britische Fechtmeister Steven Paul hatte eine Zeitlang Probleme, wenn er gegen bestimmte europäische Fechter antrat. Wir stellten fest, daß er sie wegen ihres perfekten Stils übermäßig bewunderte. In Wirklichkeit waren diese Fechter nicht unbedingt besser als er, denn was ihm vielleicht an eleganter Technik fehlte, hätte er durch Aggressivität und sein gutes Gespür für eine Situation wettmachen können. Statt dessen aber merkte er, daß er sich immer wieder in einer Verteidigungsposition befand, in der er seine Stärken, seinen Überraschungsangriff und sein gutes Gespür, nicht zeigen konnte, und er wurde immer unsicherer. Seine Form und sein Selbstbewußtsein könnte er schließlich unter anderem durch folgende *mentale Übung* wiedergewinnen:

Schließen Sie die Augen, atmen Sie tief ein, und entspannen Sie sich in Ihrem Stuhl, während Sie langsam wieder ausatmen. Wenn Sie ganz entspannt sind, stellen Sie sich vor, Sie sind kurz davor, gegen einen Gegner anzutreten, mit dem Sie immer Probleme haben. Versetzen Sie

sich auch gefühlsmäßig in diese Situation. Während Ihrer Aufwärmphase beobachten Sie, wie sich Ihr Gegner auf das Spiel vorbereitet.
Achten Sie darauf, woraus seine Stärken bestehen. Ist er selbstbewußt,
stark, behende, aggressiv, herablassend und entspannt? Geben Sie vor
sich selbst zu, daß er diese Eigenschaften besitzt.

Jetzt konzentrieren Sie sich auf Ihre eigenen Empfindungen. Wo sind
Sie unsicher? Worin scheint Ihr Gegner Ihnen überlegen? Was sind Ihre
Schwächen? Sehen Sie tief in sich hinein und überlegen Sie, warum Ihr
Gegner Sie einschüchtert.

Jetzt atmen Sie tief ein und wieder aus. In Ihrer Vorstellung fängt jetzt
der Kampf an, und Sie stellen fest, daß etwas Merkwürdiges passiert.
Durch direkten Kontakt oder durch eine Art von «osmotischem» Prozeß fangen Sie an, einige seiner positiven Qualitäten zu absorbieren.
Achten Sie darauf, wie es passiert.

Dem Fechtmeister kam es so vor, als ob die positiven Eigenschaften
seines Gegners wie ein elektrischer Strom in ihn flossen, wenn sich ihre
Degen berührten. Eine Sportlerin machte bei dieser Visualisierung die
Erfahrung, daß die Stärke ihrer Gegnerin wie ein Lichtstrahl in sie eindrang, und ein dritter Sportler sah statt des Lichtstrahls einen Regenbogen, der ihn mit dem Gegner verband, wobei jede Farbe des Regenbogens eine andere Qualität symbolisierte. Auf welche Weise werden die
Stärken des gefürchteten Gegners bei Ihrer Visualisierung auf Sie übertragen?

Jetzt lenken Sie Ihre Aufmerksamkeit auf eine besondere Qualität, die
Ihr Gegner besitzt, zum Beispiel Aggressivität. Machen Sie sich deutlich, daß Sie diese Qualität in Ihrem Gegner deshalb erkennen, weil Sie
sie normalerweise selbst besitzen, und lassen Sie diese Qualität jetzt von
ihm zu sich zurückfließen. Stellen Sie sich vor, wie diese Qualität Ihren
ganzen Körper erfüllt und wie sie Ihre Leistung beeinflußt.

Atmen Sie wieder tief ein und aus. Jetzt konzentrieren Sie sich auf eine
andere Eigenschaft, die Sie Ihrem Gegner «überlassen» haben, zum
Beispiel Selbstbewußtsein. Machen Sie weiter Ihre Visualisierungsübungen und fühlen Sie diesmal, wie diese Eigenschaft wieder auf Sie
übergeht und Ihre Leistung beeinflußt. Beschreiben Sie laut, was Sie
erleben, anfangs am besten im Beisein Ihres Trainers.

Sie sollten sich nur eine Eigenschaft zur Zeit vornehmen, sollten wissen,
wie sie sich ‹anfühlt›, wie sich diese Qualität in Ihren Bewegungen und in
Ihrer Haltung ausdrückt. Es ist besser, kleine Fortschritte zu machen,
statt großartigen Phantasien nachzuhängen, die keine echte Basis haben.
Wenn diese mentalen Übungen richtig durchgeführt werden, kann man
Eigenschaften zurückgewinnen, die man dem Gegner überlassen hatte.
Der subjektive Gehalt der Situation (die Reaktion auf den Gegner),
wird verändert, und neue Assoziationen werden mit Hilfe von Visuali

sierungen entwickelt. Der Gegner nimmt dadurch wieder realistische Proportionen an, und Sie selbst sind wieder in der Lage, Ihre wahren Talente und Fähigkeiten zu zeigen.

Wichtig für diesen Prozeß ist Selbsterkenntnis und damit Selbstbeherrschung. Die oben beschriebene Methode wie auch andere sollen einem eine bewußtere Kontrolle über mentale Prozesse ermöglichen und einen befähigen, sie auf die beste und produktivste Weise zu lenken.

④ Gestalt-Dialog

Wenn man mit einem Sportkameraden oder mit dem Trainer nicht zurechtkommt (oder als Trainer mit einem der Spieler), kann folgende psychologische Übung helfen. Wieder soll gesagt sein, daß man diese Übung am besten unter der Leitung eines Sportpsychologen macht, aber es schadet nichts, wenn man es allein versucht. Man braucht dazu nur zwei Stühle und die Fähigkeit, ein bißchen zu schauspielern.

Setzen Sie sich auf einen der Stühle, der andere steht vor Ihnen. Nehmen Sie sich einen Augenblick Zeit, und stellen Sie sich vor, daß der, mit dem Sie Schwierigkeiten haben, Ihnen gegenübersitzt. Achten Sie darauf, wie er sitzt, was für Eigenheiten er dabei zeigt. Danach fangen Sie ein Gespräch an, so als ob er Ihnen wirklich gegenübersäße. Sagen Sie ihm, was Sie von ihm wollen... warum Sie enttäuscht sind, wann er Sie wütend macht und wann Sie sich im Stich gelassen fühlen usw.

Wenn Sie damit fertig sind, stehen Sie auf, setzen sich in den Stuhl des anderen und nehmen Sie seine Rolle ein. Versuchen Sie, so wie er zu denken und zu handeln, und reagieren Sie auf die Anklagen von seiner Warte aus. Was hält er für besonders wichtig, worüber macht er sich Gedanken? Warum benimmt er sich so? Auf welche Weise braucht *er* den Sportler (Sie), der sich so über ihn beschwert hat? Wie hat man *ihn* enttäuscht? Lassen Sie sich Zeit und überlegen Sie sich seine Reaktion genau. Dann sprechen Sie, als ob Sie er seien; was empfinden Sie dabei? Kehren Sie danach wieder auf Ihren Platz zurück und führen Sie das Zwiegespräch fort, diesmal wieder aus der Warte der eigenen Person. Wechseln Sie noch ein- oder zweimal die Rollen, bis Sie das Gefühl haben, nun beide Seiten zu kennen und zu verstehen. Schließlich sitzen Sie wieder in Ihrem eigenen Stuhl und suchen nach einem Kompromiß, auf den sich beide Seiten einlassen können, etwas, was die Situation verbessern könnte. Beim nächsten Training stellen Sie fest, wie die echte Person auf Ihren Kompromiß reagiert und ob ihre Reaktion der ähnelt, die Sie nach Ihren psychologischen Übungen erwartet hätten. Achten Sie darauf, welche Ihrer Annahmen ein wenig der Wahrheit entsprechen und welche falsch oder verdreht sind. Sie werden merken, daß in Ihrem Dialog natürlich nicht die reale Person zur Sprache kam, sondern sich nur Ihre Einstellung zu ihr widerspiegelte.

Durch diese letzten zwei Übungen können Sie erkennen, wie Ihre Einstellungen Sie in Ihrer sportlichen Leistung beeinflussen können, wie Sie dadurch angespornt oder auch behindert werden, Ihr Bestes zu leisten. Jegliche Einstellung, die man zur eigenen Person, zu anderen und auch zur Umwelt hat, ist eben nur das: eine Einstellung und nicht die Wahrheit. Vergessen Sie das nie! Schließlich können Sie eher Ihre eigene Reaktion auf eine Person oder eine Situation ändern, als die Person oder die Situation selbst, sogar, wenn die Schuld an den Schwierigkeiten nicht bei Ihnen liegt.

Einstellung zur Umgebung

Das dritte Gebot, wo feste Einstellungen Ihre Sicht von der Realität verfälschen können, ist Ihre Reaktion auf den Austragungsort des Wettkampfs. Ein Sportler entwickelt für alles, was mit seinem Sport zu tun hat, feste Einstellungen, zum Beispiel auch, welche Schuhe für ihn ideal sind, welche Farben er gern trägt und welches Wetter ihm am liebsten ist, wenn er sich

sportlich betätigt. Faktoren der örtlichen Umgebung haben wir relativ wenig unter Kontrolle, ebenso wie wir Gegner und Mannschaftskameraden kaum verändern können. In dem Kapitel «Aufwärmen» sprechen wir darüber, wie man eine positive Beziehung zur Umgebung kultiviert, wie man Elemente der Umgebung heraussucht, die einem helfen und die man zu seinem Vorteil verwenden kann. Auch negative Elemente versucht man zu erkennen und lernt ihren Einfluß zu neutralisieren.

Manchmal allerdings hat die Umgebung einen übermäßigen Einfluß auf uns, nicht weil sie uns physisch behindert, sondern weil wir eine fixierte Einstellung zu ihr haben. Vielleicht kommen Ihnen einige der folgenden Beschwerden bekannt vor: «Ich kann auf Asphalt nicht spielen; ich werde zu schnell müde», «Ich kann in einer Halle mit einer niedrigen Decke nicht spielen, kann einfach Entfernungen nicht besonders gut abschätzen» oder «Immer wenn ich vor vielen Zuschauern spielen muß, werde ich unsicher». Damit zeigt man, daß man sich der Umgebung ausgeliefert fühlt und daß der Zustand der Umgebung zum automatischen Handicap geworden ist. Wenn Sie unseren Vorschlägen in den Kapiteln «Aufwärmen» (S. 17f) und «Analytisches Denken» (S. 101 ff) gefolgt sind und immer noch Schwierigkeiten haben, sich an bestimmte örtliche Gegebenheiten anzupassen, versuchen Sie es mit folgenden Übungen:

Übungen zur Veränderung

① *Positive Aspekte und Wünsche*

Nehmen Sie ein Blatt Papier und schreiben Sie oben hin, was Ihnen Schwierigkeiten macht. Dann teilen Sie das Papier durch einen senkrechten Strich in zwei Hälften und schreiben über die linke Spalte «Positive Aspekte» und über die rechte «Wünsche».

Dann denken Sie noch einmal gründlich über den Ort nach, der Ihnen Schwierigkeiten macht. Wenn Sie sich darüber klarsind, schreiben Sie drei Dinge auf, die Ihnen an diesem Ort *gefallen*. Sie grausen sich natürlich eigentlich davor, an diesem Ort zu spielen, aber mit ein bißchen Mühe wird Ihnen auch etwas Positives dazu einfallen. Vielleicht ist der Kaffee in der Kantine besonders gut, oder in der Dusche gibt es immer reichlich heißes Wasser. So etwas sollte in die linke Spalte geschrieben werden. Wenn Ihnen mehr als drei Aspekte einfallen, um so besser!

In die rechte Spalte kommt jetzt, was Sie sich an Verbesserungen wünschen. Es ist wichtig, daß Sie diese Aspekte als Wünsche ausdrücken und nicht als Nachteile. Statt zum Beispiel zu schreiben: «Ich mag die Beleuchtung nicht», drücken Sie es lieber so aus: «Ich wünschte, die Scheinwerfer würden die Halle besser ausleuchten.» Statt «Der Boden ist zu naß» schreiben Sie lieber: «Ich wünschte, ich könnte den Zustand des Bodens besser beurteilen»; statt «Ich mag den Schiedsrichter nicht» lieber «Ich wünschte, der Schiedsrichter würde besser aufpassen».

Schon mit dieser Liste fangen Sie an, die Situation in den Griff zu bekommen. Zum einen sind Ihnen drei Dinge bewußt geworden, die Sie eigentlich an dem Ort positiv finden und die Ihnen beim Spiel vielleicht sogar helfen können. Und dann haben Sie Ihre Abneigungen so ausgedrückt, daß Lösungen dieser Probleme möglich scheinen. Statt in einer festgefahrenen Situation zu stecken, haben Sie angefangen zu überlegen, was verändert werden könnte.

Der nächste Schritt ist, möglichst viele Lösungen für jedes Problem zu finden und aufzuschreiben. Nehmen wir zum Beispiel den Wunsch, daß die Scheinwerfer die Halle besser ausleuchten sollen. Wie könnten Sie damit umgehen lernen? Man kann sich zum Beispiel aufzeichnen, wo die Beleuchtung besonders schlecht ist; oder man könnte sich erkundigen, ob an der Beleuchtung etwas zu verbessern wäre; oder man könnte in einer schlechtbeleuchteten Halle trainieren, um sich an den Zustand zu gewöhnen. Oder vielleicht kann man sich vornehmen, das schlechtbeleuchtete Gebiet des Platzes besonders aufmerksam zu verteidigen (oder das gutbeleuchtete) und so weiter.

Wenn man erst einmal das Gefühl hat, daß man die Dinge in den Griff bekommen kann, werden einem erstaunlich viele Lösungen für die Probleme einfallen. Die Situation hat sich damit verändert. Der Ort gefällt einem vielleicht noch immer nicht, aber man hat nicht mehr das Gefühl, daß man ihm ausgeliefert ist. Sie setzen sich mit der Umgebung auseinander, finden neue, produktive Lösungen zu alten Problemen und übernehmen die Verantwortung für Ihre Reaktion auf die Umgebung. Sie unternehmen positive Schritte und lassen sich nicht mehr passiv von Ihrer Umgebung beeinflussen.

② *Energie durch das Vorstellen des Gegenteils*

Stellen wir uns vor, man hat wirklich alles probiert und fühlt dennoch einen intensiven Widerwillen, wenn man zum Beispiel daran denkt, daß man Squash hinter einer Glaswand spielen soll, wo jeder sehen kann, wie man in den hinteren Ecken ‹herumwurschtelt›. Man hat alles versucht, hat aufgeschrieben, was einem daran gefällt, hat sich vorgestellt, daß man unsichtbar ist, hat sich darin geübt, sich nur auf den Ball zu konzentrieren und dennoch – jedesmal wenn man sich wieder der Glaswand gegenübersieht – fühlt man sich durch die Zuschauer gehemmt. Was kann man da tun?

Versuchen Sie, sich das Gegenteil Ihrer Gefühle vorzustellen und daraus Energie zu gewinnen. Bevor Sie auf den Platz hinausgehen, stellen Sie sich vor, wie es sich anfühlen würde, wenn Sie es genössen, der Mittelpunkt aller Aufmerksamkeit zu sein. Stellen Sie sich vor, daß Sie es gern haben, wenn man jeder Ihrer Bewegungen aufmerksam zusieht. Visualisieren Sie ein solches Spiel, bei dem Sie jegliche Aufmerksamkeit genießen, stellen Sie sich vor, was Sie dann denken, fühlen, sehen, hören und empfinden würden. Dann spielen Sie bei der nächsten Gelegenheit so, wie Sie es visualisiert haben, erst beim Training und schließlich auch beim Wettkampf. Betrachten Sie sich als Schauspieler, der eine neue Rolle übt.

Um eine nur aufgesetzte Ruhe oder gespielte Tapferkeit handelt es sich dabei nicht. Mit dieser Methode wollen Sie eine bestimmte Lösung für ein bestimmtes Problem finden. Sie machen es überlegt und mit Absicht. Denken Sie an unseren Leitsatz: *«Wenn man weiß, was man tut, kann man tun, was man möchte.»* Wenn Sie die umgekehrte Rolle spielen, machen Sie das mit einer bestimmten Absicht: Sie benutzen eine Methode, um mit einer negativen Einstellung fertig zu werden. Wenn Sie bewußt wählen, wie Sie reagieren wollen, können Sie Änderungen bewirken, die Sie beibehalten können. Es handelt sich hier nicht um Reaktionen, die man nicht in der Hand hat und die manchmal richtig sind, manchmal aber auch nicht. Man lernt eine neue Verhaltensweise in einer alten Situation, die die unproduktive, schädliche Reaktion ersetzen kann. Man ändert seine Einstellung zu der Situation und lernt, wie man überhaupt Einstellungen entwickelt und verändert.

Energie aus Einstellungen gewinnen

Schließlich gibt es noch einen Punkt, den man erwähnen sollte. Wenn Einstellungen geändert werden, wird zusätzlich Energie frei, mit der man neue Ziele verfolgen und neue Lösungen für alte Probleme finden kann. Eine Einstellung hat man sich ‹zugelegt›, um Informationen zu sortieren und gewisse vorteilhafte Verhaltensweisen zu entwickeln und beizubehalten. Wenn wir nicht bestimmte feste Einstellungen hätten, müßten wir immer wieder von neuem lernen, wie man einen Ball kickt oder wie man beim Tennis einen Topspin von einem Slice unterscheidet. Mit anderen Worten, wenn der Gegner den Ball als Topspin spielt, dann muß man eine Strategie entwickeln, wie der Return aussehen muß. Je häufiger man aber automatische Strategien und Reaktionen wie diese beim Spiel anwendet, desto mehr wird das Spiel davon dominiert, desto mehr Aufmerksamkeit und Energie sind darin ‹festgehalten›. Das Zusammenspiel von Gedanken, Gefühlen und Bewegungen, woraus diese automatische Strategie aufgebaut ist, wird durch die Menge von psychischer Energie zusammengehalten, die man aufgewendet hatte, um diese Strategie zu entwickeln.

Wenn man also langjährige Verhaltensmuster ändern kann, gibt man sich nicht nur die Möglichkeit, auf eine neue, frische Weise zu reagieren, sondern emotionale Energie, die man bisher brauchte, um diese Einstellung beizubehalten, wird frei, und man kann die Aufmerksamkeit, die man aufwenden mußte, damit eine bestimmte Reaktion auch automatisch kam, auf andere Dinge lenken. Man kann sich auf neue Verhaltensweisen konzentrieren, hat emotionale Stärke gewonnen, um neue Ziele zu verfolgen und körperliche Kraft, um neue Fähigkeiten zu lernen. Aus vergangenen Erfahrungen kann sich ein neues Selbstbild entwickeln.

Triumph des Mannschaftsgeistes

8 Mannschaftsgeist

Da es die Aufgabe des Trainers ist, den Mannschaftsgeist zu fördern, wenden wir uns mit diesem Kapitel an ihn. Seine Aufgabe ist nicht immer einfach. Manchmal hat er vielleicht Spieler in der Mannschaft, die meinen, daß die Verteidigung bei einem Spiel nur zusammenarbeiten kann, wenn die Mannschaft auch außerhalb des Sports enge Kontakte unterhält. Andere Spieler dagegen sagen, Mannschaftsgeist sei nur eine Illusion; er zeige sich höchstens dann, wenn man gewonnen habe.

Wie kann man eine Gruppe von durchschnittlich begabten Spielern zu einem so guten Team zusammenschmieden, daß es eine eher unkoordinierte Mannschaft von technisch überlegenen Spielern schlagen kann? In diesem Kapitel wird aufgezeigt, wie man bei Mannschaftsversammlungen und beim Training einen Mannschaftsgeist fördern kann, der Teamleistungen hervorbringen kann, die besser sind als die Summe der Einzelleistungen.

Die Mannschaft, die zusammenhält

Wir vermuten, daß es für Amateurmannschaften leichter ist, Mannschaftsgeist zu entwickeln als für professionelle Teams. Ein weibliches Amateur-Hockeyteam kommt vielleicht schon vor dem Spiel am Samstagmorgen zusammen, um die Erfrischungen für später vorzubereiten; nachmittags findet dann das Spiel statt, und am frühen Abend sitzt man mit der gegnerischen Mannschaft zusammen, unterhält sich und genießt, was man morgens vorbereitete. Vielleicht sind die Mitglieder der Mannschaft auch untereinander befreundet und treffen sich noch während der Woche zu gemeinsamen Unternehmungen. Auf diese Weise entwickelt sich ein nahezu familiärer Zusammenhalt, der auch auf den Sportplatz ‹mitgenommen› wird. Es kommt nicht nur darauf an, daß man zusammenarbeitet, sondern daß sich die Mannschaft als Einheit fühlt.

In Kapitel 9 sprechen wir über Selbsterkenntnis als Motivation für einen Wettkampf. Als Mitglied einer Mannschaft kann man im Rahmen der Gruppe seine Identität finden. Wenn jedem geholfen wird, seine individuelle Persönlichkeit als Sportler zu finden, dann entwickelt sich auch eine Mannschaftsidentität. Das braucht allerdings Zeit, da erst Konflikte und Probleme geäußert, identifiziert und gelöst werden müssen, bevor man einander neu schätzenlernen kann und neue Ideen entwickelt werden können. Selbst das schwierigste Mitglied des Teams wird schließlich daran interessiert sein, wie die Mannschaft als Gruppe funktioniert, wie aus ihr eine perfekt funktionierende Einheit wird. Einer solchen Mannschaft wird der Ruf vorausgehen, unberechenbar, mutig und aggressiv zu sein und je nachdem, was für eine Einheit ihr eigenes Team bildet, werden sich die Gegner über die Herausforderung freuen oder davor Angst haben.

Ein gewisser Mannschaftsgeist kann sich natürlich auch ohne Zutun des Trainers entwickeln und entsteht meistens durch das gemeinsame Training, die Spiele selbst und während der Fahrten zu den Spielen. Wenn man die Entwicklung des Zusammengehörigkeitsgefühls aber dem Zufall überläßt, werden sich Spieler, die häufig Schwierigkeiten mit ihrem Trainer oder mit den anderen Mitspielern haben, allmählich aus der Gruppe ausgeschlossen fühlen und treten schließlich tatsächlich aus der Mannschaft aus. Die Gruppe, die übrigbleibt, kommt dann zwar gut mit sich und dem Trainer aus, ihr fehlt aber vielleicht Phantasie und ‹Feuer›, was gerade schwierige Spieler häufig in eine Mannschaft einbringen.

Spieler werden sicher nicht schon dadurch zu einer geschlossenen Mannschaft, daß sie das gleiche Trikot tragen oder daß sie alle vor einem wichtigen Spiel früh schlafen gehen müssen. Darin zeigt sich vielleicht, daß sie rein äußerlich zusammengehören, der Mannschaftsgeist kann aber dadurch nicht gestärkt werden. Das Gefühl der Einheit kommt aus Selbstdisziplin, Vertrauen, Verständnis und Fürsorge für den anderen und aus der Sicherheit heraus, daß man seine Meinung frei äußern darf. Man kann es nicht erzwingen.

Sie werden sich als Trainer von Anfang an bemühen, soviel wie möglich über Ihre Spieler zu erfahren. Sie werden Ihren Spielern dabei helfen, die Stärken des anderen schätzenzulernen und mit seinen Schwächen fertig zu werden. Gleichzeitig muß der Trainer Strategien entwickeln, bei denen alle Fertigkeiten und Talente der Sportler voll ausgenutzt werden, und die jeden einzelnen dazu ermutigen, die Ausschöpfung seines Potentials anzustreben. Er muß daran glauben, daß es einen optimalen Weg gibt, sämtliche Talente und Fähigkeiten seines Teams auch voll einsetzen zu können.

Ein Team, das die richtigen Strategien gefunden hat, funktioniert als Einheit oder synergistisch. *Synergie* ist die Gesamtenergie, die eine perfekt funktionierende Gruppe hat, und die größer ist als die Summe der Energien der Mitglieder. Mannschaftsgeist ist eine Art Synergie und gibt dem Team eine besondere Stärke, mit der es eine Mannschaft schlagen kann, deren Mitglieder ihm zwar vielleicht technisch überlegen sind, die aber nicht optimal zusammenspielen. Wenn man diesen Mannschaftsgeist in schwierigen Situationen einsetzen möchte, muß man ihn erst beim Training kultivieren und vor Beginn des Spiels bei den Spielern wachrufen.

Um das Gefühl der Einheit in den Spielern zu wecken, muß in den Mannschaftsversammlungen viel Vorarbeit geleistet werden. Man muß in Diskussionen und auch durch praktisches Experimentieren herausfinden, welche Strategien für die Mannschaft richtig sind. Wenn die Zusammenkünfte richtig organisiert sind, können sie ein geistiges und emotionales Gegengewicht zu den Trainingszeiten darstellen; die Spieler können bei diesen Treffen frühere Spiele durchgehen, beurteilen und verarbeiten, zukünftige planen und können in einer angenehmen Atmosphäre Streitpunkte und Konflikte besprechen. Selbst wenn eine Mannschaft nur einmal in der Woche trainiert, sollte sie regelmäßig Zeit haben, miteinander zu diskutieren. Regelmäßiges Training für den einzelnen und für die Mannschaft ist auf mentalem und emotionalem Sektor ebenso wichtig wie auf körperlichem.

Mannschaftstreffen und Mannschaftsgeist

Bei Mannschaftstreffen wird entweder diskutiert oder eine Ansprache gehalten; hin und wieder findet auch beides statt. Im allgemeinen unterscheidet man drei verschiedene Arten von Zusammenkünften:

● *Versammlung nach dem Spiel*
  Warum? Um das Spiel durchzusprechen und die Leistungen zu bewerten; um das nächste Spiel zu planen.
  Wann? Vor dem ersten Training nach dem Spiel.
  In Diskussionen, die sich mit dem vergangenen Spiel beschäftigen, sollten auf keinen Fall zukünftige Spiele besprochen werden. Das Planungstreffen kann schon am nächsten Tag folgen und sollte mindestens einen

Tag und eine Trainingseinheit vor dem nächsten Spiel stattfinden. Im allgemeinen werden die endgültigen Entscheidungen über die Strategien hier gefällt.

● *Treffen, um das Zusammengehörigkeitsgefühl der Mannschaft zu stärken*
Warum? Um Gespräche und Diskussionen zu ermöglichen, bei denen es um weitreichende Themen, um persönliche, technische, taktische, soziale und sogar politische Aspekte geht, die die Mannschaft beeinflussen; um dem Team neuen Schwung zu geben, wenn die Saison bisher nicht besonders erfolgreich war.
Wann? Nach dem Training; dieses Treffen findet vielleicht sogar an einem neutralen Ort (nicht auf dem Sportgelände) statt, etwa wenn die Mannschaft unterwegs ist. Diese Art von Zusammensein findet zwar selten statt, dauert dafür aber meistens lange. Entscheidungen werden im allgemeinen hier nicht getroffen.

● *Zusammenkünfte vor dem Spiel*
Warum? Um sich emotional auf das Spiel vorzubereiten.
Wann? Unmittelbar vor dem Spiel; im allgemeinen findet es im Umkleideraum statt. Es läuft ohne Diskussionen ab und ist kürzer als die beiden anderen.

Alle Mannschaftstreffen können den Mannschaftsgeist stärken. Der Trainer sollte diese Treffen vorher planen und hinterher noch einmal sorgfältig daraufhin durchgehen, ob er das, was er erreichen wollte, auch erreicht hat. Auf den folgenden Seiten machen wir Vorschläge, wie man diese Versammlungen vorbereiten, leiten und hinterher beurteilen kann. Wir behandeln dabei besonders Treffen der ersten beiden Kategorien. Die dritte Kategorie wird später in diesem Kapitel auf Seite 171 f behandelt.

Vorbereitung des Treffens

Das Trainer-Team

Für alle Trainer ist es von Vorteil, einen Assistenten zu haben oder sogar zu einem Trainer-Team zu gehören. Auch hier gilt wieder, daß die Gesamtleistung des Teams größer ist als die Summe der Einzelleistungen. Ein Trainer kann nicht nur mit seinem Assistenten eine Versammlung besser planen und hinterher analysieren, sondern der Assistent kann vielleicht das Verhalten mancher Spieler besser verstehen und interpretieren als der Trainer selbst. Es ist unvermeidlich, daß manche Spieler den Trainer besser verstehen als andere. Ein Assistent kann einen Ausgleich schaffen, weil er sich anders ausdrückt und auch anders zuhören kann als der Trainer. Bei den

Versammlungen beobachtet er die Spieler und kann dann ergänzen, wenn er das Gefühl hat, daß manche Spieler den Trainer nicht ganz verstanden haben, damit die ganze Mannschaft an der Diskussion teilnehmen kann. Wenn der Trainer keinen Assistenten hat, übernimmt der Kapitän der Mannschaft im allgemeinen diese Rolle.

Planen

Zum Planen des Treffens braucht der Trainer nicht unbedingt viel Zeit, er sollte sich aber für eine Weile zurückziehen und sich nicht stören lassen. Wenn sein Assistent, der Manager des Teams oder der Kapitän das Treffen mitleiten soll, sollte dieser auch an der Planung beteiligt sein. Wenn nur einer das Programm aufstellt, hat es selten den gewünschten Erfolg; außerdem können positive Vorschläge der anderen nicht berücksichtigt werden.

Genaue Themenwahl

Überlegen Sie genau, was Sie mit diesem Treffen erreichen wollen. Der Trainer sollte sich selbst über den Grund für das Treffen vollkommen im klaren sein, selbst wenn er ihn vor der Mannschaft nicht ganz deutlich machen will. Vielleicht will er zweierlei mit diesem Treffen bewirken; zum Beispiel will er auf alle Fälle mit der Mannschaft über die Taktik für das nächste Spiel sprechen, hofft aber auch, daß Streitpunkte zur Sprache kommen, die die Spieler bisher nicht offen ausgesprochen haben.

Den Plan niederschreiben

Ein erfolgreiches Treffen wird selten genau nach Plan ablaufen. Es ist allerdings wichtig, daß der Trainer auch dann den Plan im Auge behält und sich bewußt macht, wie und warum das Treffen nicht wie geplant verläuft. Er sollte das Treffen dann absichtlich seinen eigenen Weg gehen lassen, sollte aber bewußt und überlegt diese Entwicklung akzeptieren.

Wenn der Trainer weiß, was er mit dem Treffen bezweckt, muß er überlegen, wie er sein Ziel erreichen kann. Dabei spielen die folgenden Faktoren eine Rolle:

Form

Überlegen Sie zuerst, ob Sie eine Ansprache halten oder eine Diskussion anregen und leiten wollen. Sollten Sie die Mannschaft für eine Diskussion einteilen? Wenn ja, wie soll man sie einteilen, in Paare, in Dreiergruppen, in kleine Gruppen, so wie sie beim Spiel zusammenarbeiten? Variieren Sie dabei zwischen großen Gruppen, kleinen Gruppen und Dreierformationen. Manchmal ist es bei einer Zusammenkunft nach einem Spiel vielleicht besser, überhaupt keine Diskussion aufkommen zu lassen, sondern nur eine offene Ansprache zu halten. Versammlungen, die immer nach dem gleichen Muster ablaufen, können durch Variationen nur gewinnen, kön-

nen die Teilnehmer dazu veranlassen, früher und lebhafter als sonst an der
Diskussion teilzunehmen. Ihre Aufgabe ist es unter anderem, die Spieler
dazu anzuregen, ihrer Phantasie freien Lauf zu lassen. Wenn Sie wollen,
daß Ihre Spieler beim Spiel Flexibilität und Einfallsreichtum zeigen, müssen Sie sie dazu bringen, daß sie ihre Einfälle und Vorschläge bei der Versammlung auch äußern.

Der Trainer sollte die Einteilung in kleinere Gruppen vornehmen. Er kann
so Beziehungen zwischen Spielern verstärken, die beim Spiel zusammenarbeiten. Die Aufteilung sollte nicht bei jeder Versammlung die gleiche sein,
denn die Spieler sollten persönliche Bindungen zu möglichst vielen Mitgliedern ihrer Mannschaft haben. Auf der anderen Seite sollte der Spieler das
Gefühl bekommen, daß er einer kleineren Einheit innerhalb der Mannschaft angehört. Jede kleine Gruppe kann dann ihren eigenen Mannschaftsgeist, ihr Gruppenzugehörigkeitsgefühl entwickeln, was der ganzen
Mannschaft während eines Wettkampfs zugute kommen kann und sie inspi-
riert.

Dreiergruppen werden im allgemeinen willkürlich gewählt; Gruppen, die
aus etwa fünf Spielern bestehen, sollten sich dagegen aus Sportlern zusammensetzen, die auch auf dem Spielfeld ähnliche Aufgaben haben, zum Beispiel beim Hockey die Angreifer oder die Verteidiger jeweils gemeinsam.
Zur Abwechslung könnten Sie auch hin und wieder Gruppen zusammen-
stellen, die aus neuen und alten Mitgliedern bestehen. Manchmal ist es gut,
wenn man Spieler zusammenbringt, die Schwierigkeiten miteinander
haben oder die einander einfach noch nicht besonders gut kennen.

In einer kleinen Gruppe kommt der Spieler relativ schnell zu Wort, und er
kann eine abweichende Meinung äußern, ohne daß es ihm besonders pein-
lich sein muß; er fühlt sich also schnell integriert. Wenn die Mannschaft nur
aus wenigen Sportlern besteht, braucht man sie nicht unbedingt zu untertei-
len, aber jeder sollte während des Treffens die Gelegenheit haben, seine
Meinung zu äußern. Ein Sportler drückte es so aus: «Ich muß ausdrücken
können, was ich fühle, oder ich habe nicht das Gefühl, daß ich wirklich
dabei war.» Wenn der Spieler seine Meinung äußern kann, auch wenn sie
negativ oder kritisch ist, fühlt er sich dazugehörig, fühlt er sich als Teil des
Teams. Junge Sportler, neue Spieler oder Ersatzspieler, die an einem bestimmten Spiel nicht teilgenommen haben, haben oft wichtige Beobachtungen gemacht, die sie sich aber nicht zu äußern trauen, wenn ein eta-
bliertes Mitglied des Teams gerade seine Meinung gesagt hat. Man sollte sie
also auffordern, den Anfang zu machen und als Trainer, Assistent oder
Kapitän erst als letzter sprechen.

Wenn die Versammlung einberufen wurde, um den Mannschaftsgeist zu
verbessern, teilt man das Team am besten willkürlich in Dreiergruppen auf
(in Dreiergruppen äußern sich die Sportler anscheinend disziplinierter und
präziser als zu zweit und sind weniger gehemmt als in Vierergruppen).

Im alten Griechenland...

...wurde großer Wert auf die gleichmäßige Ausbildung von Körper und Geist gelegt. Die berühmten Zeugnisse dieses Rundum-Trainings nötigen uns noch heute Bewunderung ab.

Zu diesem Training gehörte sicherlich nicht zuletzt auch das Üben im richtigen Umgang mit Geld.

Dann wird die Frage gestellt: «Was kann jeder einzelne tun, um den Mannschaftsgeist zu stärken und die Kommunikation innerhalb der Mannschaft zu verbessern?» Der Trainer sollte entscheiden, wie lange jeder einzelne sprechen darf; am besten bezeichnet man die Mitglieder einer Gruppe mit A, B und C, und der Trainer erinnert dann, wann A lange genug gesprochen hat und B an die Reihe kommen soll und so weiter.

Wenn man die Versammlung zusammen mit einer anderen Person leitet, sollte man vorher entscheiden, wer von beiden zuerst spricht und wer was sagt. Wie kann man einander am besten ergänzen, und wie kann man dafür sorgen, daß man seine unterschiedlichen Fähigkeiten und Beziehungen zu den einzelnen Sportlern am besten einsetzen kann?

Inhalt

Wenn man die äußere Form der Versammlung festgelegt hat, sollte man entscheiden, was angesprochen werden soll. Wenn man eine Diskussion in Gang bringen will, sollte man überlegen, mit welchen Fragen man das am besten bewerkstelligt. Fragen müssen präzise sein und die Spieler zum Nachdenken anregen. Unmittelbar nach dem Spiel konnte man mit der allgemeinen Frage: «Was haltet ihr von dem Spiel?» den Spielern helfen, sich zu sammeln. Bei der späteren Diskussion des Spiels kann man vielleicht fragen: «Was wollten wir erreichen?» (Wenn die Antwort auf sich warten läßt, hatte man sich bei der letzten Versammlung vor dem Spiel auf die Ziele nicht geeinigt.) Oder man beginnt mit: «Wir hatten vorgehabt...» und dann «Inwieweit haben wir unser Ziel erreicht?» Grundsätzlich ist es besser, wenn man die Spieler dazu bringt, erst das Positive am Spiel zu sehen, bevor man mit der Kritik beginnt. Man fragt also vielleicht zuerst: «Was haben wir besonders gut gemacht?», dann «Was haben wir falsch gemacht?» und dann «Was können wir daraus lernen?» Man muß allerdings darauf achten, daß man nicht jede Woche dieselben Fragen stellt.

Bei der Diskussion vor dem nächsten Spiel variieren die Fragen wahrscheinlich weniger. Bei einem Ballsport heißt es meistens: «Was ist unser Hauptziel?», «Wie spielen wir, wenn wir am Ball sind?», «Wie spielen wir, wenn die anderen am Ball sind?» Wenn das Team in kleinere strategische Gruppen eingeteilt ist, sollten sich die Gruppen nicht nur fragen: «Was für eine Aufgabe hat unsere Gruppe bei diesem Spiel?», sondern ebenso wichtig ist: «Wie können uns die anderen Gruppen helfen?» und «Wie können wir den andern helfen?» Nach den Diskussionen innerhalb der Gruppen berichtet dann ein Sprecher jeder Gruppe von den Ergebnissen.

Ort und Zeit

Nachdem über Inhalt und Form des Mannschaftstreffens entschieden wurde, muß der Trainer überlegen, wo und wann es stattfinden soll. Welcher Ort und welche Zeit kommt den Zielen entgegen? Eine Analyse des

letzten Spiels sollte nicht zu bald nach dem Spiel stattfinden, weil dann die
Spieler gefühlsmäßig noch zu stark beteiligt sind und eine nüchterne Diskussion nicht möglich ist. Wenn man aber zu lange wartet, haben die Spieler kein Interesse mehr an dem Spiel. Eine Analyse des letzten Spiels sollte
vor dem nächsten Training stattfinden, damit man wichtige Punkte und
neue Strategien gleich üben kann.

Der Leiter einer solchen Diskussion sollte sich vorher davon überzeugen,
daß der Ort, an dem das Treffen stattfinden soll, auch geeignet ist. Wenn
man vorhat, die Mannschaft in kleinere Gruppen aufzuteilen, ist der Umkleideraum nicht unbedingt die beste Lösung. Auch ein unordentlicher
Raum hat eine negative Wirkung auf die Versammlung. Wenn der Trainer
den Versammlungsraum entsprechend vorbereitet, kommen die Spieler
schon mit einer ganz anderen Einstellung; der Trainer selbst hat während
der Vorbereitung Zeit, sich darüber klarzuwerden, was er sich von diesem
Treffen verspricht. Lärm und Unterbrechungen schaffen unnötige Ablenkungen; man sollte also möglichst einen ruhigen Ort aussuchen, wo Unterbrechungen unwahrscheinlich sind. Vielleicht braucht man im Büro des
Sportzentrums nur Bescheid zu sagen, wo und wann man vorhat, diese Versammlung abzuhalten, und es genügt dann, einen Hinweis an die Tür zu
hängen.

Anwesenheit der Spieler

Manchmal sollte man gründlich überlegen, welche Spieler an einer bestimmten Versammlung teilnehmen sollen. Bei der Ansprache unmittelbar
vor dem Spiel brauchen nur die Spieler, die auch spielen werden, anwesend
zu sein. An der analytischen Diskussion nach dem Spiel sollte jeder teilnehmen, der vielleicht in einem der kommenden Spiele spielen soll. Es passiert
zu häufig, daß eine professionelle Fußballmannschaft zwei oder drei Spieler bei einem wichtigen Spiel dabei hat, die bei den Vorbesprechungen
nicht anwesend waren. Wenn möglich sollen auch verletzte Spieler an den
Versammlungen teilnehmen. Das stärkt nicht nur das Gefühl der Dazuge-
hörigkeit, sondern häufig haben diese Spieler auch objektive Beobachtungen gemacht, die den beteiligten Spielern entgangen sind. Wenn ein
sonst festes Mitglied fehlt, ist es immer besser, wenn man den anderen den
Grund dafür angibt; ein neues Mitglied sollte der ganzen Mannschaft vorgestellt werden. Der Mannschaftsgeist wächst mit jedem Treffen, solange
eine gewisse Kontinuität besteht.

Sitzordnung

Die Stimmung der Versammlung kann sehr davon beeinflußt werden, wo
die Spieler im Verhältnis zum Trainer und zueinander sitzen. Wenn es sich
in erster Linie um ein Diskussionstreffen handelt, sollten die Stühle im
Kreis aufgestellt sein, damit jeder jeden sehen kann. Für viele Teamsport-

arten, besonders für professionellen Fußball, gilt, daß die Spieler daran gewöhnt sind, nur zuzuhören und das Sprechen dem Trainer zu überlassen, der wiederum nicht gut zuhören kann. Wenn Ihre Spieler in einer Reihe vor Ihnen sitzen und Sie stehen, ist es beinahe unvermeidlich, daß jegliche Bemerkung an Sie gerichtet wird. Das kann zwar auch passieren, wenn alle in einem Kreis sitzen, solche Tendenzen lassen sich dann aber leichter auffangen. Die Form des Kreises an sich ist schon ein Symbol für Einheit. In alten Tänzen, futuristischen Romanen und Kindergeschichten taucht immer wieder der alte Glaube auf, daß man böse Geister von sich fernhalten kann, wenn alle sich im Kreis an der Hand fassen und auf die Kreismitte blicken. Ein ähnliches Ritual haben heute noch manche Basketballteams, deren Mitglieder sich am Ende der Auszeit im Kreis an den Händen fassen und ihren ‹Schlachtruf› ertönen lassen.

Wenn bei der Versammlung eine Ansprache des Trainers im Mittelpunkt steht, brauchen die Spieler einander nicht anzusehen und können auch in einer Reihe sitzen. Bei einer Diskussion sollte der Trainer als einer unter vielen im Kreis sitzen; bei einer Ansprache sollte er vor seiner Mannschaft stehen.

Bei einem der Teams, mit denen wir zusammenarbeiten, war die Verteilung anfangs genau umgekehrt. Während der analytischen Diskussion am Montag, nach dem Samstagspiel, saßen die Spieler aufgereiht auf den Bänken und Trainer und Manager standen vor ihnen. Die letzte Ansprache des Trainers vor dem Spiel dagegen fand meistens im Umkleideraum statt; die Spieler saßen willkürlich um den Trainer herum, der der Hälfte von ihnen den Rücken zukehrte. Der Erfolg war, daß die Montagsdiskussionen eher einem Monolog ähnelten, und die kurzen Ansprachen des Trainers vor einem Spiel sich oft zu langwierigen Diskussionen auswuchsen.

Organisation und Ablauf des Treffens

Eine Mannschaftsversammlung kann folgendermaßen ablaufen:

Sich einstellen

Manchmal geht es den Sportlern vor einem Treffen so, wie vor einem Spiel: Sie lassen sich von verschiedenen Faktoren ablenken und haben Schwierigkeiten, sich auf die ihnen bevorstehende Aufgabe zu konzentrieren. In einem solchen Fall ermöglichen psychische Übungen aus Kapitel 1 dem einzelnen, ablenkende Faktoren hinter sich zu lassen und sich auf die Gruppe und auf den Grund für dieses Treffen zu konzentrieren.

Der einzelne zeigt durch dieses Bemühen, daß er sich nach den gemeinsamen Grundsätzen und Zielen richten will. Ihm wird Zeit gegeben, in der er sich das Gefühl der Verantwortung für die Mannschaft und den Grund, warum er an dieser Versammlung teilnimmt, deutlich machen sollte. Trainer, die ihre Mannschaft durch Beleidigungen, Drohungen und Herausforderungen zusammenschmieden wollen oder immer wieder mit beißenden Bemerkungen an das Ehrgefühl jedes einzelnen zu appellieren versuchen, werden nicht erreichen, daß ihre Mitspieler sich für die Mannschaft einsetzen. Wichtiger ist, daß der Trainer jeden Sportler dazu ermutigt, sich selbst zu motivieren. Es gibt allerdings genug mittelmäßige Trainer, die weder das eine noch das andere tun. Es ist ein Schritt in die richtige Richtung, wenn man dem Spieler zu Anfang der Versammlung die nötige Zeit gibt, um sich ganz anwesend zu fühlen, um Verbindung zum nächsten aufzunehmen und um persönliche Sorgen und Gefühle auszudrücken.

Das Programm der Versammlung

Lassen Sie die Spieler jetzt wissen, was Sie mit dieser Versammlung bezwecken (Inhalt), wie sie ablaufen soll und wie lange sie dauern wird. Selbst wenn sich äußere Form und Inhalt nicht immer wie geplant einhalten lassen, sollte man keinesfalls die Zeit überziehen. In zukünftigen Besprechungen werden Ihnen die Spieler mehr Aufmerksamkeit schenken, weil sie das Gefühl haben, daß sie sich auf Sie verlassen können.

Einteilung der Gruppen

Wenn die Diskussionen in kleineren Gruppen stattfinden sollen, macht man die Einteilung am besten, bevor man die geplanten Themen bekannt gibt.

Vorbereitete Themen

Fragen oder Diskussionsthemen müssen einzeln vorgebracht werden, und die nachfolgende Diskussion sollte zeitlich begrenzt sein. Fragen sollen einfach formuliert und neutral gestellt werden. Wenn der Diskussionsleiter gleich sagt, wie er über ein bestimmtes Thema denkt, werden einige Spieler glauben, daß sie nun nicht mehr nachdenken müssen, weil der Leiter ja wohl schon die «richtige» Antwort gegeben hat. Vor dem Beginn der Diskussion sollte man den Spielern etwas Zeit lassen, damit sie sich ihre eigene Meinung zu dem Thema bilden können, bevor man beginnt.

Die Teilnehmer werden sich enger an die Themen halten, wenn man die Fragen an die Tafel schreibt, nachdem die Diskussion begonnen hat. Achten Sie auf die Zeit und darauf, wer sich in den einzelnen Gruppen am lebhaftesten und wer sich am wenigsten an der Diskussion beteiligt. Wenn dann die kleinen Gruppen aufgelöst werden, sollte man diejenigen zu Wort kommen lassen, die sich bisher nicht allzuviel geäußert haben. Wichtig ist auch, das Ende der Diskussion zwei Minuten vor Ablauf der Zeit anzukündigen. Die Diskussionen in kleineren Gruppen enden bisweilen sowieso schon, bevor die dafür festgelegte Zeit vorbei ist.

Auflösung der Gruppen / erneute Zusammenkunft

Wenn die Zeit für das Besprechen innerhalb der kleinen Gruppen abgelaufen ist, kann man ein Mitglied jeder Gruppe bitten, die Antworten seiner Gruppe aufzuschreiben. Bei der allgemeinen Diskussion werden dann diese Antworten vorgelesen und diskutiert, bis man sich schließlich auf eine gemeinsame Antwort einigen kann. Manchmal ist es besser, nach dem Verlesen der Antworten die Meinungen der anderen Gruppen erst wieder in den Kleingruppen zu diskutieren; das ist allerdings wenig sinnvoll, wenn man möchte, daß die ganze Mannschaft zu einer einheitlichen Entscheidung gelangt.

Diskussionen im Kreis

Damit eine allgemeine Diskussion möglichst sinnvolle Ergebnisse bringt, sollte man folgendes berücksichtigen:

● *Halten Sie sich mit Ihrer eigenen Meinung zurück*
Je seltener der Trainer während der Diskussion seine eigene Meinung äußert, desto aufmerksamer wird man ihm zuhören, wenn er sagt, was er denkt. Er sollte also diese ihm gewidmete Aufmerksamkeit nicht mit irgendwelchen Nebensächlichkeiten vergeuden, sondern am Ende der Diskussion zusammenfassen, was zu dem Hauptthema gesagt worden ist und dann seine Meinung dazu äußern. Aber auch vom Thema etwas abweichende Äußerungen der Spieler sollten nicht ignoriert werden, und der Trainer sollte sich diese Punkte merken oder notieren, um sie dann bei der Zusammenfassung am Ende anzusprechen.

● *Lassen Sie sich nicht in langwierige Diskussionen oder Streitigkeiten hineinziehen*
Statt dessen sollten Sie die Mannschaft beobachten und die Spieler zum Sprechen veranlassen, die selten etwas sagen. Wieder halten Sie sich am besten mit Ihrer eigenen Meinung zurück; es ist sowieso sehr wahrscheinlich, daß ein anderer derselben Meinung ist wie Sie und diese auch äußert. Sie können dann die Reaktionen auf diese Einstellung beobachten, ohne selbst direkt beteiligt zu sein oder die Leitung der Diskussion aus der Hand zu geben.

● *Beobachten Sie Ihre Mannschaft*
Manchmal lernt man mehr durch Beobachten als durch Zuhören. Körperhaltung und Bewegungen sprechen oft deutlicher als Worte. Der Trainer wird allmählich lernen, die Körpersprache der einzelnen Sportler richtig zu interpretieren. Das ist besonders wichtig bei einem Sport wie Volleyball, wo Entscheidungen während des Spiels, wer zum Beispiel auf dem Spielfeld bleiben und wer aussetzen soll, sehr schnell gefällt werden müssen. Manchmal hilft es auch, wenn man die Spieler

selbst dazu anregt, einander zu beobachten und dann hinterher mit ihnen über ihre Beobachtungen spricht.

Achten Sie besonders auf den Sportler, der angespannt, sehr still und ernst ist oder der sich bei der Diskussion etwas abseits gesetzt hat. Achten Sie auch auf denjenigen, der immer etwas zu sagen hat, der mit seinem Stuhl allmählich immer weiter nach vorn rutscht, bis er schließlich nicht mehr sehen kann, ob die anderen gelangweilt sind; ihm geht es nur um Ihre Aufmerksamkeit.

● *Hören Sie Ihren Spielern zu*
Es ist wichtig, daß der Leiter der Diskussion gut zuhört und auch unterbricht, wenn es notwendig ist; seine Aufgabe besteht darin, stille Teilnehmer zum Sprechen zu ermuntern und zu eifrige zurückzuhalten. Wenn die Diskussion zum Dialog geworden ist, sollte man beiden Teilnehmern vorschlagen, die anderen zu fragen, was sie gefühlsmäßig von dieser Diskussion halten, ob sie gelangweilt, interessiert, müde oder frustriert sind, weil sich die Diskussion zum Dialog entwickelt hat. Auf diese Weise werden die anderen Spieler wieder am Gespräch beteiligt und das Gefühl der Einheit kann sich erneut einstellen.

● *Unterbrechen Sie, wenn nötig*
Unterscheiden Sie zwischen Sprechen und Plaudern und lassen Sie längeres Plaudern nicht zu. Wenn ein Spieler spricht, bedeutet das, daß er seine Gefühle über das, was gerade passiert, äußert. Wenn ein Sportler plaudert, dann erzählt er dagegen meist Anekdoten von anderen Menschen, die woanders etwas anderes gemacht haben.

● *Erkennen Sie neu auftretende Diskussionspunkte*
Manchmal zeigt sich ein besonderer Punkt in der Diskussion, der mit dem eigentlich geplanten Thema nicht viel zu tun hat, aber wichtig ist (zum Beispiel Ehrlichkeit und Zutrauen). Da man jetzt aber offensichtlich nicht genug Zeit für eine gründliche Behandlung dieses Punktes hat, sollte der Trainer ihn nur erwähnen und ein gesondertes Treffen vorschlagen, bei dem man darüber sprechen wird. Dann kann man sich wieder dem eigentlichen Thema zuwenden.

● *Achten Sie auf Verallgemeinerungen*
Wenn es um Gefühle geht, sollte man besonders darauf achten, daß der Sprechende die erste Person und die Gegenwartsform benutzt. Verallgemeinerungen wie «Ihr...», «Wir...», «Leute...», «Das Mittelfeld...» und so weiter sollten vermieden werden; der Sprechende wird dazu angehalten, sich genauer auszudrücken. Wir erinnern uns an eine solche Versammlung, bei der ein Spieler fragte: «Was können wir machen, da-

mit wir mehr Zutrauen zu unserem Team bekommen?» Es wäre interessant gewesen, wenn er seinen Satz hätte ändern müssen in: «Was kann ich tun, damit *ich* mehr Zutrauen zu unserem Team bekomme?»; und wenn man dieser Frage auf einer tieferen psychologischen Ebene hätte nachgehen können, hätte man ihn an die Frage heranführen können: «Was kann ich tun, damit ich mehr Zutrauen zu *mir selbst* bekomme?» Dann wäre ihm vielleicht bewußt geworden, daß nur er der Meinung ist, das Team glaube im allgemeinen nicht an sich. Für dieses Vorgehen war leider keine Zeit, denn die Antworten kamen sofort: «*Wir* sollten...», woraus dieselbe verallgemeinernde Haltung sprach. Eine solche Aussage sollte nicht so hingenommen werden, sondern man muß sich fragen: «Das ist zwar schön und gut, aber was wirst du persönlich tun?», und weiter: «Auf welche Aktionen kann ich mich bei dir verlassen?» Wenn sich einer der Sportler erst einmal auf eine präzise Aktionsweise festgelegt hat, beginnt sich der Nebel des allgemeinen Geredes zu lichten, und das Interesse verschiebt sich von der reinen Diskussion auf praktische Lösungen.

- *Erinnern Sie sich an den Grundsatz: Hinter jeder Frage steht eine Aussage*
  Eine Diskussion wird häufig verlangsamt, wenn Fragen an den Trainer oder auch an die Mitspieler gestellt werden. Viel Zeit kann vergeudet werden, wenn man zu erraten versucht, warum gerade diese Frage gestellt wurde und dann eine passende Antwort finden will. Wenn man aber bedenkt, daß hinter jeder Frage eine Aussage steht, kann man eine nützliche Diskussion in Gang setzen, wenn man den Fragenden bittet, seine Frage zu einer Aussage in der ersten Person umzuformulieren, die mit «Ich...» anfangen muß. (Sätze mit «Ich frage mich, warum...» zählen nicht als Aussage.)

- *Bringen Sie das Treffen zu einem positiven Abschluß*
  Wenn Diskussionsbeiträge anfangen, sich zu wiederholen und wenn auch die Zeit beinahe um ist, sollte man die Versammlung zu einem Abschluß bringen. Statt aber zu fragen: «Was also schließen wir daraus?», sollte man lieber sagen: «Es scheint, daß wir daraus schließen können, daß...», und den Spielern danach ein paar Momente Zeit lassen, um wirklich ernsthafte Einwände oder Veränderungsvorschläge vorzubringen. Wenn es so aussieht, als wenn sich die Diskussion neu entzünden könnte, sollte der Leiter besser aufstehen und das Treffen beenden.

Bei der Taktik haben Sie das letzte Wort

Nachdem jeder Spieler etwas zur Diskussion beigetragen hat, werden alle Ihnen nun willig zuhören. Sie haben die verschiedenen Meinungen gehört und müssen nun Ihre eigene Meinung mit der der anderen vergleichen.

Wenn die Diskussion nichts Rechtes ergeben hat oder der Trainer zu einer vollkommen anderen Entscheidung gekommen ist als seine Spieler, sollte er auf seiner Entscheidung wenigstens für eine gewisse Zeit bestehen. In einem solchen Fall ist es wichtig, daß man die Spieler bittet, Ihre (des Trainers) Entscheidung nochmals zu formulieren, um sicher zu sein, daß man richtig verstanden wurde.

Die Entscheidungen sollten dann für alle sichtbar aufgeschrieben werden, selbst wenn manche Spieler damit Unangenehmes assoziieren. Dieses Gefühl kann mit etwas Geduld verändert werden. Die Sportler werden schließlich einsehen, daß es zu ihrem Vorteil ist, wenn sie die Entscheidungen klar und deutlich vor Augen haben und werden das Gefühl bekommen, daß diese Versammlungen konkrete Ergebnisse bringen, statt nur dazu zu dienen, seiner Wut und Frustration Luft machen zu können. Selbst der Sportler, dem Diskussionen und verbale Äußerungen nicht liegen, wird mit der Aussage auf der Tafel konfrontiert; diese Entscheidungen werden zum Thema der Woche, und wenn man sie bis zum nächsten Spiel auf der Tafel stehenläßt, können sie zu Slogans werden, die sich die Spieler beim Training immer wieder ins Gedächtnis rufen.

Spiele und Übungen für Diskussionstreffen

Um eine Diskussion in Gang zu bringen und das Gefühl der Zusammengehörigkeit zu fördern, kann man eine Reihe von Spielen oder Übungen verwenden. Ein paar Beispiele:

① *Meinungsäußerung in der Runde*
Wenn die Diskussionsrunde aus nicht mehr als einem Dutzend Sportlern besteht und Diskussionsbeiträge sich anfangen zu wiederholen oder ungenau zu sein, kann der Leiter unterbrechen und um die «Meinung der Runde» bitten. Dabei äußert jeder einzelne seine Einstellung in einem Satz, ohne daß die anderen einen Kommentar dazu abgeben. Sehr häufig zeigt sich dann, daß alle eine erstaunlich ähnliche Einstellung zu einem Thema haben.

② *Stärken und Schwächen auflisten*
Um ein Gespräch über fehlendes Zutrauen und Mangel an Mannschaftsgeist in Gang zu bringen, fordert der Leiter die Spieler auf, ihre Zweifel an der Mannschaft und die Schwächen, die ihnen bewußt geworden sind, zu nennen und schreibt diese an die Tafel. Dasselbe geschieht mit den Stärken, den positiven Aspekten der Mannschaft. Es ist häufig leichter, Lösungen für Probleme zu finden, wenn man sie sich

deutlich gemacht hat. Zweifel, die der eine hat, können vielleicht schon von einem anderen ausgeräumt werden. Man kann einen Aktionsplan entwickeln, der darauf aufbaut, was die Mannschaft als ihre Stärken empfindet.

③ Den einzelnen aus der Reserve locken

Dem Grund für den Verlust des Vertrauens in die Mannschaft kann man durch folgende Gesprächsführung gründlicher auf die Spur kommen: Wenn einer der Spieler kein Vertrauen in die Mannschaft hat, sollte man ihn auffordern zu sagen, welche Aspekte seiner eigenen Leistung er verbessern möchte. Danach sollte er sich bewußt werden, welchem/n Spieler(n) er besonders wenig zutraut und sollte sich überlegen, welche eine Stärke er dennoch an ihm/ihnen festgestellt hat. Er nennt eine Sache, die der andere tun kann und durch die sein Vertrauen in ihn größer würde. Schließlich sollte man ihn fragen, ob es einen Zusammenhang gibt zwischen den Verbesserungen, die er sich bei den anderen wünscht und denen, die er selbst erreichen möchte.

Bevor der Leiter allerdings dem unzufriedenen Sportler solche Fragen stellt, sollte er herausfinden, ob auch noch andere Mitglieder der Mannschaft Zweifel am Team haben. Wenn alle diese Sportler ihre Antworten auf die obigen Fragen aufschreiben und bei ihm abliefern, kann er diese Äußerungen bei einer späteren Versammlung verwenden, bei der selbstkritische, allgemein kritische und positive Einstellungen offen zur Sprache kommen. Man kann natürlich gleich um ehrliche Antworten bitten, ohne daß sie erst niedergeschrieben werden. In jedem Fall wird man mehr über die entsprechenden Spieler herausfinden und kann vielleicht neue Maßnahmen entwickeln, die die Stimmung des Teams positiv verändern können.

④ Zurückhaltende Teilnehmer zum Reden bringen

Wenn nur etwa die Hälfte der Anwesenden an der lebhaften Diskussion teilnimmt, sollte man unterbrechen und diejenigen, die nichts gesagt haben, auffordern aufzustehen und sich einen Partner unter denen zu wählen, die sich verbal beteiligt haben. Diese Paare sollen sich dann abseits von dem Kreis zusammensetzen und der ‹Stille› soll dem ‹Gesprächigen› seine Meinung zu dem Thema sagen, was gerade diskutiert wurde. Wenn jeder Sportler auf diese Weise eine Entscheidung gefällt oder sich zu einer Haltung verpflichtet hat, sollte er seine Meinung zu der Entscheidung seines Partners abgeben.

⑤ Ehrlichkeit fördern

Manchmal beschuldigen einige Spieler eines Teams andere, bei den Diskussionen nicht ehrlich zu sein. Es stimmt sicher, daß es einfacher ist, sich verallgemeinernd für das Team zu äußern, statt zuzugeben, daß einem das Vertrauen in die eigenen Fähigkeiten fehlt. Wenn man möchte, daß solche Sportler ihre eigene Leistung realistisch bewerten, um dann bestimmte Aspekte verbessern zu können, muß man eine intime Atmosphäre schaffen, die sich im großen Kreis nicht einstellen kann.

Wenn das Team aus ungefähr fünfzehn Sportlern besteht, lassen Sie von eins bis fünf abzählen und alle Einsen, alle Zweien und so weiter jeweils eine Gruppe bilden. Auf diese Weise erreichen Sie eine einigermaßen willkürliche Verteilung. Vierergruppen sind für diese Übung zu groß; wenn einer oder zwei Spieler übrigbleiben, stellen Sie sich selbst zur Verfügung. Jede Gruppe besteht aus A, B und C; A muß jetzt als erster in drei Minuten sagen, womit er bei seiner Leistung zufrieden ist und was er verbessern wird. B und C hören ohne Kommentar zu und regen ihn nur zum Weitersprechen an, wenn seine Zeit noch nicht abgelaufen ist. Nach drei Minuten rufen Sie «Schluß», und jetzt ist B an der Reihe, und A und C hören kommentarlos zu. Nachdem alle drei Minuten Zeit gehabt haben, geben Sie ihnen noch fünf Minuten, damit die drei innerhalb der ‹sicheren› kleinen Gruppe miteinander sprechen können. Danach setzen sich alle wieder zu einem großen Kreis zusammen, und jetzt nennt jeder etwas, was er verbessern wird.

Der Trainer oder Assistenztrainer sollte diese Absichten notieren und später mit jedem Sportler einzeln besprechen, wie man sie beim Training am besten verwirklichen kann.

⑥ *Brainstorming*

Die Lösung für ein schon lange vorhandenes Problem kann manchmal durch Brainstorming gefunden werden; dafür braucht man allerdings Ruhe und eine entspannte Atmosphäre, zum Beispiel im Rahmen eines Mannschaftstreffens zu Beginn der Saison oder am Abend vor einem Spiel. Der Leiter bringt ein Problem zur Sprache (zum Beispiel: Wie kann der Mannschaftsgeist gestärkt werden?) und in den nächsten zehn Minuten vergessen die Sportler jegliche logischen Gedankenmuster und Einschränkungen, lassen ihrer Phantasie freien Lauf und sagen alles, was ihnen als mögliche Lösung in den Kopf kommt. Der Leiter wählt zwei oder drei Vorschläge aus, die ihm gefallen, und die Spieler überlegen sich, wie man diese Vorschläge in die Praxis umsetzen könnte. Der Leiter wählt schließlich den besten Vorschlag und muß sich dann fragen, warum er den Vorschlag vielleicht nicht ohne weiteres in die Tat umsetzen kann und was er tun müßte, um eine solche Lösung möglich zu machen. Er verpflichtet sich dann dem Team gegenüber, diese Lösung an einem festgelegten Datum zu realisieren.

⑦ *Ich sehe . . . ich stelle mir vor . . . und das gibt mir das Gefühl . . .*
Diese Übung kann zunächst in der schon beschriebenen Weise durchgeführt werden (s. S. 142 f), wobei einer sagt, was ihm an einem anderen auffällt und was er dabei für ein Gefühl hat. Dann kann man die Übung verändern, indem man diesmal sagt, was einem an der Leistung und dem Verhalten des anderen während eines Spiels aufgefallen ist. Die Aussagen sollten in der Vergangenheitsform gemacht werden. Wenn man nach dieser Übung genug Zeit hat, um zu den Aussagen des anderen Stellung nehmen zu können, kann man viele Mißverständnisse ausräumen.

⑧ *Was ich tun würde, wenn ich sieben Tage lang der Trainer wäre*
Zwanzig Minuten lang sollte man das Team in kleinen Gruppen darüber sprechen lassen; danach berichtet einer aus jeder Gruppe, welche Vorschläge in seiner Gruppe gemacht wurden. Auf diese Weise kann Unzufriedenheit auf kreative Weise ausgedrückt werden, und der einzelne erfährt, wie andere seiner Gruppe über bestimmte Dinge denken.

⑨ *«Als wenn . . .»-Diskussionen*
Jeder soll sich vorstellen, einer der großen Champions seines Sports zu sein, jemand, den er bewundert. Dann teilt der Leiter das Team willkürlich in Viergruppen ein, und innerhalb dieser Gruppen spricht man nun über die Stärken und Schwächen dieser Personen, in die man sich hineinversetzt hat, allerdings nur in der dritten Person. Der Leiter sollte vorher einen passenden Ort auswählen; zum Beispiel finden diese Gespräche am besten im Klubhaus, in der Kneipe oder zu Hause bei einem der Spieler nach dem Spiel statt. Diesmal sollen die Mitglieder einer Gruppe nicht nacheinander ihre Meinung abgeben, sondern sich miteinander unterhalten.

⑩ *Der Weise*
Mit Hilfe der folgenden Übung zur psychischen Orientierung kann jeder Spieler die Frage beantworten: «Was kann ich tun, um den Mannschaftsgeist zu stärken?» Mit dieser Übung kann sich der einzelne entspannen und sich für eine Weile in sich selbst zurückziehen, was besonders nach einer längeren Periode von analytischen Diskussionen wichtig ist.
Die Teilnehmer legen sich auf den Boden, schließen die Augen und entspannen sich nach den Anleitungen des Trainers. Dann stellen sie sich vor, auf einem Feld in der Nähe eines Berges zu sein. Der Leiter dieser Übung läßt ihnen dabei viel Zeit; seine Sportler sollen so genau wie möglich visualisieren, wo sie sich befinden; sie verlassen das Feld und steigen den Berg hinauf, bis sie auf der Spitze des Berges eine Hütte

oder eine Art Unterstand sehen. Sie gehen hinein und sehen einen Weisen, dem sie die Frage stellen: «Was kann ich tun, um den Mannschaftsgeist zu stärken?» Sie sollen die erste Antwort, die ihnen der Weise gibt, erinnern, egal was es ist. Dann steigen Sie wieder den Berg hinunter, gelangen auf das Feld und schließlich wieder in den Übungsraum. Sie sollten erst zu zweit über diese Übung sprechen, bevor die Gruppe gemeinsam die Antworten diskutiert.

Diese Übung kann Antworten auf viele verschiedene Fragen geben; es wird dabei die mehr intuitive rechte Hirnhälfte angesprochen statt die logische linke.

⑪ *Unerledigtes*

Vor dem Ende der allgemeinen Diskussion sollte der Leiter fragen, ob jemand noch etwas ‹loswerden› möchte. Sportler, die sich über etwas ärgern, es aber erst nach der Versammlung anderen gegenüber äußern, schaden dem Mannschaftsgeist, wie wir schon in Kapitel 1 erwähnt haben. Das bedeutet nicht unbedingt, daß die Diskussion nun von neuem losgeht. Es bedeutet nur, daß ein negativer oder auch positiver Kommentar, der bisher zurückgestellt wurde, abgegeben werden soll. Der Sportler, der ihn vor den anderen ausdrückt, hat damit gezeigt, daß er nicht hinter dem Rücken anderer über etwas klagt. Er kann dann nach der Versammlung mit den anderen weiter darüber sprechen.

⑫ *Aussagen am Schluß*

Am Schluß der Versammlung sitzen alle Sportler im Kreis und machen nacheinander eine Aussage darüber, wie sie sich gerade fühlen. Auf diese Weise kann jeder einzelne seine Erfahrung, seine Gefühle und das, was er gelernt hat, zusammenfassen und sich als Mitglied des Teams bestätigt fühlen. Diese Aussagen sollten kurz sein und nicht kommentiert werden.

⑬ *Anerkennung*

Man kann den Mannschaftsgeist direkt durch folgende Übung stärken: Die Mannschaft sitzt im Kreis und jeder überlegt sich, was er an seinem Nachbarn zur Rechten besonders schätzt. Dann geht man im Kreis herum, und jeder spricht aus, was er an seinem Nachbarn besonders gut findet, etwa seine Persönlichkeit, seine sportlichen Leistungen oder ihn als Mannschaftskamerad. Am besten wartet man mit dieser Übung bis zum Ende der Versammlung. Man kann auch die Mannschaft in kleinere Gruppen (etwa fünf Spieler) aufteilen, und jeder sagt einen positiven Satz über jeden anderen Spieler in der Gruppe. Jeder dieser Sätze sollte wie eine Aussage formuliert sein, über die nicht weiter diskutiert wird. Man kann nachhelfen, indem man einen Gegenstand in der

Runde herumgibt und vorher festlegt, daß nur derjenige, der diesen
Gegenstand in der Hand hält, sprechen darf. Durch solche Übungen, in
denen man sich die gegenseitige Anerkennung zeigt, baut sich das Vertrauen der Spieler zueinander auf, und ihr fürsorgliches Interesse an
dem anderen wächst.

In diese Kategorie gehört noch eine andere Übung, die man auch schon
früher im Verlauf einer Versammlung machen könnte. Sie dauert etwas
länger, vor allen Dingen, wenn man sie im großen Kreis und nicht in
kleinen Gruppen vornimmt. Jeder Teilnehmer denkt an zwei positive
Aspekte seines rechten Nachbarn und an eine Sache, die dieser seiner
Meinung nach besser machen könnte. Dann werden diese Punkte wie
oben reihum zur Sprache gebracht, wobei man erst einen positiven
Kommentar, dann die Kritik äußert und dann mit dem zweiten positiven
Satz abschließt.

Das waren ein paar Vorschläge, wie man als Trainer seine Spieler dazu
bringen kann, sich deutlich und ehrlich zu äußern und auch während der
Versammlungen zu den eigenen Meinungen und Gefühlen zu stehen. In der
Mannschaft entsteht auf diese Weise eine freie und sichere Atmosphäre, in
der die Spieler einander und – was noch wichtiger ist – sich selbst vertrauen
lernen. Wenn ein Sportler dazu angeregt wird, seinen Gefühlen deutlich
Ausdruck zu verleihen, fällt es ihm leichter, sein Potential sowohl als Mitglied der Mannschaft als auch als Individuum auszuschöpfen.
Der Trainer hat die Aufgabe, sein Team zur Verwirklichung dieses Potentials zu bringen statt ihm nur Anweisungen zu geben, was es machen soll.
Wenn man sein Team immer nur brav in Reihen vor sich sitzen hat und ihm
Vorträge hält, sollte man sich nicht wundern, wenn es sich wie eine Klasse
gelangweilter Schüler verhält, die keinerlei Verantwortung für ihre Handlungen übernehmen wollen und passiv alles mit sich geschehen lassen. Es ist
sinnlos, seinem Team eine Reihe von Strategien vorzuschreiben, die die
Spieler nicht verstehen können. Es ist besser, wenn man Geduld hat und sie
durch Fragen dazu veranlaßt, selbst neue Erkenntnisse zu gewinnen. Letzten Endes kommt es aber nur darauf an, daß dem Trainer das Team wirklich
etwas bedeutet. Dann fühlt es sich ihm näher, spricht sich leichter aus, traut
sich, etwas Neues auszuprobieren und setzt sich mehr ein. Die wichtigste
Aufgabe für den Trainer ist, eine Situation, eine Atmosphäre zu schaffen,
wo den Spielern Ideen und Antworten auf Fragen einfallen können. Er ist
nicht unbedingt dafür verantwortlich, daß diese Antworten dann auch
kommen, und er kann auch nicht immer wissen, wie sie lauten werden.

Nach dem Treffen / Während der Woche

Im Idealfall analysieren Trainer und Mannschaft den Verlauf eines Treffens so, wie sie auch ein Spiel hinterher durchsprechen sollten. Wenn man ganz gründlich sein möchte, schreibt man nicht nur die Ergebnisse auf, sondern auch persönliche Beobachtungen, Eindrücke und neue Ideen, die man später vielleicht wiederaufnehmen möchte. Auf diese Weise hat man das Gefühl der Kontinuität und den Eindruck, daß man Fortschritte macht. Diskussionen kommen dann leichter in Gang und drehen sich nicht immer wieder um die gleichen Themen.

Wenn das wichtigste Ergebnis der letzten Versammlung als Slogan, als Ansporn oder Affirmation auf der Tafel stehenbleibt, sollte man die Sportler, die taktisch zusammenspielen, dazu auffordern, sich später wieder zusammenzutun, um zu überlegen, was sie tun können, um dieses Ziel zu erreichen. Was bedeutet dieser Punkt für die Verteidiger, was für den Angriff? Beim Training sollte besonders das betont werden, das die erforderlichen Fähigkeiten entwickeln hilft, und bei Trainingsspielen wird dann die Leistung des einzelnen im Hinblick darauf beurteilt, wie sehr er den neuen Anforderungen entspricht. Diese Analysen werden dann in weiteren kurzen Treffen vor dem Training durchgesprochen.

Der einzelne Sportler lernt so, wie er persönlich seiner Mannschaft helfen kann, ihr Ziel zu erreichen. Spätestens am Abend vor dem Spiel sollte er seine Aufgabe genau kennen. Je deutlicher er sich darüber im klaren ist, um so mehr Vertrauen hat er in sein Spiel.

Nach dem Spiel sollten sich die Spieler individuell und in ihren taktischen Gruppen darüber klarwerden, wieweit sie die gesetzten Ziele erreicht haben und was sie daraus lernen können.

Nach der Vorbereitungsdiskussion zu Anfang der Woche kann es nötig sein, im Verlauf der Woche noch Änderungen vorzunehmen, wenn das Training nicht wie geplant verlaufen konnte oder Spieler verletzt worden sind. Mit fortschreitender Saison sollten allerdings die langen Diskussionen seltener werden und die Mannschaft bereitwilliger sein, dem Trainer zuzuhören. Er sollte das Team daran erinnern, auf welche Ziele man sich geeinigt hatte und wie man diese Ziele erreichen wollte. Allmählich genügt es meistens, die Spieler nur noch mit der Erinnerung an die gemeinsam entwickelten Ziele anzuspornen, die man in kurze Slogans fassen kann. Vor einem Spiel sollte man nicht destruktiv mit den Spielern umgehen, sondern sie an all das erinnern, was sie verbindet.

Nach dem ersten Treffen zu Beginn der Saison, bei dem man die grundsätzlichen Ziele festlegt, sollte aufgeschrieben werden, was den einzelnen motiviert. Es hilft, wenn der Trainer soviel wie möglich über den Spieler weiß, nicht nur, was er bisher gemacht hat, sondern auch, was zur Zeit für ihn in

seinem Leben wichtig ist und wodurch seine Aufmerksamkeit vom Sport
abgelenkt werden könnte. Bestimmte Faktoren in seinem Privatleben können sein Verhältnis zur Mannschaft verändern. Es ist wichtig, daß jeder
Spieler sich während und auch außerhalb der Zusammenkünfte mitzuteilen
lernt. Mitglieder einer Mannschaft, die Vertrauen zueinander entwickeln,
werden sich auch privat treffen und über andere Themen als nur über ihren
Sport sprechen. Hin und wieder sollte bei den Routinetreffen durch Aus-
sprachen im großen Kreis überprüft werden, ob sich etwas verändert hat.
Jede Spielsaison ist anders, und es gibt meistens wichtige Hinweise darauf,
wann die Langzeitziele des Teams neu besprochen und vielleicht verändert
werden sollten. Was ist der nächste Schritt? Haben wir immer noch dieselben Zielvorstellungen?

Das Treffen direkt vor dem Spiel

Jetzt spricht nur der Trainer, und die Spieler hören zu. Er sollte so wenig
neue Informationen wie möglich geben, sondern in einer sehr eindeutigen,
direkten Weise die Strategien noch einmal wiederholen, auf die man sich
bei den Diskussionen geeinigt und die man beim Training während der Woche geübt hatte. Eine anfeuernde, letzte Ansprache des Trainers vor dem
Spiel wird das Gefühl der Zusammengehörigkeit in der Mannschaft, den
Teamgeist, stärken und sollte
- jegliche verbliebene Unsicherheit zerstreuen und ablenkende Faktoren
  ausschalten,
- Spieler beruhigen, die zu gespannt und nervös sind,
- Spieler aufputschen, die zu gelassen sind,
- allen Spielern das Bewußtsein geben, daß sie zu einer Einheit gehören,
  die mehr erreichen kann, als die Summe ihrer individuellen Fähigkeiten
  vermuten läßt.
Wie wirkungsvoll eine solche Ansprache ist, hängt im wesentlichen davon
ab, wieviel Zeit und Mühe man vorher in die Diskussionen mit der Mannschaft investiert hat.
Man sollte die Mannschaft mental auf das Spiel eingestellt haben, bevor
man Übungen für die psychische und körperliche Vorbereitung durchführt.
Am besten sollte man die analytische Vorbereitung am Tag vor dem Spiel
abgeschlossen haben; wenn der Trainer aber kurz vor dem Spiel noch wichtige Informationen für sein Team hat, sollte er sich einfach und direkt ausdrücken und damit seine Ansprache einleiten. Wenn man schon in der
Phase der psychologischen Vorbereitung auf das Spiel ist, sollte man nicht

auf nüchterne strategische Fragen zurückkommen, weil dadurch die wichtige, positive Stimmung unterbrochen werden könnte. Dasselbe gilt für Ansprachen während der Pausen eines Spiels. Der Trainer eines Teams, mit dem wir arbeiteten, war besonders gut, wenn es um logische, strategische Fragen ging; der Manager dagegen konnte das Team psychologisch besser beeinflussen. Wir hatten immer den Eindruck, daß die Wirkung der kurzen Rede vor dem Spiel und in den Pausen besonders gut war, wenn der Trainer erst die wichtigsten strategischen Punkte noch einmal wiederholte und der Manager danach die Spieler in die richtige Stimmung brachte. Wenn der Ablauf umgekehrt war oder wenn der Trainer am Ende der Ansprache noch ein paar Informationen hinzufügen mußte, war die Wirkung des emotionalen Aufbaus dahin.

Beim Training

Mannschaftsgeist kann durch das Training ebenso gefördert werden wie durch die Versammlungen. Beim Training kann man beobachten, wie sich das Verhältnis der Spieler zueinander in ihren taktischen Entscheidungen, in Worten und Gesten ausdrückt. Falls die Kommunikation auf diesem Gebiet etwas zu wünschen übrig läßt, kann man zu zweit oder in kleinen Gruppen entsprechend üben. Auch hier sollte der Trainer die Einteilung so vornehmen, daß das persönliche Interesse an und das intuitive Verständnis für den anderen gefördert wird. Bei der Planung des Trainings sollte man folgende Punkte berücksichtigen:

● *Erinnern Sie Ihre Spieler an «das Thema der Woche»*
Training sollte auf die Entscheidungen aufbauen, die man zu Anfang der Woche gemeinsam getroffen hatte. Je früher diese Zielvorstellungen festgelegt wurden, desto mehr Zeit hat die Mannschaft, diese Vorstellungen durch das Training zu verinnerlichen. Der Trainer ist dafür verantwortlich, daß seine Mannschaft gewinnt, und seine Spieler sind dafür verantwortlich, daß sie so spielen, wie er es von ihnen verlangt. Die Spieler müssen davon überzeugt sein, daß es wichtiger ist, sich danach zu richten, was der Trainer von ihnen verlangt, als mit allen Mitteln zu gewinnen. Der Trainer muß seinem Team vermitteln, daß ihre Leistung nicht danach beurteilt werden wird, wie das Endergebnis des Spiels aussieht, sondern inwieweit sie sich nach den Anweisungen gerichtet haben, auf die man sich vorher geeinigt hatte. Wenn es Ihnen zum Beispiel bei Ihrer Hockeymannschaft vor allen Dingen darauf ankommt, daß die Gegner nicht ins Tor treffen, dann sollte

man die Trainingsspiele danach beurteilen, wie gut die Verteidigung war und nicht danach, wie viele Tore man geschossen hatte. Auf diese Weise wird die Verteidigung gestärkt, und die Spieler gewinnen an Selbstvertrauen, weil sie wissen, daß etwas an ihrem Spiel beurteilt wird, was sie unter Kontrolle haben. Außerdem ist es eine angenehme Abwechslung, wenn es beim Training einmal nicht darauf ankommt, Tore zu schießen.

Als wir mit einem Trainer einmal über eine unerwartete Niederlage seiner Mannschaft sprachen, meinte er, daß das Team sich anfangs an die verabredeten Prioritäten gehalten und besonders auf ein gutes Zusammenspiel geachtet hatte. Im Verlauf des Spiels war es ihnen aber plötzlich bewußt geworden, daß sie noch kein Tor geschossen hatten, und sie waren in Panik geraten. Der Leitsatz der Woche war vergessen, und sie dachten nur noch: «Wir müssen Tore schießen!» Der Druck zu gewinnen ist meistens so groß, daß das Team unweigerlich in Panik geraten und das Ziel der Woche vergessen wird, wenn es ihnen nicht ganz deutlich immer vor Augen steht. Der Trainer muß also dafür sorgen, daß dieses Ziel lauter zu ihnen ‹spricht›, als die alte festverwurzelte Forderung: «Wir müssen gewinnen!»

Der Trainer kann dabei helfen, indem er

– schon lange vor dem Spiel klarmacht, worauf es ankommt;
– sich vergewissert, daß jeder Spieler weiß, was von ihm verlangt wird und daß er danach beurteilt wird, inwieweit er diesen Vorstellungen nachgekommen ist;
– täglich vor und während des Trainings immer wieder klarmacht, worauf es ihm ankommt;
– mit seinen Spielern darüber spricht, wie gut sie sich in ihren Trainingsspielen nach dem Leitsatz der Woche gerichtet haben.

● *Sorgen Sie für regelmäßige Teilnahme*

Es ist außerordentlich wichtig, daß die Spieler regelmäßig am Training teilnehmen. Wenn Vertrauen und Respekt der Spieler untereinander wachsen sollen, ist die Teilnahme am Training ebenso wichtig wie die Teilnahme an den Mannschaftstreffen. Selbst ein verletzter Sportler sollte möglichst dabeisein; auf diese Weise bleibt das intuitive Verstehen, das ihn mit den anderen verbindet, erhalten, und er kann ihnen moralischen Beistand leisten. Wenn er sich dann von seiner Verletzung wieder erholt hat, ist es viel leichter für ihn, sich schnell wieder als vollwertiges Mitglied der Mannschaft zu fühlen (was besonders bei Mannschaften wichtig ist, die eine Reihe von Reservespielern haben). Auch mit seiner Verletzung kann er vielleicht manche Aspekte seines Spiels verbessern (den Rest kann er durch Visualisierungen üben); aber er wird auch finden, daß er seinen Kameraden schon durch seine Anwesenheit helfen kann. Beim Volleyball kann er den trainierenden Spielern den Ball zuwerfen, er kann Spielweisen analysieren und während des Spiels seine Mannschaft mit Zurufen ermuntern.

Seine Anwesenheit kann seine Kameraden inspirieren. Die Sportler, mit denen er sonst taktisch zusammenspielt, schätzen seine objektive Beobachtung und Beurteilung ihrer Leistung.

Gleichzeitig ist das Team auch für den Verletzten sehr wichtig. Schon das Zusammensein mit seiner Mannschaft, das Zusammengehörigkeitsgefühl, kann zu seiner Heilung beitragen. Er wird sich mehr um seine Wiederherstellung bemühen, wenn er das Gefühl hat, daß er seinen Kameraden etwas bedeutet, daß sie an ihn denken.

● *Verwenden Sie phantasievolle Übungen*

Wenn ein bestimmter Aspekt der Spielweise durch ein interessantes Trainingsprogramm betont wird, sind die Spieler häufig mit mehr Begeisterung dabei, und das Gefühl der Verbundenheit mit den anderen vertieft sich. Der Trainer sollte darauf achten, daß jeder Spieler regelmäßig das an seinem Sport genießen kann, was ihm am meisten Spaß macht. Dadurch wird nicht nur sein Vertrauen in sich selbst, sondern indirekt auch das Selbstbewußtsein der ganzen Mannschaft gestärkt.

Jeder Spieler der Mannschaft kann sich zum Beispiel bei einem Trainingsspiel vornehmen, so zu spielen wie ein ihm bekannter Sportler, den alle wegen seiner Spielmacherfähigkeiten bewundern. Bei diesem Spiel gewinnt nicht die Seite, die die meisten Tore geschossen hat, sondern die, deren Spieler das Vorbild am besten imitiert haben. Um möglichst viel aus einer solchen Übung herauszuholen, sollte man den Spielern hinterher genug Zeit geben, über diese Erfahrung zu sprechen.

● *Bekämpfen Sie Depressionen mit einfachen Aufgaben*

Wenn die Spieler einer Mannschaft immer gleichmäßig gute Leistungen zeigen, ist es wahrscheinlich, daß sie im allgemeinen auch erfindungsreiche, interessierte Sportler sind, die gern neue Möglichkeiten ausprobieren. Sie haben das zugrunde liegende Muster des erfolgreichen Spiels, die grundsätzlichen Regeln und die Slogans, auf die man sich geeinigt hat, so vollkommen in sich aufgenommen, daß ihr Spielen nun eine Folge von einfallsreichen Variationen zum selben Thema geworden ist. Wenn ihr Selbstvertrauen aber ernsthaft erschüttert wurde und das Team in Gefahr ist, in einen losen Verband von Einzelspielern zu zerfallen, muß man sich die selbstverständlichsten Prinzipien wieder ins Gedächtnis rufen und wieder auf Übungen zurückgreifen, die man vor langer Zeit machte, als man sie mit diesen Prinzipien das erste Mal vertraut machte. Der Trainer muß seine Mannschaft mit einer bestimmten Aufgabe, von der er weiß, daß sie sie ohne Schwierigkeiten erfüllen kann, von der zur Zeit allgemein deprimierenden Situation ablenken, und zwar so, wie er auch einen einzelnen Sportler von seiner zu großen nervösen Gespanntheit ablenken würde. Dies wirkt sogar noch besser, wenn die Durchführung dieser grundlegenden

Aufgaben statistisch ausgewertet wird. Man kann sich dann nur darauf konzentrieren, grundsätzliche Fähigkeiten durch Üben wieder zu verbessern, bevor man sich wieder im variablen, phantasievollen Spiel versucht. Ein solches Spiel kann nur erfolgreich sein, wenn es auf soliden Fähigkeiten aufbaut.

Mannschaftsgeist und Individuum

Wenn alle Sportler regelmäßig allein und im Teamverband trainieren können, bildet sich der Mannschaftsgeist am besten heraus. Jeder einzelne sollte danach trachten, sein persönliches Potential auszuschöpfen; er sollte außerdem ein zusätzliches Trainingsprogramm einhalten, was sich besonders mit seinen Schwächen befaßt. Durchschnittliche Sportler, die gut allein trainieren können, tragen mehr zur Verbesserung des Klimas innerhalb der Mannschaft bei, als Starspieler, die der Meinung sind, daß sie zusätzliches Training nicht nötig haben.

Mannschaftsgeist kann bei den Spielern am besten geweckt werden, wenn der Trainer . . .

- *. . . konsequent ist:*
  Wenn Spieler das Gefühl haben, daß ihr Trainer selbst nicht mehr genau weiß, worauf es ankommt, schadet das auch ihrem Zusammengehörigkeitsgefühl. Wenn der Trainer zu häufig seine Spieler wechselt, sie dauernd neuen Positionen zuordnet oder neue Strategien einführen will, verlieren sie das Zutrauen zu ihm und konzentrieren sich mehr auf die eigene Person als auf das Team.

- *. . . mit den einzelnen Spielern spricht:*
  Alle Spieler brauchen individuelle Zuwendung, ob sie das zeigen oder nicht. Wenn der Trainer mit dem einzelnen sprechen möchte, sollte er ihm vorher sagen, wieviel Zeit er für dieses Gespräch zur Verfügung hat und ihn dann sprechen lassen. Bevor der Trainer etwas über die Leistung seines Spielers sagt, sollte er erst herausfinden, was dieser selbst meint und was er sich zum Ziel gesetzt hat. Auf diese Weise läßt sich eine Kritik häufig leichter anbringen.

- *. . . nur auf gerechte und positive Weise kritisiert:*
  Kritik sollte soweit wie möglich belegt werden. Wenn man bestimmte Elemente einer Leistung schriftlich festhält, kann eine negative Einstel-

lung, die aus der Vergangenheit herrührt, leichter verändert werden. Wenn sich der Trainer dabei ertappt, daß er über einen seiner Spieler sagt: «Er macht immer...», sollte er diesen Aspekt der sportlichen Leistung bei der nächsten möglichen Gelegenheit überprüfen. Wenn jemand durch negative Vorurteile beeinflußt wird, hat er es mit seiner sportlichen Entwicklung besonders schwer; wenn nur ein Fünkchen Wahrheit in diesem Vorurteil steckt, wird es für den Betreffenden um so schwerer, sich zu ändern. Nüchterne Daten sind eine gute Basis für Diskussionen über eine mögliche Verbesserung.

Manchmal werden Vorurteile verstärkt, nur weil man nicht aufgepaßt hat. Zum Beispiel beschwerte sich ein Trainer darüber, daß ein bestimmter Spieler «schon wieder» einen Verweis bekommen hätte, weil er sich mit dem Schiedsrichter gestritten hätte. Es stimmte zwar, daß dieser Spieler sich in der letzten Saison oft mit dem Schiedsrichter angelegt und dementsprechend häufig Verweise bekommen hatte. Wenn sein Trainer sich aber die Mühe gemacht hätte, die Daten zu überprüfen, hätte er gesehen, daß dieses der erste Verweis für den Spieler in dieser Saison war, die nun schon nahezu beendet war. Alte Vorurteile sind hartnäckig.

● *...aufpaßt, ob einer seiner Spieler sein Selbstvertrauen verliert:*
Wenn einer sein Zutrauen in seine Fähigkeiten verliert, kann das dem Mannschaftsgeist sehr abträglich sein. Wie bei übermäßiger Nervosität wird auch dann jegliches phantasievolles Spielen unterdrückt, und das Zusammenspiel mit den anderen Spielern muß darunter leiden. Beide Folgen können eine Art von psychischer (und in bestimmtem Maße auch körperlicher) Lähmung hervorrufen, so daß der Sportler nicht mehr ganz deutlich weiß, was er erreichen will. Ein Spieler ohne Zutrauen zu sich selbst kann sich mit den anderen nicht richtig verständigen. Der Trainer muß ihm dann dabei helfen, sein Gefühl der Sicherheit wiederzufinden und die unsichtbaren Fäden zu den anderen Kameraden wieder neu zu knüpfen. Ein Sportler, der zwar an seine eigenen Fähigkeiten glaubt, aber kein Vertrauen in seine Mannschaft hat, neigt dazu, sich zu isolieren und braucht die Hilfe des Trainers, weil sich diese Haltung ungünstig auf die Mannschaft auswirkt. Seine Einstellung ist unflexibel und negativ, und da er die Stärken der Mannschaft nicht erkennt, kann er sich in seinem Spiel auch nicht entsprechend verhalten.

Derjenige, der kein Vertrauen mehr zu seinem Team hat, sollte dazu ermuntert werden, seine Gefühle bei der nächsten Mannschaftsversammlung deutlicher und präziser auszudrücken. Der Sportler, der kein Vertrauen mehr in die eigenen Fähigkeiten hat, sollte erst mit dem Trainer allein sprechen und sich über die spezifischen Situationen klarwerden, die in ihm dieses Gefühl der Unzulänglichkeit hervorrufen. Dann muß man ihm dabei helfen, eine Strategie zu entwickeln, wie er in Zukunft mit solchen Situationen fertig werden kann. Diese Strategie sollte aus einer Reihe von Schritten bestehen, Zwischenziele zu haben, deren Erreichen ihm das Gefühl gibt, daß er Fortschritte macht. Er muß dabei genau wissen, was man von ihm erwartet und wonach man ihn beurteilen wird. Dann kann auch sein Selbstvertrauen wiederkehren, vorausgesetzt, daß man von ihm nicht mehr verlangt, als er leisten kann.

● *... den Kontakt mit Reservespielern, Ersatzspielern oder verletzten Spielern aufrechterhält:*
Hier muß der Trainer den ersten Schritt machen, weil solche Spieler oft zögern, dem Team ihre Hilfe anzubieten. Wenn es aber wahrscheinlich ist, daß sie eines Tages eingesetzt werden, müssen sie wie die anderen trainieren. Falls sie nicht mit dem Team zusammenspielen können, sollten sie so oft wie möglich beim Spielen zusehen, im Geiste mitspielen und so ein Gefühl für die Spielweise der Mannschaft bekommen.

● *... darauf achtet, daß alle Spieler sich gleich stark anstrengen:*
Bei Ballspielen stehen die Angreifer häufig im Vordergrund und dieser Aspekt ihres Spiels gewinnt auch in ihren eigenen Augen übermäßig an Bedeutung. Wenn also ihr Team am Ball ist, erwarten sie zwar mit Recht, daß man ihnen den Ball zuspielt, man sie sozusagen «bedient». Um aber ein Gleichgewicht zwischen den Spielern aufrechtzuerhalten, sollten dieselben Spieler dazu angeregt werden, sich in die Rolle der Verteidiger zu versetzen, wenn die andere Seite den Ball hat; sie haben nun die Möglichkeit, ihr Team zu unterstützen und ihm «zu dienen».

● *... auf positiven Meinungsäußerungen besteht:*
Bei den meisten Sportarten ist es für den Mannschaftsgeist wichtig, daß die Spieler verbal in Verbindung bleiben; andernfalls würden sich einzelne Spieler unter dem starken Druck in sich selbst zurückziehen oder mit anderen streiten. Verbale Kommunikation läßt sich in vier Kategorien einteilen:
- destruktive Kritik; meistens nachdem einer einen Fehler gemacht hat;
- Befehle wie «Gib den Ball her», «hierher», «schnell» usw.;
- positive Hinweise eines Spielers, der eine bessere Übersicht über die Situation hat als derjenige, der handeln muß;
- Ermutigung und Lob; damit sind nicht nur Glückwünsche nach dem Spiel gemeint, sondern auch ermutigende Worte während des Spiels. Solches Mutmachen kann den entscheidenden Unterschied bei einem Angriff auf das Tor oder einem Treibschlag beim Golf ausmachen.

Die dritte und vierte Kategorie sind natürlich am wirkungsvollsten; Bemerkungen der ersten Kategorie sollten so bald wie möglich abgestellt werden.

9 Wettkampf und Motivation

In diesem Kapitel beschreibt John Syer, wie sich seine persönliche Sicht von der Bedeutung eines Wettkampfs allmählich verändert hat. Er kommt zu dem Schluß, daß ein Wettkampf uns dazu bringen kann, entweder einen von außen festgelegten Standard zu erreichen oder uns dabei helfen kann, unser eigenes Potential zu entdecken.

Christopher Connolly beschreibt dann, wie ein Sportler, der sich nur durch die Ansichten anderer, durch mögliche Belohnungen oder Angst vor bösen Folgen motivieren läßt, lernen kann, sich selbst zu motivieren.

Eine persönliche Sicht des Wettkampfs

Während meiner Jahre im Internat war die Aussicht auf einen Samstagmorgen während der Hockeysaison im Frühjahr so aufregend, daß ich dies mit meinem ganzen Körper spürte. Der Tag schien eine ganz besondere Farbe zu haben, ein blasses Gelb und auch einen ganz speziellen Geruch. Der Geruch ist leichter zu erklären als die Farbe, denn es war der Geruch eines frisch präparierten Hockeyfeldes. Meine erwartungsfrohe Erregung wurde gesteigert, wenn ich das Feld sah, die frisch geweißten Linien, die stabilen weißen Tore, die magischen Halbkreise und die Grenzfahnen, die an jeder Ecke im Wind flatterten.

Hockey war zu der Zeit das Wichtigste in meinem Leben, und mein indischer Hockeyschläger war wie ein guter Freund. Wenn ich an diese Zeiten zurückdenke, wird mir deutlich, daß die Freude an dem Spiel vollkommen kinästhetisch war – ich «fühlte» meine eigene Schnelligkeit, Stärke, Gewandtheit und die Kontrolle, die ich über meine Bewegungen hatte; alles andere war unwichtig.

Während meiner Militärzeit wurde das anders. Ich war glücklicherweise gleichzeitig mit zwei anderen guten Hockeyspielern in Edinburgh stationiert und konnte jede Woche mit ihnen trainieren. Allmählich lernte ich einen anderen Aspekt des Spiels schätzen, nämlich den Mannschaftsgeist eines Teamsports, das Zusammengehörigkeitsgefühl mit den anderen Spielern. Nach achtzehn Monaten wurde ich entlassen und verbrachte die nächsten drei Jahre in Frankreich und Algerien, wo ich wenig Sport trieb.

Als ich an der Universität in Edinburgh studierte, fing ich mit Volleyball an. Jemand hatte meine Hockeystiefel gestohlen, gerade zu einer Zeit, als ich mit meinem Spiel sowieso nicht zufrieden war. Als ich eine Anzeige sah, in der man Spieler für das Volleyballteam suchte, fühlte ich, daß ich einen neuen Sport gefunden hatte. In den nächsten fünfzehn Jahren wurde mein Leben vom Volleyball bestimmt, erst in Edinburgh, dann als Spieler des britischen Teams in London und schließlich als Trainer eines schottischen Teams und Mitglied des schottischen Volleyball-Verbandes.

Anfangs war alles wunderbar; es war aufregend, wenn eine oft geübte Strategie auch Erfolg hatte, wenn man sich intuitiv allen anderen Teammitgliedern verbunden fühlte oder wenn man Momente von absoluter Klarheit hatte, in denen man genau wußte, was zu tun war und in denen das Spiel ein Eigenleben anzunehmen schien. Die Mannschaften, zu denen ich als Spieler oder später als Trainer gehörte, waren wie eine große Familie. Training machte ebensoviel Spaß wie das Spiel selbst und wenn wir zusammen reisten, erst in Schottland und dann durch ganz Europa, dann war das nur wie ein selbstverständliches ausgedehntes Beisammensein nach einem Spiel, bei dem wir zusammen aßen, tranken und sangen.

Allmählich aber machte sich eine negative Stimmung breit. Ich merkte, daß meine Spieler wütend, frustriert und angespannt waren und stellte die gleichen Gefühle schließlich auch bei mir selbst fest; manchmal schien sich die ganze Anstrengung einfach nicht zu lohnen. Nachdem eine mir bekannte Sportlerin drei Jahre lang auf mich eingeredet hatte, daß ich Yoga machen sollte, damit ich ruhiger werden und meinen Horizont erweitern könnte, beschloß ich, ihrem Rat zu folgen.

Es schien mir, als ob ich mich in einer neuen Phase meines Lebens befände. Ich lernte neue Leute kennen, besuchte die Findhorn-Stiftung in Nordschottland und beschloß dazubleiben. Einige Zeit später hörte ich über einen Bekannten von Timothy Gallwey und seinem Konzept von «Yoga-Tennis»; man beschrieb es mir so, daß man beim Spielen Nervosität und Frustration hinter sich lassen und sich statt dessen darauf konzentrieren sollte, das Spiel um seiner selbst willen «schön» zu spielen. Sehr bald gründete ich dann eine Findhorn-Volleyball-Mannschaft und versuchte, diese neuen Ideen in die Praxis umzusetzen. Unsere Mannschaft bestand aus «Amateur-Philosophen»; in langen Versammlungen diskutierten wir über unsere neuen Ideen und nahmen sie sogar auf Band auf, weil wir davon so begeistert waren.

Es klappte allerdings nicht ganz so, wie wir es uns vorgestellt hatten. Wir traten voller Begeisterung der regionalen Liga bei; als wir aber kein einziges Spiel gewannen, konnten wir uns nicht mehr recht darauf konzentrieren, daß wir eigentlich ja unsere Gegner ignorieren wollten und es uns nur darauf ankam, «schön» zu spielen. Wir konnten uns allmählich auch nicht mehr selbst davon überzeugen, daß wir «schön» spielten, wenn unsere Gegner uns geschlagen zurückließen. Meine Spieler kamen allmählich immer seltener zum Training und es wurde immer schwieriger, ein vollständiges Team für das nächste Spiel zusammenzustellen.

Erst dann bekam ich endlich Gallweys Buch «Tennis und Psyche – Das Innere Spiel» (München 1977) in die Hand und stellte zu meiner Überraschung fest, daß Gallwey ähnliche Phasen durchgemacht hatte; denn er schrieb, gewinnen bedeutete ihm nichts mehr; statt dessen versuchte er nur schön und perfekt zu spielen, er wollte die Perfektion im Spiel um ihrer selbst willen erreichen. Aber etwas fehlte. Der Wunsch zu gewinnen war nicht mehr da, und folglich fehlte ihm oft die nötige Entschlossenheit. Als ich weiterlas, fiel es mir wie Schuppen von den Augen. Genau diese Erkenntnisse waren es, wonach ich so lange gesucht hatte. Plötzlich bekamen meine Erfahrungen mit meinem Volleyballteam eine neue Bedeutung, und mir war klar, daß ich nach Amerika gehen, Timothy Gallwey kennenlernen und ein Buch mit dem Titel «Volleyball und Psyche» schreiben mußte. Ich initiierte ein Austauschprogramm zwischen der Findhorn-Stiftung und dem Esalen-Institut in Kalifornien, und vier Monate später befand ich mich auf dem Weg dahin und zu Timothy Gallwey. Es warteten allerdings noch weitere Überraschungen auf mich.

Das Esalen-Sportinstitut war nicht in Esalen und hatte nicht einmal mehr ein Büro in San Francisco, und Timothy Gallwey war unerreichbar. Esalen war eine Stunde mit dem Auto von der nächsten Stadt entfernt, und vier Tage in der Woche arbeitete ich als Gärtner, um das nötige Geld zum Leben zu verdienen. An den Wochenenden nahm ich an Workshops teil und hatte meine erste Einführung in die Gestalttherapie und andere Disziplinen, die sich mit dem Potential des Menschen beschäftigen. Ich war Ende Februar aus Schottland gekommen; die Sonne war warm, im glitzernden Meer konnte man Wale beobachten, und große Monarch-Schmetterlinge flatterten in den Eukalyptusbäumen. Ich war von meinem Vorhaben etwas abgelenkt, lebte entspannt und in den Tag hinein.

In dieser Zeit las ich das Buch «Gestalt-Therapie» (Perls/Hefferlein/Goodman; Stuttgart 1985). Eines Tages stolperte ich über die Aussage, daß das

Problem mit der neurotischen Wettkampfmentalität nicht der Wettkampf
selbst sei, sondern die Tatsache, daß der Sportler an dem Spiel selbst eigentlich nicht interessiert sei. Ich legte das Buch aus der Hand und dachte:
Wenn Perls von einer neurotischen Wettkampfmentalität spricht, dann
muß er davon überzeugt sein, daß es auch eine Mentalität gibt, die nicht
neurotisch ist. In unseren Versuchen in Findhorn, schön zu spielen, hatten
wir uns eingebildet, daß alles Negative im Sport nur von eben diesem Wettkampfdenken kommt. Und weiter: Wenn ein Sportler am Spiel selbst nicht
interessiert ist, woran ist er dann interessiert?

Ich erinnerte mich an Gallweys Schilderung, wie er das Endspiel der amerikanischen Junioren verlor, als er fünfzehn Jahre alt war. Er führte mit zwei
Sätzen, als er plötzlich mit dem Achtzehnjährigen Mitleid bekam, den er
schlagen würde. Gallwey meint: «Wenn ich annehme, daß andere mich
mehr respektieren, wenn ich gewinne, dann muß ich auch glauben, ob bewußt oder unbewußt, daß andere weniger Respekt für den Verlierer haben.»

Hier lag die Antwort auf meine Frage: Ein Sportler, der nicht an dem Spiel
selbst interessiert ist, will, daß andere auf ihn aufmerksam werden und ihn
respektieren. Er will sich selbst beweisen, daß er ist, wer er sein will oder
sein sollte; das ist die *neurotische* Wettkampfmentalität.

Und schließlich wurde mir klar: Wettkampfdenken ist nicht unbedingt neurotisch. Ein Sportler, der kreativ ist, der am Spiel selbst Freude hat, nimmt
an Wettkämpfen nicht teil, um zu beweisen, daß er ist, der er sein sollte,
sondern um herauszufinden, wer er wirklich ist. Er geht dabei von der
Überzeugung aus, daß er die Person, als die er sich dann selbst entdecken
wird, auf ihre Weise für einmalig und perfekt halten wird.

Diese Erkenntnis kam Gallwey, als er eine Unterhaltung mit seinem Vater
hatte. Er hatte seinem Vater von seiner Philosophie erzählt, daß es nur
darauf ankäme, perfekt zu spielen und den Gegner zu ignorieren, als dieser
ihn fragte, warum denn dann der Surfer immer auf die eine große Welle
warte, statt schon an den kleineren seinen Spaß zu haben. Gallwey mußte
darauf antworten: «Es sind die großen Wellen, die verlangen, daß er all sein
Können, seinen Mut und seine Konzentration einsetzt. Nur durch sie kann
er die Grenzen seiner Fähigkeiten erfahren. Erst dann kann er etwas erreichen, was ihm bisher nahezu unmöglich erschien. Mit anderen Worten, je
schwieriger die Aufgabe ist, der er sich gegenüber sieht, desto besser ist die
Möglichkeit, daß er sein wahres Potential erkennt und seine Grenzen wei-
tersteckt.»

George Leonard, ein anderer Lehrer am Esalen-Institut, schreibt über die
Kampfmethode ‹Aikido›: «Jeder Aikido-Kämpfer muß vor allen Dingen
einen guten Trainingspartner finden, jemanden, der sich nicht vor einem
ernsthaften Angriff scheut. Am besten ist es, wenn er eindeutig und mit
voller Absicht angreift, und zwar so, daß er seinem Partner weh tun könnte,

wenn der seinem Schlag nicht ausweicht oder ihn abblockt. Ein solches Training kann trotzdem die Form eines perfekten Tanzes annehmen, bei dem niemand verletzt wird und beide ihre Energie voll einsetzen. Ein halbherziger Angriff ist weitaus gefährlicher und kann leichter zu Verletzungen führen.»

Leonard behält diesen Vergleich mit einem Tanz bei, wenn er über den berühmten amerikanischen Footballspieler O. J. Simpson sagt: «Er braucht würdige Gegner; ihr Können und ihre feste Absicht, ihn zu stoppen, zwingen ihn, in seinen Tanz noch mehr Energie hineinzulegen... Er braucht einen körperlichen und psychologischen Kontext zu seinem Tanz...»

Fritz Perls weist darauf hin, daß in Kunst, wissenschaftlicher Theorie und Sport kreative Erkenntnisse durch Konflikt oder Wettkampf gemacht werden. Er sagt weiter, daß Konflikte, die in einer Teambesprechung zum Vorschein kommen, möglicherweise einen kreativen Wert haben. Das gilt genauso für geschäftliche Besprechungen wie für strategische Versammlungen. «Konflikt kann eine Zusammenarbeit bewirken, die mehr schafft, als man erwartet hat, die zu ganz neuen Ideen führt. Je uneiniger sich eine Gruppe bei einem bestimmten Thema ist, darüber aber dann ausführlich diskutiert, desto wahrscheinlicher ist es, daß man gemeinsam eine Lösung findet, die besser ist als alles, was man einzeln vorgeschlagen hatte. Beim Sport ist es das Bewußtsein des Wettkampfs, das die Spieler über sich hinauswachsen läßt.»

Brent Rushall, ein kanadischer Sportpsychologe, stellt fest: «In das Spiel wird mehr Anstrengung und Intensität investiert als in das Training. Sportler merken dann, daß sie noch eine gewisse ‹Extra-Energie› haben, die sie im Fall eines entscheidenden Spiels aktivieren können.»

Das Konzept der zusätzlichen Energie, die dann frei wird, wenn jeder Teil des Sportlers oder jedes Mitglied einer Mannschaft seine eigene Energie zum Wohl des Ganzen beisteuert, ist das Konzept der *Synergie,* das wir in Kapitel 8 behandelt haben. Es soll hier betont werden, daß ein Element von Konflikt nötig ist, wenn man etwas Neues schaffen oder entdecken möchte. Der Erfolg dieses Prozesses ist aber davon abhängig, daß der Einzelsportler oder die Mannschaft fest daran glaubt, daß das, was man auf diese Weise entdeckt, auf seine Art perfekt sein wird. Und diese Zuversicht braucht Zeit und Reife.

Wir haben darüber gesprochen, wie man einen solchen Glauben in einer Mannschaft wecken kann. Jetzt sollten wir uns überlegen, was dieser Prozeß für den *einzelnen* Sportler bedeutet und auf welche Weise der Glaube an sich selbst der wahre Ursprung seiner Motivation ist.

Motivation

Was ist Motivation? Wie funktioniert sie? Wie kann ich mich selbst motivieren? Wie kann ich mein Team motivieren? Diese und ähnliche Fragen werden uns oft von Trainern und Sportlern gestellt.

Besonders Trainer scheinen häufig unter dem Problem der fehlenden Motivation zu leiden. Die typische Klage eines Trainers ist vielleicht folgende: «Ich habe diesen Spieler in meiner Mannschaft; er ist jung, er hat die richtige Statur für den Sport; er ist unglaublich begabt und fähig. Wenn er sich Mühe gibt, kann er Enormes leisten. Aber er scheint nur einen Teil der Zeit überhaupt anwesend zu sein. Er setzt nur 50 Prozent seiner Fähigkeiten ein. Wenn ich das Falsche sage, dann nutzt er auch die 50 Prozent nicht mehr.» Oder: «Er erscheint erst fünf Minuten vor dem Training und geht als erster nach Hause.» Oder: «Wenn ich ihn unter Druck setze, wird er sauer und unkooperativ.» Oder: «Wenn ich ihm zu sehr nachgebe, meint er, daß er sich keine Mühe geben muß und leistet absolut nicht, wozu er fähig ist.»

Der ideale Sportler ist in den Augen des Trainers derjenige, der sich selbst motiviert, der in jeder Beziehung ‹anwesend› ist, der sein Potential ausschöpfen möchte und der willig und hilfsbereit ist. Wir alle wünschen uns einen solchen Sportler, weil er so leicht zu führen ist. Leider ist es häufig der begabteste Sportler, der in dieser Beziehung die meisten Probleme hat. Er ist oft unberechenbar und leicht reizbar. Wenn er in Form ist, ist er perfekt. Wenn er nicht in Form ist, dann ist er frustrierender als jeder andere; das gilt oft nicht nur für den Sport, sondern auch für andere Aspekte seines Lebens.

Also, noch einmal: was ist Motivation? Man hat darüber viele Theorien aufgestellt, hat Tests und Messungen gemacht. Wir haben Hemmungen, über Motivation zu schreiben, weil unser Buch nicht von Tests und Messungen handelt und weil Theorien auch nur so weit nützen, wie sie spezifische Methoden aufzeigen. Der folgende Abschnitt ist also mit einer gewissen Zurückhaltung zu lesen. Wenn die Theorie, die wir hier beschreiben, Ihnen sinnvoll erscheint, können Sie sie als Modell benutzen, um herauszufinden, was Sie oder Ihre Spieler motiviert. Wenn Sie damit nichts anfangen können, ignorieren Sie sie. Immer wenn eine Kollegin eine Vorlesung hält, steht ein Satz auf einer Ecke der Tafel, der nie gelöscht wird: *Dieses ist nicht die absolute Wahrheit.* Sie meint damit, daß sie in ihrer Vorlesung eine Theorie darlegt, die nicht unbedingt wahr sein muß, die aber zum Verstehen der eigenen Erfahrungen beitragen kann.

Traditionell haben Modelle von Motivation mit Belohnung und Strafe zu tun, oder in der Sprache der Verhaltensforscher mit «positiver oder negativer Verstärkung». Wenn eine Ratte in einem Irrgarten mit Futter dafür belohnt wird, daß sie den richtigen Weg findet, wird sie bald schnell und zuverlässig jedesmal diesen Weg gehen, weil sie dann etwas bekommt, was sie möchte. Wenn sie dagegen falsch läuft und deshalb einen elektrischen Schlag bekommt, wird sie nicht mehr in diese Richtung gehen, weil sie den Schock natürlich vermeiden möchte.

Dieses traditionelle Modell von Wollen und Nicht-Wollen kann man für Menschen etwas eleganter ausdrücken: «etwas erreichen» und «etwas vermeiden». Dieses Modell wird beim Sport häufig angewendet.

Ein Sportler ist angeblich durch zweierlei motiviert: Entweder verspricht man ihm etwas, was er haben möchte, oder man droht ihm mit etwas, was er vermeiden möchte. Wenn er erfolgreich ist, erreicht er, daß sein Trainer ihn anerkennt, daß seine Kameraden und seine Familie stolz auf ihn sind, daß er durch Presse und Fernsehen berühmt wird und bessere Verträge und Angebote bekommt. Vielleicht spielt bei alldem auch eine Rolle, daß sein Selbstbewußtsein durch den Sieg gestärkt wurde und daß er das Gefühl hat, sein Potential auszuschöpfen, aber meistens sind solche Faktoren schwer einzuschätzen und von untergeordneter Bedeutung.

Nach diesem Modell wird er sich auch anstrengen, um bestimmte negative Folgen zu vermeiden. Die Strafe für das Verlieren äußert sich in Form von negativer Kritik; er wird vielleicht aus der besten Mannschaft ausgeschlossen, muß Schmerzen und Erschöpfung erleiden, was ihn nur noch härter trainieren läßt, sein Trainer ist mit ihm unzufrieden, er fühlt sich vor der Öffentlichkeit oder vor seinen Freunden blamiert; er verliert seine Stellung in der Liga, seinen Vertrag, Geld und Ansehen. Natürlich verliert er auch an Selbstbewußtsein, ist enttäuscht, daß er sein Ziel nicht erreicht hat, aber das wird als nebensächlich ignoriert.

Beide Theorien basieren auf dem *Wunsch-Konzept*. Das Modell der negativen und positiven Verstärkung sieht vor, daß der Trainer etwas findet, was der Sportler erreichen oder vermeiden will und ihn so in seinem Verhalten lenkt. Bei diesem Modell sucht oder vermeidet der Sportler etwas, was von außen kommt, und handelt entsprechend.

Wir meinen, daß solche Theorien zwar grundsätzlich verstehen lassen, wodurch Sportler motiviert werden, gewinnen zu wollen, aber in der Praxis ist das alles nicht so einfach. Was passiert, wenn ein Spieler meint, daß er zuviel aufgeben muß, um zu erreichen, was er will? Was ist mit den Spielern, die ein regelmäßiges Trainingsprogramm nicht einhalten, weil sie lieber mal eine Nacht durchfeiern, weil sie auf Rauchen und Trinken nicht verzichten möchten, weil sie sich auf ein Examen vorbereiten müssen oder weil ihnen das körperliche Training zu anstrengend ist? Auf der anderen Seite: Was passiert mit dem Sportler, der schon erreicht hat, was er will und sich nun auf seinen Lorbeeren ausruht? Er hat es ja schließlich einmal geschafft, ein Beweis, daß er dazu fähig ist; er hat den Vertrag, den er wollte oder die Goldmedaille; er muß es doch nicht noch einmal beweisen.

Wir haben uns lange mit diesem Thema beschäftigt. Wir haben keine Lösung gefunden, können keine Vorschläge machen, die für jeden die richtigen sind. Die psychophysische Konstellation jedes Sportlers ist anders, und motivierende Faktoren sind meistens sehr schwer zu bestimmen. Wir haben allerdings ausreichend Gelegenheit gehabt, mit verschiedenen Sportlern zusammenzuarbeiten, die mehr leisten, als normalerweise von ihnen verlangt wird, die sich selbst immer wieder dazu bringen, ihr Bestes zu geben, die nie Schwierigkeiten haben, motiviert zu sein. Aus diesen Beobachtungen des «Sich selbst realisierenden Individuums» (wie es Abraham Maslow, der Begründer der humanistischen Psychologie, nannte) entstand ein neues Modell.

Dieses Modell basiert auf dem «Selbst-Realisierungs-Faktor», der in dem Sportler selbst liegt. Er fängt an, sich selbst zu motivieren, wenn er nicht mehr Befriedigung nur durch äußerliche Dinge (sei es Materielles oder Bewunderung durch andere) sucht, sondern ihm das Erreichen seiner Ziele, die er sich selbst gesteckt hat, wichtiger wird als alles andere.

Drücken wir es auch etwas anders aus: Ein Sportler, wie jeder andere normale Mensch auch, braucht gewisse Dinge, um glücklich und zufrieden zu sein. Wir alle brauchen Nahrung, ein Dach über dem Kopf, Sicherheit, Anerkennung durch Freunde und Familie, Liebe, materielle Bequemlichkeiten und wollen uns hin und wieder amüsieren. Im Zusammenhang mit Motivation führen wir diese These noch etwas weiter aus und teilen unsere Bedürfnisse in drei Hauptkategorien ein: Sicherheit, Stärke und Liebe. Überlegen wir einmal, was diese Kategorien für den Sportler bedeuten:

● *Sicherheit*

Das ist der Ausgangspunkt. Wenn er zum Training kommt, muß der Spieler wissen, daß er einen Platz in der Mannschaft hat und daß er in dieser Position spielen wird, von der er meint, daß er dafür geeignet ist. Er muß daran glauben können, daß sein Trainer ehrlich und fair zu ihm ist. Wenn er Profi-Sportler ist, braucht er einen Vertrag, ein Heim und ein regelmäßiges Einkommen, um sich sicher zu fühlen.

● *Stärke*

Der Sportler muß wissen, daß er auch fähig ist zu tun, was von ihm verlangt wird und daß man ihn, mit gewissen Einschränkungen, in seiner Beurteilung der Situation unterstützt. Ein Mannschaftsspieler möchte manchmal aus der Anonymität des Teams heraustreten, bestimmen können und die Aufmerksamkeit anderer spüren. Er braucht Geld, um seine materiellen Bedürfnisse zu erfüllen und einen gewissen Status, um das zu erlangen, was sich nicht mit Geld kaufen läßt.

● *Liebe*
Ein Sportler braucht Liebe, auch wenn man dieses Wort im allgemeinen in diesem Zusammenhang nicht verwendet. Er braucht Anerkennung durch Zuschauer, Freunde und Familie. Er will, daß sein Trainer mit ihm zufrieden ist. Er braucht Bewunderung oder Respekt von seinen Kameraden. Er will akzeptiert werden, mit all seinen Stärken und Schwächen.

Solange der Sportler danach strebt, diese Bedürfnisse von außen, durch seine Umwelt zu befriedigen, so lange wird er auch das perfekte Gefühl des Erfolgs nicht kennenlernen. Deshalb gibt es auch professionelle Sportler, die bereits lukrative Verträge haben und doch immer noch mehr Geld wollen; solche Sportler sind vielleicht schon in der ganzen Welt berühmt und sehnen sich dennoch danach, auch noch im Fernsehen aufzutreten. Obgleich jeder möchte, daß seine grundsätzlichen Bedürfnisse erfüllt werden, und versucht, «böse Folgen» zu vermeiden – und diese Faktoren motivieren das Verhalten eines jeden von uns zu bestimmten Zeiten unseres täglichen Lebens –, so gibt es doch noch einen weiteren Schritt, den der Sportler machen kann und manchmal auch macht.
Mit den Begriffen «neurotisches» versus «kreatives» Wettkampfdenken und ihrer Interpretation versuchten wir das Modell «Motivation durch Selbst-Realisierung» in etwa zu erklären. Solange der Sportler das Gefühl von Sicherheit, Macht und Liebe nicht in sich trägt und Bestätigung auf diesen Gebieten immer wieder von außen erfahren muß, so lange hat er auch keine Kontrolle über sein Verhalten. Das Bild, das er von sich selbst hat, hängt davon ab, was von außen an ihn herangetragen wird. Seine Bedürfnisse müssen von außen befriedigt werden, damit er mit sich zufrieden sein kann. Der große Durchbruch kommt, wenn der Sportler beginnt, diese Gefühle von Sicherheit, Stärke und Liebe in sich selbst zu entdecken. Statt immer auf Anerkennung von außen zu warten, stellt er fest, daß er das Bewußtsein seines eigenen Werts als Sportler und als Mensch in sich trägt. Er braucht es nicht mehr für sein eigenes Selbstbewußtsein, anderen befehlen zu können; statt dessen strahlt er eine natürliche Autorität aus, so daß andere ihm gern zuhören und ihn um Rat fragen. Er ist sich seiner Fähigkeiten so bewußt, daß er sich nicht scheut, beim Spiel auch einmal Risiken einzugehen und weiß doch, daß er auch dann weiterhin ein wertvolles Mitglied der Mannschaft sein wird, wenn er einmal versagt. Mit anderen Worten, er beginnt, sich selbst zu motivieren, wenn er feststellt, daß die Eigenschaften, die er glaubte, nur über seine Umwelt erlangen zu können, in ihm selbst liegen und sie sich in seiner Spielweise ausdrücken können. Statt darauf zu warten, daß diese Eigenschaften ihm von außen her gegeben werden, trägt er sie in sich und kann sie in sein Spiel einbringen.
Als wir zum Beispiel den englischen Torwart Ray Clemence bei Mannschaftsversammlungen beobachteten, wurde deutlich, daß seine Selbst-

Foto: H. A. Roth

sicherheit nicht von äußerlichen Faktoren abhing. Er kannte die Mannschaft genau und wußte, was für das Spiel wichtig war; trotzdem wartete er immer, bis man ihn nach seiner Meinung fragte. Er hatte es nicht nötig, sein Wissen hervorzukehren und kritisierte andere Spieler nicht. Er war immer dazu bereit, eine Situation noch einmal zu durchdenken und Verantwortung für seine eigenen Handlungen zu übernehmen. Mehr als jeder andere Spieler teilte er anderen seine ‹Berufsgeheimnisse› bereitwillig mit. Qualitäten wie diese kommen aus einem festen Glauben an die eigenen Fähigkeiten und aus der Überzeugung, daß die eigenen Fähigkeiten gut sind. Er brauchte sein Wissen nicht vor sich herzutragen und war dennoch durchaus selbstkritisch, ohne Angst zu haben, daß irgendwelche schlimmen unterdrückten Geheimnisse an die Oberfläche kommen würden. Er war ein leidenschaftlicher Fußballspieler und scheute sich nicht, seine Liebe zu seinem Sport zu zeigen.

Dem Spieler, der sich selbst motiviert, überläßt man freiwillig Macht und Einfluß; er hat eine natürliche Autorität, die auch bereitwillig akzeptiert wird. So war es zum Beispiel mit dem Argentinier Ossie Ardiles, der für Tottenham spielte. Seine Kameraden hatten großen Respekt ihm gegenüber, und einer der Spieler meinte: «Wenn ich mit Ossie spiele, weiß ich immer, was er von mir will. Das heißt nicht, daß ich automatisch das tue, was er sagt. Ich kann nicht recht erklären, wodurch er sich mir so klar mitteilt. Wenn er den Ball hat und damit läuft, spielt er ihn mir vielleicht zu. In diesem Fall weiß ich immer genau, ob er möchte, daß ich den Ball übernehme und damit weiterlaufe, oder ob er ihn mir zuspielt, damit ich ihn so lange kontrolliere, bis er die richtige Position gefunden hat und ich ihm den Ball wieder zuspielen kann. Manchmal, wenn ich eine gute Gelegenheit sehe, vorwärts zu kommen, laufe ich weiter und spiele ihm den Ball nicht zu, aber in neun von zehn Fällen gebe ich den Ball wieder an ihn zurück, wenn er mir zu verstehen gibt, daß er das für das Beste hält. Er ist ein zu guter Spieler, als daß man sich mit ihm darüber streiten möchte, wer das Feld beherrscht.» Ossie hat nicht nur eine leise Stimme, sondern sein Englisch war anfangs auch noch sehr unvollkommen; trotzdem respektieren seine Kameraden sein Urteil, weil er ein ausgezeichneter Spieler ist und an seine eigenen Fähigkeiten glaubt.

Liebe bedeutet in diesem Zusammenhang das Akzeptieren des Selbst und das Anerkennen der eigenen Qualitäten. Wir haben oft festgestellt, daß Sportler, die mit sich selbst und ihrem Job zufrieden sind, die sich selbst mögen und an ihrem Sport Freude haben, das Team zusammenhalten und die gute Atmosphäre bestimmen. Sie feuern ihre Kameraden dazu an, ihr Bestes zu leisten, sie trösten die Enttäuschten, sie überwinden eine Niederlage am schnellsten. Sie haben ein natürliches Selbstvertrauen und können deshalb auch Respekt, Bewunderung und Zuneigung für andere ohne Schwierigkeiten ausdrücken.

Wir meinen also, daß ein Sportler erst dann zu einem ‹fertigen› Menschen werden kann, wenn er seinen Fähigkeiten voll Ausdruck verleihen kann, wenn seine Bedürfnisse nach Sicherheit, Stärke und Liebe nicht mehr von außen gestillt werden müssen, sondern wenn er diese Qualitäten in sich selbst findet. Er kann dann diese Eigenschaften durch sein Spiel ausdrükken, sie zeigen sich in seinen Beziehungen zu Trainer und Mitspielern und auch in anderen Bereichen seines Lebens. Es ist nicht verwunderlich, daß die Sportler, die sich in ihrer Stellung sicher fühlen und sich ihrer sportlichen Fähigkeiten bewußt sind, häufig auch ein stabiles Familienleben führen und in ihrem Freundeskreis eine wichtige Rolle spielen. Ihre innere Selbstsicherheit zeigt sich auch auf anderen Gebieten ihres Lebens. Sportler, die immer Zeit für ihre Kameraden haben, sind auch meistens die, die sich für Jugendgruppen einsetzen und bei Wohltätigkeitsveranstaltungen auftreten. Und Sportler, die sich ihrer natürlichen Autorität beim Spiel bewußt sind, werden häufig auch im Beruf erfolgreich, wenn ihre sportliche Karriere vorbei ist.

Und so kehren wir wieder an den Anfang zurück in unserem Bemühen, den Unterschied zwischen «neurotischer» und «kreativer» Wettkampfmentalität aufzuzeigen. Der «neurotische» Spieler will seinen Gegner schlagen, um, an einem *äußerlichen* Standard gemessen, gut abzuschneiden. Er erwartet, daß man ihm von außen gibt, was er braucht.

Der «kreative» Spieler dagegen entdeckt mit Hilfe seines Sports, wer er wirklich ist und daß er sich auf sich selbst verlassen kann; er ist davon überzeugt, daß das, was er auf diese Weise über sich erfährt, positiv ist. Er entdeckt seine *inneren* Stärken, seine Qualitäten und seine Motivation und drückt sie in seinem Spiel aus. Er geht Risiken ein und entdeckt so neue Möglichkeiten für sich. Je mehr er herausfindet, desto stärker wird er dazu angeregt, mit Hilfe seiner sportlichen Leistungen die eigene Persönlichkeit zu entwickeln und das, was seinem Leben Sinn gibt. Auf welche Weise ist er einmalig? Was kann er der Welt geben?

Durch seinen Sport kann er seiner Persönlichkeit Ausdruck verleihen. Statt über seine sportliche Leistung Sicherheit, Stärke und Liebe erlangen zu wollen, zeigt er nun der Welt, daß er all das schon in sich trägt. Diese Veränderung von der Befriedigung durch *äußere* Faktoren hin zur Befriedigung durch *innere* Faktoren stellt den Anfang des wichtigsten und schönsten Teils jeder Sportlerkarriere dar.

Foto rechts: Bergsteigen – suchtartige Identitätserfahrung (*Foto:* Gustav Harder)

10 Einführungskurs in das Psychotraining

Ein 12-Wochen-Programm

Über unsere Psychotraining-Kurse sind wir mit einer großen Anzahl von Sportlern und Trainern in Kontakt gekommen. Wir glauben, daß wir nach unseren Erfahrungen jetzt eine Reihe von Problemen identifizieren und Methoden vorschlagen können, wie man diese Probleme am besten löst. Wir haben hier also ein 12-Wochen-Programm zusammengestellt, einen Einführungskurs in das Psychotraining.

Man kann zwar alle diese Übungen allein machen, aber es wäre leichter, wenn man die Hilfe eines Sportpsychologen oder eines Trainers in Anspruch nehmen könnte. Bei jeder Übung ist angegeben, wo sie beschrieben wird. Wir schlagen allerdings vor, daß Sie nicht nur die Anleitung, sondern auch den vorhergehenden Text noch einmal lesen, um den Zweck dieser Übung besser zu verstehen. Es sollte einem dadurch auch deutlich werden, wie diese Übung die sportliche Leistung verbessern kann. Je mehr Sie diese Übungen mit Ihrem technischen und taktischen Training verbinden können, desto leichter und angenehmer werden Sie Ihnen vorkommen.

Das 12-Wochen-Programm ist in drei Abschnitte unterteilt. Wenn man sich für jeden Abschnitt einen Monat Zeit nimmt, hat man am Ende eines jeden Abschnitts ein paar Tage Zeit zu überlegen, inwieweit man Fortschritte gemacht hat, bevor man mit dem nächsten Abschnitt beginnt. Bei den Übungen wird zwischen Methoden für die rechte und die linke Hirnhälfte unterschieden; jede Übung entwickelt sich aus der vorigen Übung desselben Typs und fügt ihr noch etwas hinzu. Da für eine bestimmte Woche die Übungen für «linke» Fähigkeiten denen für «rechte» Fähigkeiten entsprechen, sollte man die Übungen für beide Seiten parallel machen. Ein Beispiel: In der dritten Woche sollte man eine Affirmation finden und sie dann auch bei der Visualisierung der Leistung anwenden; in der achten Woche macht man die «Positive Aspekte- und Wünsche»-Übung, die einem bei der Visualisierung der sportlichen Leistung Einzelheiten aufzeigen kann; in der zehnten Woche steht die Visualisierungsübung, bei der man traumatische vergangene Erlebnisse positiv verändert der Übung zur Zielsetzung gegenüber. Man kann auf diese Weise eine falsche Einstellung durch eine Reihe von realistischen Zielen verändern.

Es ist zwar wichtig, sich um einen regelmäßigen Trainingsrhythmus zu bemühen, am besten an jedem Tag um die gleiche Zeit an demselben Ort; trotzdem kann man natürlich für manche Übungen mehr Zeit aufwenden als für andere.

Wir empfehlen allerdings, das Programm erst einmal von Anfang bis Ende durchzugehen und sich nicht mit einem Abschnitt zu lange aufzuhalten. Danach kann man dann die Übungen wiederholen, die einem für das persönliche Training besonders wichtig erscheinen.

Rechte Hirnhälfte	**Linke Hirnhälfte**
Erste Woche *Entspannung und Konzentration* (S. 46–50, 55–58) Die Fähigkeit, sich zu entspannen und zu konzentrieren ist für jede Visualisierung nötig und ist auch sonst sehr wichtig. Die Methoden sollten gründlich gelernt werden, um Visualisierungsübungen leichter und effektiver zu machen.	*Checkliste für das Aufwärmen/ Einstellen* (S. 16–25) Nehmen Sie sich Zeit, um eine gründliche Liste Ihrer Aufwärmmethoden zusammenzustellen. Beachten Sie, auf welchen Gebieten Sie sich kompetent fühlen, welche Sie ignorieren und vergessen. Vervollständigen Sie diese Liste im Verlauf der Woche, wenn Sie weitere Methoden zum Aufwärmen entdecken.
Zweite Woche *Problembox* (S. 19f) *Am richtigen Platz zur richtigen Zeit* (S. 77f) Entspannen Sie sich und führen Sie dann die Übung «Problembox» durch. Das sollte nur ein paar Augenblicke dauern. Danach folgt die Übung «Am richtigen Ort zur richtigen Zeit».	*Symbolisch-bildhafte Ausdrücke* (S. 112) *Aufwärm-Checkliste* (S. 25) Wenn Sie sich am «richtigen Platz zur richtigen Zeit» befinden, suchen Sie einen Begriff, der diese Situation für Sie perfekt beschreibt; schreiben Sie ihn auf eine Karte. Arbeiten Sie weiterhin an Ihrer Checkliste.

Rechte Hirnhälfte	Linke Hirnhälfte
Dritte Woche *Entspannung* (S. 46 f) *Visualisierung der Leistung* (S. 74–76) Lernen Sie, wie man sich entspannt, die beste Vorbereitung für mentales Training. Die Visualisierung der Leistung ist die erste richtige mentale Übung. Wählen Sie dazu eine bestimmte Bewegung oder Bewegungsfolge in Ihrem Sport, die Ihnen relativ leichtfällt.	*Affirmationen/Bekräftigungen* (S. 110 f) Wenn Sie die Visualisierung der Leistung ein paar Tage lang geübt haben, suchen Sie eine Affirmation, die Ihr nächstes Ziel auf diesem Gebiet Ihres Sports ausdrückt. Schreiben Sie es auf.
Vierte Woche *Preplay* (S. 79–82) *Replay* (S. 87 f) Wenden Sie Ihre neue Fähigkeit zu visualisieren jetzt bei den Übungen «Preplay» und «Replay» an. Am besten ist es, wenn Sie sich dabei auf dieselbe oder eine ähnliche Bewegung oder Bewegungsfolge konzentrieren wie bei der Visualisierung der Leistung. Die Visualisierung der Leistung aus der dritten Woche sollte jetzt weiterhin zu Hause gemacht werden.	*Mentale Vorbereitung/* *Nachbereitung* (S. 98–110) Lesen Sie den Abschnitt über Vorbereitung und machen Sie nach Ihrem nächsten Spiel oder Wettkampf die Übung «Mentale Vorbereitung/Nachbereitung». Man sollte sich zu Anfang vielleicht nach jedem Spiel oder Training eine Art Übungsblatt anfertigen (Muster auf S. 99)
Fünfte Woche *Ideales Vorbild* (S. 76 f) Für die mentale Übung «Ideales Vorbild» wählen Sie einen anderen Aspekt Ihrer sportlichen Leistung als für die Visualisierung der Leistung. Hin und wieder sollten Sie sich dabei nicht auf eine bestimmte Bewegung, sondern auf eine allgemeinere Qualität der eigenen Leistung konzentrieren.	*Prioritäten setzen* (S. 94–97) Sie sind sich in den letzten Wochen bewußt geworden, wie Sie sich am besten auf einen Wettkampf vorbereiten und wie Sie Ihre Leistung hinterher analysieren; jetzt sollten Sie überlegen, was Sie in Ihrem Sport erreichen möchten. Benutzen Sie die Übung «Prioritäten setzen», um sich über zukünftige Ziele, Ambitionen und Strategien klarzuwerden.

Rechte Hirnhälfte	Linke Hirnhälfte
Sechste Woche *«Als wenn…»-Visualisierung* (S. 84–86) Schauen Sie sich die Prioritäten an, die Sie sich letzte Woche gesetzt haben. Wählen Sie eine bestimmte Qualität, die Sie in Ihrer Leistung erreichen wollen und denken Sie sich für diese Woche eine passende «Als wenn…»-Übung aus.	*Rad aus Worten* (S. 56) Um die Qualität, die man für die «Als wenn»-Übung gewählt hat, besser zu verstehen, sollte man das Rad aus Worten aufschreiben, wobei diese Qualität die Radachse bildet.
Siebte Woche *Entspannung durch «Farbige Flüssigkeit»-Visualisierung* (S. 47, 50) *Ersetzen* (S. 78 f) Probieren Sie aus, ob Ihnen diese Methode der Entspannung mehr liegt. Dann machen Sie die Übung «Ersetzen», wobei Sie einen Aspekt Ihres Sports auswählen, der Ihnen immer wieder Probleme macht.	*Überprüfung der mentalen Vorbereitung/Nachbereitung* (S. 98–110) Sie haben jetzt die Übungen zur mentalen Vorbereitung/Nachbereitung ein paarmal gemacht und sollten jetzt überprüfen, ob Sie die Übung jetzt anders machen als zu Anfang. Lernen Sie etwas aus diesen Übungen? Was fehlt noch?
Achte Woche *Leistungsrückblick* (S. 89 f) Sie sind jetzt vollkommen mit den Visualisierungsmethoden vertraut und sollten jetzt nach einem Spiel Ihre Leistung mit einer Leistungsübersicht überprüfen. Den Rest der Woche üben Sie weiterhin alle Methoden des mentalen Trainings, die Sie bisher gelernt haben.	*Positive Aspekte und Wünsche* (S. 147 f) Ergänzen Sie Ihre Leistungsübersicht mit der Übung «Positive Aspekte und Wünsche». Stellen Sie auf diese Weise fest, wie Sie das meiste aus jedem Spiel und Wettkampf herausholen können.
Neunte Woche *Ruhiger Platz* (S. 121–123) In dieser Woche sollten Sie ihr mentales Training mit mehr Objektivität betrachten und Abstand davon gewinnen. Dafür ist die Übung «Ruhiger Platz» ideal; überlegen Sie sich dabei, in welchen Situationen Ihnen diese Übung am meisten helfen könnte.	*Mehr symbolisch-bildhafte Ausdrücke* (S. 137 f) *Wieder Prioritäten setzen* S. 94–97 Lassen Sie sich einen Ausdruck einfallen, der die Stimmung Ihres «ruhigen Platzes» wiedergeben kann und schreiben Sie ihn auf eine Karte. Schauen Sie sich Ihre Prioritätenliste von vor einem Monat an. Wie steht es mit den Zielen, die Sie sich für einen Monat gesetzt haben, wie mit den Langzeitzielen? Müssen Ihre Listen auf den neuesten Stand gebracht werden?

Rechte Hirnhälfte	Linke Hirnhälfte
Zehnte Woche *Positive Veränderung durch Visualisierung* (S. 127 f) Mittlerweile haben Sie genügend Erfahrung mit Visualisierungsmethoden und wissen, welche Schwierigkeiten Sie mit mentalen Übungen beheben können. Jetzt sollten Sie sich an ein Problem machen, was tiefer sitzt und nicht nur durch einfaches mentales Durchproben zu lösen ist. Verwenden Sie «Positive Veränderung» auch, um etwas an Ihrem Selbstbild zu verändern.	*Zwischenziele setzen* (S. 97 f) Überlegen Sie sich, wie sie schrittweise mit bestimmten Problemen fertig werden können, sei es eine innere Einstellung, eine äußere Verletzung oder ein bestimmter Aspekt Ihres Sports. Vielleicht ist es dasselbe Problem, das Sie mit der visualisierten positiven Veränderung lösen wollen. Was können Sie an sich selbst und an Ihrem Training verändern, um diese Schwierigkeit zu überwinden?
Elfte Woche *«Verwandlung» des Gegners* (S. 143–145) Sie haben gelernt, sich mit inneren Konflikten auseinanderzusetzen; jetzt können Sie dasselbe mit einem gefürchteten Gegner tun.	*Weitere Affirmationen* (S. 112, 137 f)) Wenn Sie eine neue Einstellung zu Ihrem gefürchteten Gegner entwickeln, können Sie sich bei dieser Aufgabe mit einer Affirmation unterstützen, die Ihre neue Einstellung wiedergibt.
Zwölfte Woche *Der Weise* (S. 167 f) Wenn ein Problem trotz aller Bemühungen nicht gelöst werden konnte, können Sie durch diese Visualisierung neue Ideen oder Methoden finden, wie Sie damit fertig werden können. Wählen Sie sich ein Problem, was unlösbar erscheint und probieren Sie es aus.	*Nachbereitung und Beurteilung des Psychotrainings-Kurses* (S. 99 f) Was haben Sie während dieser zwölf Wochen geschafft? Wie gut waren Sie? Haben Sie Ihre Ziele erreicht? Auf welchem Gebiet des Psychotrainings müssen Sie sich noch besonders anstrengen? Was haben Sie sich für die nächste Woche vorgenommen? Was können Sie tun, damit Ihnen das, was Sie gelernt haben, nicht wieder verlorengeht?

Foto: Horst Lichte

11 Psychotraining-Checkliste

In der folgenden Liste sind die Gebiete aufgeführt, auf denen Sportler die meisten Schwierigkeiten haben. Ihnen werden Methoden zugeordnet, die bei der Bewältigung dieser Schwierigkeiten helfen können. Schlagen Sie auf den angegebenen Seiten nach und lesen Sie den einführenden Absatz, um zu verstehen, wie hier auf diese Schwierigkeit eingegangen wird. Dann wählen Sie sich die Methode aus, die Ihnen am meisten liegt.

Schwierigkeit	Allgemeine Hinweise	Seite	Übung	Seite
Ablenkung, äußere	Aufwärmen Einstellungen und ihre Veränderung	15–22 129–150	Simulieren von ablenkenden Faktoren Problembox Ruhiger Platz Positive Aspekte und Wünsche Energie durch das Vorstellen des Gegenteils	17f 19f 121–123 147f 148
Ablenkung, innere	Körperbewußtsein Analytisches Denken	27–39 113	Problembox Schlüsselbewegungen Ruhiger Platz	19f 37 121–123
Aggressivitätsentwicklung			«Als wenn…»-Visualisierung	82–86
Anspannung	Entspannung und Konzentration	41–59	Problembox Kinästhetischer Körpercheck	19f 32–34

Schwierigkeit	Allgemeine Seite Hinweise	Übung Seite
Anspannung (Fortsetzung)	Mit Anspannung und Nervosität umgehen lernen 115–128	Atmen 35f Übertreibung 36f Entspannungsübungen 46–50 Ziele unterteilen 119 Angst in positive Erregung umwandeln 119 Das Schlimmste erwarten 120 Ablenkung 121 Ruhiger Platz 121–123
Begeisterungs- verlust	Einstellungen und ihre Ver- änderung 129–150	Das ideale Vorbild 76f Affirmationen 110f Esalen-Wortspiel 136f Symbolkarten 138f Gegensätze erforschen 140
Beherrschung, Verlieren der	Aufwärmen 15–25 Einstellungen und ihre Ver- änderung 129–150	Simulieren von schwierigen Schiedsrichtern 17f Problembox 19f
Depression, Defätismus	Einstellungen und ihre Ver- änderung 129–150 Mannschafts- geist 151–177	«Als wenn…»- Visualisierung 82–86 Das ideale Vorbild 76f Affirmationen 110f Esalen-Wortspiel 136f Symbolkarten 138f Gegensätzliche Empfindungen 140
Durchhalte- vermögen		«Als wenn…»- Visualisierung 82–86 Affirmationen 110f Symbolkarten 138f
Durchschaut sein, sich verwirren lassen von einem Gegner	Einstellungen und ihre Ver- änderung 141–146	Das ideale Vorbild 76f Nervöse Anspannung in Energie umwandeln 119f «Ich sehe… ich stelle mir vor… und das gibt mir das Gefühl… 142f Analyse 143 Die «Verwandlung» des Gegners 143–145
Entschluß- losigkeit		«Als wenn…»- Visualisierung 82–86
Entspannung	Entspannung und Konzentration 41–50 Visualisierung 65	Enspannungsübungen 46–50

Schwierigkeit	Allgemeine Seite Hinweise	Übung Seite
Formverlust	Entspannung und Konzentration 41–59 Visualisieren der perfekten Leistung 77	Übungen zum Körperbewußtsein 32–37 Visualisiertes Üben einer Leistung 73–79 Ersetzen 78 f
Furcht	Mit Anspannung und Nervosität fertig werden 115–127	Affirmationen 110 f, 118 Angst in positive Erregung umwandeln 119 Zunehmende Desensibilisierung 126 Positive Veränderung 127
Konflikte mit Mannschaft	Aufwärmen 20–24 Mannschaftsgeist 151–177 Einstellungen und ihre Veränderung 129–150	Gestalt-Dialog 145 f
Konflikte mit Trainer	Einstellungen und ihre Veränderung 129–150	
Konzentration	Entspannung und Konzentration 41–59	Konzentrationsübungen 55–58 Preplay 79–82 Affirmationen 110 f
Koordination		Grundübung zur Leistungsvisualierung 74–76
Kritik, positive	Analytisches Denken 91–113 Einstellungen und ihre Veränderung 129–150 Mannschaftsgeist 175–177	Zur Ehrlichkeit anregen 165 f Anerkennung 168 f Nachbereitung 89 f
Leistungskonstanz, Beständigkeit	Einstellungen und ihre Veränderung 129–150	«Als-wenn...»-Visualisierung 82–86 Affirmation 110 f Symbolkarten 138 f Slogans 112 Esalen-Wortspiel 136 f Gegensätze erforschen 140
Mannschaftsgeist	Aufwärmen 20–23 Mannschaftsgeist 151–177	Slogans 112 Lob 168 f Meinungsäußerung in der Runde 164

Schwierigkeit	Allgemeine Hinweise	Seite	Übung	Seite
Mannschafts-versamm-lungen	Aufwärmen Mannschafts-geist	23 f 153−169		

Nervosität	Sich mit dem Pro-blem auseinander-setzen	115−128	Problembox
			«Als wenn...»-
			  Affirmationen
			«Als wenn...»-
			  Visualisierung
			Positive Selbstdarstellung
			Ziele unterteilen
			Angst in positive Erregung
			  umwandeln
			Nervöse Anspannung
			  in Energie umwandeln
			Das Schlimmste erwarten
			Ablenkung
			Ruhiger Platz
			Sich auf ein Bewegungs-
			  muster konzentrieren
			Aufgabenbezogene
			  Gedankenmuster
			  aufbauen
			Visualisieren von Musik
			Zunehmende Desensibili-
			  sierung
			Positives Verändern
				19 f
				
				110 f
				
				82−86
				118
				119
				
				119
				
				119 f
				120
				121
				121−123
				
				124
				
				124
				124
				
				126
				127 f

Nervosität, extreme	Aufwärmen
	Mit Anspannung
	  und Nervosität
	  umgehen
	  lernen
		15−25
		
		115−126
			Problembox
			Preplay
			Positive Selbstdarstellung
			Ziele unterteilen
			Angst in positive Erregung
			  umwandeln
			Nervöse Anspannung in
			  Energie umwandeln
			Das Schlimmste erwarten
			Ruhiger Platz
			«Als wenn...»-
			  Visualisierung
			Sich auf ein Bewegungs-
			  muster konzentrieren
			Aufgabenbezogene
			  Gedankenmuster
			  aufbauen
				19 f
				79−82
				118
				119
				
				119
				
				119 f
				120
				121−123
				
				82−86
				
				124
				
				124

Schwierigkeit	Allgemeine Hinweise	Seite	Übung	Seite
Niederlagen positiv verarbeiten	Analytisches Denken Mannschaftsgeist	91–113 151–177	Nachbereitung Mentale Vorbereitung/ Nachbereitung	89 f 98–110
Prioritäten setzen	Analytisches Denken Mannschaftsgeist	94–97 153–169	Prioritäten setzen Zwischenziele setzen Mentale Vorbereitung/ Nachbereitung Diskussionen	94–97 97 f 98–110 153 f
Problemlösen	Einstellungen und ihre Veränderung Mannschaftsgeist	129–150 151–177	Ersetzen Hineinversetzen Brainstorming In die Rolle des Trainers versetzen Der Weise	78 f 145 166 167 167 f
Selbstbild, positives	Visualisierung Einstellungen und ihre Veränderung	61–90 136–140	Als wenn...»- Visualisierung Das ideale Vorbild Affirmationen Symbolkarten Slogans Esalen-Wortspiel Gegensätze erforschen	82–86 76 f 110 f 138 f 112 136 f 140
Selbstvertrauen, Zutrauen	Mannschaftsgeist	151–177	«Als wenn...»- Visualisierung	82–86
Spitzenerlebnis	Einstellungen und ihre Veränderung	129–150	Visualisieren der perfekten Leistung	77
Strategieentwicklung	Analytisches Denken Mannschaftsgeist	91–110 151–177	Prioritäten setzen Mentale Vorbereitung/ Nachbereitung Brainstorming	94–97 98–110 166
Technik	Körperbewußtsein Einstellungen und ihre Veränderung	27–39 129–150	Verlangsamen der mentalen Übungen Replay	70 f 87 f
Techniken und Fähigkeiten festigen	Körperbewußtsein	27–39	Mentale Übung der Leistung Am richtigen Ort zur richtigen Zeit	73–79 77 f

Schwierigkeit	Allgemeine Hinweise	Seite	Übung	Seite
Techniken und Fähigkeiten verändern	Körperbewußt- sein Einstellungen und ihre Ver- änderung	27–39 129–150	Mit geschlossenen Augen Farbkodierung von Körperteilen Atmen Dominanz einer Körper- hälfte abschwächen Übertreibung Preplay Replay	34f 35 35f 36 36f 79–82 87f
Training	Körperbewußt- sein Visualisierung Analytisches Denken Mannschafts- geist	27–39 61–90 91–113 172–175	Preplay Replay Slogans	79–82 87f 112
Umgebungs- gewöhnung	Aufwärmen Einstellungen und ihre Ver- änderung	17f 146–149	Positive Aspekte und Wünsche Energie aus dem Vorstellen des Gegenteils	147f 148
Ungleich- mäßigkeit	Körperbewußt- sein Entspannung und Konzentration	27–39 41–59	Preplay Replay	79–82 87f
Unruhe, körperliche	Einstellungen und ihre Ver- änderung	129–150	Atmen Übertreibung «Als-wenn…»' Visualisierung	35f 36f 82–86
Verletzung, Erholung von	Analytisches Denken Mannschafts- geist	97f 154–159	Grundübung zur Leistungs- visualisierung Affirmationen «Als wenn…»- Visualisierung Zwischenziele setzen	74–76 110f 82–86 97f
Vorbereitung, psychische	Aufwärmen Analytisches Denken	15–25 98–106	Problembox Mentale Vorbereitung/ Nachbereitung Angst in positive Erregung umwandeln Nervöse Anspannung in Energie umwandeln Kreative Ablenkung	19f 98–110 119 119f 121

Schwierigkeit	Allgemeine Hinweise	Seite	Übung	Seite
Vorteile ausnutzen	Mannschafts-geist	151–177	Visualisieren der perfekten Leistung Preplay Replay Mentale Vorbereitung/ Nachbereitung	77 79–82 87f 98–110
Ziele, unrealistische	Analytisches Denken Mannschafts-geist	94–98 172–175	Prioritäten setzen Ziele unterteilen Diskussionen	94–97 119 153f
Zielsetzen	Aufwärmen Visualisieren Analytisches Denken Mannschafts-geist	23f 65–71 94–98 172–175	Prioritäten setzen Zwischenziele setzen Ziele unterteilen Brainstorming	94–97 97f 119 166
Zuschauer	Aufwärmen Einstellungen und ihre Ver-änderung	17f 146–148	Ablenkende Faktoren beim Training simulieren Positive Aspekte und Wünsche	17f 147f

Bücher zum Thema